Johann Heinrich Wiedmann

Leben und Schicksale des Capitains James Cook

Johann Heinrich Wiedmann

Leben und Schicksale des Capitains James Cook

ISBN/EAN: 9783743319165

Hergestellt in Europa, USA, Kanada, Australien, Japan

Cover: Foto ©ninafisch / pixelio.de

Johann Heinrich Wiedmann

Leben und Schicksale des Capitains James Cook

Leben und Schickſale

des Capitains

James Cook

von

Johann Heinrich Wiedmann.

Mit Cooks Bildniſſe.

Erlangen

bey Wolfgang Walther. 1789.

Seinem

verehrungswürdigen

Freunde und Gönner

Herrn Professor

Papst

zu Erlangen

Vorrede.

Schüchtern trete ich mit diesem Versuch einer Lebensgeschichte des unsterblichen Cook vor das Publikum, dem ich gerne bey meinem ersten Eintritt in daselbe nicht misfallen möchte; dessen Forderungen an den Schriftsteller ich aber zu wohl kenne, um nicht besorgt zu seyn, ob ich auch demselben einigermassen möchte Genüge geleistet haben. Wenn es überhaupt keine der leichtesten Aufgaben ist, eine gute Lebensbeschreibung zu liefern, so sind, däucht mir, die Schwierigkeiten, die Cooks Biograph zu überwinden hat, vorzüglich groß und mannichfaltig; ja man möchte fast fragen, ob Hr. Forster wohl nicht recht habe, wenn er, in jenem vortreflichen Aufsatz: Cook, der Entdecker, sagt: Cooks Leben schildern zu wollen, wäre ein mißliches und überflüssiges Unternehmen, zumal, da bereits eine deutsche Meisterhand, (Hr. Hofr. Lichtenberg zu Göttingen,) die Hauptzüge eines solchen Gemäldes entworfen habe. Diesem Einwurfe zu begegnen

)(4

und

und überhaupt den Gesichtspunkt anzugeben, aus dem ich beurtheilt zu werden wünschte, wird es nöthig seyn, daß ich vor allen ein paar Worte über die Veranlassung, Absicht und den Plan dieser Schrift sage.

Ihrer ursprünglichen, eigentlichen Bestimmung nach ist sie eine Fortsetzung der, von dem würdigen Hrn. Prof. Sattler zu Nürnberg verfaßten Neuen Sammlung wahrer und merkwürdiger Schicksale reisender Personen, als Denkmale der göttlichen Vorsehung 2c. wovon 1784. und 1785. zwey Bändchen erschienen sind. Da unter allen, sowohl ältern als neuern Reisen, die ich kenne, wohl keine seyn wird, die ein stärkeres und allgemeineres Interesse hätte, als die Cookschen Entdeckungsreisen, und da ich mich auch schon seit geraumer Zeit etwas bekannter damit zu machen gesucht hatte, so war es wohl sehr natürlich, daß, so wie mir der Antrag zur Fortsetzung des eben angeführten Buches geschah, meine Wahl sogleich auf dieselben fiel. Der Herr Verleger war mit dieser Wahl zufrieden und ich fieng an, das Ganze nach folgendem Plane auszuarbeiten: Erst wollte ich die wesentlichsten Umstände aus Cooks Leben, nach der Lichtenbergischen Angabe, (denn andere, noch unbenutzte Nachrichten hievon, hatte man bisher in Deutschland noch nicht) beybringen; dann wollte ich

sogleich

sogleich zu seinen drey berühmten Seereisen,
die hier eigentlich in Betracht kamen, fort-
gehen, aber nur bey der letztern, als der interessantesten, und bis itzt noch am wenigsten
unter uns bekannt gewordenen, etwas länger
verweilen, und hingegen bey den beyden erstern mich nur ganz kurz fassen, so daß das
dritte Bändchen an Bogenzahl nicht stärker
als die beyden vorhergehenden würde; allein
ich hatte kaum angefangen, als ich das
Unbequeme eines so enge angelegten Plans bald
fühlte, und da ich nicht Selbstverleugnung
genug besaß, über so viele interessante Materien so schnell wegzueilen, und nur einen
magern Auszug daraus zu verfertigen, so
gab ich meinen Vorsatz, alles in ein Bändchen zu bringen, wieder auf und dehnte
meinen Plan auf zwey Bändchen aus. Mein
Manuscript war beynahe schon ganz fertig,
als in England Cooks Leben, von einem gewissen Hrn. Kippis bearbeitet, in zween
Octavbänden erschien, wovon bald darauf
in Basel ein Nachdruck veranstaltet wurde.
Ich verglich die Arbeit des Engländers mit
der meinigen, und fand denn, daß wir beyde zwar einerley Plan zu Grunde gelegt,
uns aber doch bey der Ausführung desselben,
im einzelnen, so ziemlich wieder von einander entfernt hatten. Da ich keinen Grund
fand, von dem Plan, dem ich einmal gefolgt war, abzugehen, so begnügte ich mich,

)(5   aus

aus dem englischen Buche blos diejenigen, mit Cooks Leben in Verbindung stehenden Umstände in das meinige herüberzunehmen, die bisher in Deutschland noch nicht bekannt waren, und gleichwohl zur Vollständigkeit des Ganzen nothwendig gehören; und so entstand denn gegenwärtige Schrift, wie ich sie hiemit dem Publikum vorlege.

Meine Absicht war hiebey hauptsächlich, ein Ganzes, das wir bisher, nach diesem Zuschnitt, noch nicht hatten, zu liefern und etwas zur weitern Verbreitung gewisser Kenntnisse, die bisher immer noch nicht so, wie sie es verdienen, in Umlauf gebracht sind, beyzutragen. Zwar weiß ich wohl, daß diese Blätter wenig neues enthalten; das meiste ist bereits anderswärts schon gesagt worden und wir haben besonders seit einigen Jahren her verschiedene, zum Theil sehr schätzbare Nachrichten von Cooks Lebensumständen, Charakter und Verdienste, so wie auch mehrere Auszüge und Berichte von seinen einzelnen Reisen erhalten; allein alle diese Nachrichten waren doch bisher immer zu sehr zerstreuet, als daß sie hätten gehörig bekannt werden können; und die größten Werke deshalb nachzusehen, hatten ohnedies nur Wenige Gelegenheit, nicht zu gedenken, daß schon die grosse Ausführlichkeit derselben viele abschreckte, sich näher damit bekannt

Vorrede.

zu machen. Das einzige Buch der Art,
was wir bisher erhalten haben, und was
auch meinem Plane ziemlich nahe kommt,
wäre noch das von Herrn Professor Papst:
die Entdeckungen des fünften Welttheils ꝛc.
ein Lesebuch für die Jugend, wovon bis
jetzt vier Bändchen erschienen sind, und
von dessen Werthe schon die so bald erfolgte zwote Auflage desselben kein geringer Beweis ist; allein man wird doch schon, bey
einer nur flüchtig angestellten Vergleichung
finden, daß der bey diesem Werke zu Grund
gelegte Plan von dem meinigen in verschiedenen Punkten merklich abweicht.

Was nun insbesondere die innere Ein-
richtung gegenwärtiger Schrift selbst betrift,
so gieng ich dabey also zu Werke: da es mir
darum zu thun war, meinen Helden von
der Wiege an bis zu dem Ziele seines Lebens zu begleiten, so trug ich Sorge, die
merkwürdigsten der bis itzt bekannt gewordenen Umstände, die sich sowohl in seinem
privat, als öffentlichen Leben mit ihm zutru-
gen und auf seinen Charakter und Schicksale
Einfluß hatten, in mein Buch aufzunehmen.
Bey seinen Reisen, durch die der Mann der
Welt erst merkwürdig wurde und die hier
hauptsächlich in Betracht kommen musten,
kam alles auf den Gesichtspunkt an, der bey
einer kurzen Darstellung derselben zu nehmen
war.

war. In wie weit es mir gelang, denselben zu fassen und festzuhalten, mögen Kenner entscheiden; ich bemühte mich wenigstens, zwey Extreme zu vermeiden, und weder zu ausführlich noch zu kurz zu seyn. Ich suchte, ohne in ein trockenes geographisches Detail einzugehen, den Faden der von Cook gemachten Entdeckungen immer sorgfältig aufzufassen, und daran diejenigen Scenen und Bemerkungen, die mir wenigstens am allgemein interessantesten zu seyn und zu meinem Zweck zu gehören schienen, anzureihen. Ob mich hier mein Gefühl immer sicher genug leitete, wage ich freylich nicht zu bestimmen. Manche Auftritte schilderte ich etwas ausführlicher, weil ich glaubte, sie würden durch jeden Auszug verliehren und müsten erst durch eine gewisse Individualisirung, die öfters nur das Resultat einiger, an sich unbedeutend scheinender Nebenumstände ist, Leben und Interesse erhalten. Bey andern minder interessanten Materien faßte ich mich desto kürzer, oder übergieng sie ganz. Ich wollte überhaupt lieber Fragmente, als ein Skelet liefern. In diesem Punkte unterschied ich mich, däucht mir, vorzüglich von Cooks englischem Biographen. Es kann nicht geläugnet werden, daß dieser, in einer andern Rücksicht, vollständiger ist, als ich. Allein in dem Falle interessirt er doch immer nur mehr den Britten, den Geographen,

Astro-

Vorrede.

Astronomen, Schiffer, Naturforscher ꝛc., als diejenigen Leser, die ich im Sinne hatte, und bey denen ich mit einer Erzählung nach einem solchen Plane mein Glück wohl schwerlich möchte gemacht haben. Cooks und seiner Reisegefährten Schicksale, während der drey Reisen um die Welt, blieben mir immer Hauptsache; nebenher aber nahm ich auch stets Rücksicht auf die neuentdeckten Länder und ihre Bewohner; doch brachte ich hievon nur das merkwürdigste und zur Verständlichkeit und Vollständigkeit des Ganzen nothwendigste bey und brach jedesmal ab, so bald ich Gefahr lief, meinen Helden zu weit aus dem Gesicht zu verliehren. Die Ursache, warum ich Cooks erste Reise ungleich kürzer abhandelte, als die beyden letztern, war, weil dieselbe nun schon viel bekannter unter uns geworden und überhaupt nicht so interessant ist, als die beyden andern Reisen, bey denen ich mich um deswillen auch länger aufhielt. Auch verweilte ich bey ganz neuentdeckten und nur einmal von Cook besuchten Ländern etwas länger, als bey andern, die man schon aus den vorigen Reisen kennen gelernt hatte, und auf die ich in der Folge der Erzählung wieder zurückkommen muste.

Die Quellen, aus denen ich schöpfte, habe ich zum Theil schon genennt. Es waren

ren bis nemlich), in Ansehung Cooks Lebens-
umstände besonders ohne Rücksicht auf seine
Reisen, der vortrefliche lichtenbergsche Aufsatz
im zweyten Stück des ersten Jahrgangs des
Göttingischen Magazins und die englische
Lebensbeschreibung Cooks von Kippis. In
letzterer sind zwar verschiedene Umstände nicht
angeführt, die Hr. Hofrath Lichtenberg in
seinem Aufsatz eingerückt hat; allein ich konnte mich zur Weglassung derselben um so weniger entschliessen, da sich's wohl vermuthen
läßt, daß dieser berühmte Gelehrte, zumal bey seiner wiederholten Anwesenheit in
England, ebenfalls aus sichern Quellen werde geschöpft haben. Daß ich bey den Nachrichten von Cooks Entdeckungsreisen selbst die
grössern Werke, von Hawkesworth und Forster, benutzt habe, wird man wohl ohne
mein Erinnern erwarten. Auf die verschiedenen daraus gemachten Auszüge oder auf kleinere, ohne öffentliche Auktorität bekannt ge-
machte Beschreibungen davon, lies ich mich
nicht ein, weil ich gerne aus den ersten
reinsten Quellen selbst schöpfen wollte. Diesen Grundsatz befolgte auch Hr. Prof. Papst
in seinem vorhin angeführten Buche, und
man muß sich hieraus die Uebereinstimmung
erklären, die man hin und wieder zwischen
uns beyden bemerken wird; doch wäre es
Undank, wenn ich hier nicht bekennen wollte, daß mir dieser würdige Gelehrte meine
Arbeit

Arbeit um vieles erleichtert hat, und daß
ich manches von ihm entlehnt habe, was
ich mir selbst besser zu sagen nicht getraute.
Auch benützte ich ziemlich stark das unüber-
treffliche Denkmal, das Herr Bibliothekar
Forster seinem verewigten Freunde und ehemaligen Reisegefährten, vor dessen dritter
Reise, errichtet hat; die Fragmente, die
ich davon in meine Erzählung herübernahm,
mögen Leser von gebildeterem Geschmack einigermassen entschädigen, wenn etwa hie und
da einzelne Stellen ihnen den Wunsch nach
bessern ablocken sollten.

Das zweyte Bändchen wird längstens
bis Ostern erscheinen. Es wird Cooks dritte Reise bis zu seinem unglücklichen Ende
auf der Insel Owaihi (wovon ausführliche
Nachricht ertheilt werden soll) enthalten.
Der weitere Verfolg dieser Reise liegt ausser meinem Plane; ich werde ihn daher nur
summarisch angeben, und mit einigen Bemerkungen über Cooks Character, über die
merkwürdigen Folgen seiner Reisen in mancherley Beziehungen u. s. w. schliessen.

Da mit dem Drucke etwas geeilt wurde, so haben sich, aller angewandten Sorgfalt
ungeachtet, verschiedene Druckfehler eingeschli-
chen, wovon ich die beträchtlichsten, so wie
sie mir bey nochmaliger Durchsicht des Buches
auf-

Vorrede.

aufgeſtoſſen ſind, am Ende angezeigt habe. Mit einigen andern von minderer Bedeutung, die nur die Interpunction oder einzelne fehlerhaft geſetzte Buchſtaben betreffen, wollte ich dis, dem Schriftſteller und Leſer immer gleich unangenehme Verzeichniß, nicht noch mehr vergröſſern.

Geſchrieben zu Erlangen, den 12ten December, 1788.

J. H. Wiedmann.

Der

Der Vorsehung gefällt es zuweilen, Menschen auf dieser Erde auftreten zu lassen, deren Schicksale und Thaten sich so weit über das Gewöhnliche erheben, daß der kurzsichtigere Theil des Menschengeschlechts darinnen nichts als Räthsel und Wunder erblickt, und selbst der, dem ein schärferer Blick zu Theil ward, nicht immer den Faden auffinden kann, an dem der Gottheit weise Hand diese ihre Lieblinge durch das Leben leitete. Der menschliche Verstand erstaunt, wenn er die Summe alles dessen, was durch solche einzelne Auserkohrne je gethan worden und ihren jedesmahligen Einfluß auf das Ganze überdenkt, über die Grösse, der die menschliche Natur fähig ist, und versinkt in Dank und Anbetung gegen das höchste Wesen, dessen Weisheit und Güte sich in dem Leben solcher ausserordentlichen Menschen so vorzüglich offenbaret. Einer dieser Wenigen, deren Leben so auffallend von dem Antheil zeugt, den die weise, huldvolle Wesen an menschlichen Schicksalen hat, und deren Namen alle Jahrhunderte hindurch mit ehrfurchtsvoller Bewunderung genannt werden, war unstreitig Cook, der Weltumsegler und Entdecker — der Britten und

A   seines

seines Jahrhunderts gerechter Stolz. Wunderbar waren die Wege, auf welchen die Vorsehung diesen in seiner Art einzigen Mann zu seinem Ziele führte. Unbedeutend war sein Eintritt in die Welt, aber glorreich die Rolle, mit der er von seinem grossen Schauplatze abtrat. Von gemeinen Eltern ganz nach gemeiner Weise erzogen, beynahe die ganze erstere Hälfte seines Lebens in einem der niedrigsten Stände verlebt, ohne Aufmunterung, ohne äusere Unterstützung — welches noch so feurige Genie wäre nicht unter einem so widernatürlichen Drucke erlegen? — Nicht so Cook. Sein strebsamer Geist sprengte die Fesseln, die ein widrigscheinendes, aber weises Geschick um ihn geschlagen hatte, und arbeitete sich durch eigene innere Kraft zu einer Höhe empor, auf der er nun stolz der Vergessenheit trotzt. — Doch laßt uns eilen, die Schicksale eines Mannes, dessen Namen Kind und Greis mit Entzücken und Bewunderung nennt, und dessen Herz so bider als sein Verstand groß war, näher zu betrachten.

James Cook *) wurde am 27sten Oct. 1728. zu Marton, einem Dorfe in der Grafschaft York gebohren. Von seinen acht Geschwisterten ist itzt nur noch eine Schwester am Leben, die an einen Fischer zu Redcar verheirathet ist. Sein Vater, James Cook, ein braver, aber ganz gemeiner Landmann,

der

---

*) Deutsch: Jakob Koch.

der seinen Wohnort etlichemal veränderte, und
anfangs lange als gemeiner Knecht gedient
hatte, nachmals aber Aufseher über eine Maie-
rei unweit Ayton geworden war, konnte nicht
viel auf seine Erziehung wenden und that ihn,
nachdem er ihn hatte lesen, schreiben und etwas rechnen lernen lassen, noch vor seinem
13ten Jahre bei einem Krämer zu Staiths,
einer beträchtlichen Fischer-Stadt, ungefähr
10. engl. Meilen von Whitby in die Lehre.
Allein hier war der junge Cook nicht an seiner rechten Stelle. Die See war der Gegenstand seiner Neigung, und in dieser wurde
er durch die Lage der Stadt, wo er sich jezt
befand, und durch die Lebensart der Personen, mit denen er fast immer Umgang hatte,
immer mehr gestärkt. Als er daher mit seinem Herrn einige Verdrüßlichkeiten bekam,
nahm er seinen Abschied und verbingte sich
bald nachher auf 7. Jahre an zween Schiffer
aus Whitby, beide ihrer Religion nach Qua-
ker und Eigner zweier Schiffe, womit sie
Steinkohlen von Newcastle nach London zu
führen pflegten. Als diese Lehrjahre vorbey
waren, während welcher sich Cook durch nichts
besonderes, als etwa, wie sich leicht vermuthen läßt, durch Treue und Fleiß ausgezeich-
net hatte, diente er auf etlichen Reisen von
Newcastle nach London als gemeiner Matrose.
Auf einer dieser Reisen wurde aber einst das
Schiff, zu welchem er gehörte, verkauft; um

A 2   nun

nun wieder zurück nach Newcastle zu kommen, erbot er sich auf einem andern Schiffe als Matrose gegen bloße Verköstigung zu dienen. Allein man brauchte hier keinen Matrosen, wohl aber einen Schiffs-Koch; diese Stelle übernahm denn Cook, und führte also seinen Namen einmal mit der That. Nicht lange darauf wurde er auf einem andern Schiffe Gehülfe des Schiffers oder Steuermann, und nun fiengen seine Talente an sich zu entwickeln. Er lernte hier nemlich bald einsehen, daß man ohne mathematische und gründliche Schiffskenntnisse nie ein guter Steuermann werden könne; um sich diese zu erwerben, nahm er alles Geld, was er sich bisher erspart und was etwa sein Vater noch zugeschossen hatte, und ließ sich dafür Privatunterricht in den genannten Wissenschaften ertheilen. Er brachte es auch bald ziemlich weit darinnen, und gab nun dem Kohlenhandel und einförmigen Küstenfahren auf immer Abschied. Erst machte er eine Reise in die Ostsee, nach St. Petersburg und Wiburg, und auch eine nach Norwegen; dann nahm er Dienste bey der Flotte, und wohnte in dem mit Frankreich ausgebrochenen Kriege als Meisters-Gehülfe der Eroberung von Louisburg und Cap Breton mit bey. Er bekleidete hier freilich keine der glänzendsten Stellen, allein sein stilles Verdienst blieb doch nicht unbemerkt und seine ausgezeichneten Kenntnisse fanden

bald

balb Bewunderer. Besonders zog er bald seines Capitains Pallisers Aufmerksamkeit auf
sich. Noch immer fuhr er fort, das Seewesen zu studieren, und wendete alle Stunden,
die ihm von der pünctlichen Beobachtung seines Dienstes übrig blieben, dazu an, die besten Werke seiner Landsleute darüber zu lesen. Als im Jahr 1759. England die Eroberung von Quebec beschloß, erhielt Cook,
besonders durch die eifrige Verwendung seines
bisherigen Capitains Pallisers, der ihn seines Betragens und seiner Kenntnisse wegen
bald liebgewonnen hatte, und in der Folge
immer sein wärmster Freund war, eine Stelle als Schiffsmeister bey der Flotte des Admiral Saunders, der in Verbindung mit der
Landmacht, unter dem Commando des General Wolfe in der berühmten Belagerung von
Quebec begriffen war. Während dieser Belagerung muste eine sehr mißliche und gefährliche Unternehmung ausgeführt werden. Man
muste nemlich die Tiefe des Canals vom St.
Laurensstrom, zwischen der Insel Orleans und
dem nördlichen Ufer, dem befestigten Lager
der Franzosen zu Montmorency und Beaufort
gerade gegenüber, erforschen, um den Admiral in Stand zu setzen, den feindlichen Bat-
terien Schiffe entgegen zu stellen, und die
Armee bei dem Generalsturm, den der tapfere
Wolfe von der Landseite zu unternehmen willens war, zu decken. Capit. Palliser, der

A 3   Cooks

Cooks Vorsichtigkeit und Entschlossenheit hinlänglich kennen gelernt hatte, schlug ihn zu diesem Geschäfte vor, und wirklich entledigte er sich auch seines Auftrags auf die befriedigendste Weise. Er hatte schon etliche Nächte mit seinem gefahrvollen Geschäfte zugebracht, als es der Feind endlich gewahr wurde, und eine Menge Indianer mit ihren Conots in einem Walde nahe bei dem Wasser versammelte, die denn des Nachts damit vom Ufer abstiessen, um ihn zu umzingeln und abzuschneiden. Bei dieser Gelegenheit hatte er Mühe noch zu entkommen. Kaum daß er noch das Ufer der Insel Orleans, bei der Wache des englischen Spitals, erreichte. Einige Indianer stiegen bereits beim Hintertheil in sein Boot, als er beim Vordertheil desselben heraussprang, worauf das Boot, welches zu einem der Kriegsschiffe gehörte, in Triumph hinweggeführt wurde. Demungeachtet lieferte er dem Admiral eine so genaue und vollständige Zeichnung von dem Kanal und seinen Tiefen, als man nur immer selbst nach der Besitznehmung von Quebec hätte machen können. Capit. Palliser hatte Grund zu glauben, daß Cook vordem nie Gebrauch von der Reißfeder gemacht hatte, und überhaupt vom Zeichnen noch nichts verstund, allein er hatte so glückliche Talente, daß er sogleich Herr von einer Sache wurde, auf die er sich mit Ernst legte.

Cook

Cook leistete, während dem die Flotte noch
im St. Laurens-Strom lag, derselben noch
einen andern wichtigen Dienst. Die Schiffahrt auf diesem Strom ist nemlich überaus
mißlich und gefährlich. Dis erfahren besonders die Engländer, die damals mit diesem
Theile von Nordamerika größtentheils noch
unbekannt waren, und noch keine Charte hatten, auf deren Genauigkeit sie sich hätten
verlassen können. Der Admiral befahl daher,
daß Cook gebraucht werden sollte, die Gegenden des Stroms unterhalb Quebec zu untersuchen,
die bisher als vorzüglich gefährlich waren befunden worden. Auch dis Geschäfte führte er
mit der Genauigkeit und Geschicklichkeit aus,
wovon er bereits schon manche so vortrefliche
Probe gegeben hatte. Als er mit diesem Unternehmen fertig war, wurde seine Charte vom
St. Laurens-Strom, nebst den darauf ange-
zeigten Tiefen und Bahnen für die Schiffe bekannt gemacht. Von der Genauigkeit und
Nützlichkeit dieser Charte braucht weiter nichts
gesagt zu werden, als daß man seitdem nicht
nöthig befunden hat, einen andere zu publici-
ren. Es kam zwar auch eine in Frankreich
davon heraus, allein die ist Cooks seiner nur
nach einem verjüngten Maaßstab nachgestochen.
Vorzüglich aber zeichnete er sich bey der Expedition auf Quebec durch eine That aus,
die ein auffallender Beweis seiner Unerschro-
ckenheit und seines Diensteifers war, und die

A 4   allein

allein schon hinreichend gewesen wäre, seinen Namen auf die Nachwelt zu bringen, hätte er auch nie die Welt umsegelt. Der Admiral hatte nemlich mit dem Befehlshaber der Landmacht, dem Liebling der englischen Nation, Wolfe die Verabredung genommen, den Feind in Quebec zu einer falschen Muthmaßung zu verleiten. Man wollte eigentlich beym St. Charlesfluß angreifen; um aber dem Feind Glauben zu machen, man sey Willens, den St. Laurensstrom hinauf, an der Stadt vorbey zu gehen, und oberhalb derselben etwas zu unternehmen, so mußte Cook — man denke sich die Gefahr! — alle Nacht in einem Boote unter Bedeckung von einigen Soldaten, längst dem Flusse hinauf Boyen zu Wegweisern für die Flotte legen. Natürlich wurde dis der Feind sehr bald gewahr, und feuerte aus der untern Stadt auf ihn; allein Cook fuhr mit der ihm ganz eigenen Beharrlichkeit und Pünktlichkeit in seinem Geschäfte fort und ließ sich durch die um ihn herumsausenden Kanonenkugeln im mindesten nicht irre machen. Alle Morgen kamen die Franzosen und nahmen die Boyen wieder weg, und alle Abend kam Cook und legte wieder andere, und ließ wieder auf sich feuern, und dis alles blos — um dem Feinde eine falsche Muthmaßung beyzubringen. Der Angrif geschah endlich beim St. Charles Fluß; allein die Lage und die Befestigungen des Orts nöthigten doch den
Gene-

General Wolfe seinen Plan zu ändern. Cook mußte immer noch sein altes gefährliches Geschäfte verrichten, bis man sich endlich genöthiget sah, das wirklich zu thun, was man Anfangs den Feind blos glauben machen wollte. Die ganze brittische Landmacht gieng nemlich unter Cooks Führung als Steuermann, in einer Nacht den Strom glücklich hinauf und Quebec und ganz Canada wurden, wiewohl mit Verlust der beyden Heerführer, Wolfe's und Montcalms, erobert.

Nach dieser Eroberung blieb Cook, nebst dem Schiffe, worauf er sich befand, noch einige Zeit auf der Küste von Nordamerika, nachdem er vorher mit bey der Wiedereroberung der Insel Neufundland von den Franzosen zugegen gewesen war. Noch in demselben Jahre 1762, gieng er nach England zurück, und verheurathete sich zu Ende desselben mit, Elisabeth Batts, einem Frauenzimmer, das seiner Wahl vollkommen würdig war und sich gegenwärtig noch am Leben befindet. Nach dem Frieden mit Frankreich und Spanien 1763. wollte die englische Regierung die Küsten der grosen und wegen ihrer Fischerey für England so wichtigen Insel Neufundland, so genau, als möglich, aufnehmen lassen. Auch zu diesem Geschäfte wurde Cook gewählt, weil man seine Stärke in allen hiezu erforderlichen Kenntnissen, so

wie

wie auch seinen grosen Dienſteifer kannte, und
er auch nicht ermangelte, seinen Namen bey
seinen Vorgeſetzten durch fleiſſiges Aufwarten
immer in gutem Andenken zu erhalten. Man
gab ihm also ein kleines Schiff, nebſt 10.
bis 12. Mann; er selbſt kaufte sich einige
gute mathematiſche Inſtrumente, und nahm
sodenn mit Hülfe derselben in den Jahren
1763. bis 1767. beynahe die ganze Küſte
von Neufundland auf. Die Specialcharten,
die er nach und nach davon herausgab, werden bewährte Denkmale seiner unſäglichen Arbeit und seiner grosen Kenntniſſe bleiben.
Was sein Geſchäfte am beſchwerlichſten machte,
war, daß er immer im Dezember nach England gehen und den folgenden März wiederum
eine geliebte Familie verlaſſen mußte, um nach
einer Inſel zurückzukehren, wo das Eis an
manchen Orten den ganzen Sommer über
nicht schmolz. Die Küſte dieses kalten, öden
Eilandes iſt schlecht bewohnt; höchſtens sind
es Fiſcher und Holzhändler, die weder Vieh-
zucht, noch Ackerbau treiben, welche sich da
aufhalten. Das Innere des Landes bewoh-
nen die noch alten Eingebohrnen, ein wildes,
ungeselliges Volk, und in dem nordlichen und
nordweſtlichen Theile der Inſel sind die eben
so unkultivirten, oft treuloſen Esquimaux.
Friſche Lebensmittel müſſen also durch die Fi-
ſcherey und die Jagd verschafft werden. Die
erſtere überlies Cook seinen Matroſen, die
letztere

letztere übernahm er selbst, und kam fast immer mit Gänsen, Enten und andern Vögeln,
womit die dortigen Ufer und Felsen oft ganz
bedeckt sind, reichlich beladen zurück. Einst
erlegte er auch einen weissen Bären; über-
ließ ihn aber den Esquimaux, die ihn auf-
assen und viel Fett daraus schmolzen. Auf
einer dieser Jagden hatte er aber einst das
Unglück, daß sein Pulverhorn, eben als er
es in der Hand hatte, Feuer fieng, ihn den
Daumen der rechten Hand zerschlug und
noch einige andere Finger beschädigte. Die
Wunde wurde zwar bald wieder geheilt, allein Cook konnte sich doch beym Schreiben
des Daumens nun nicht mehr bedienen, sondern mußte seit der Zeit immer die Feder
zwischen dem Zeige - und Mittelfinger halten.
Es ist leicht abzusehen, wie unangenehm ihm
die Lage, in die ihn dieser fatale Zufall versetzt hatte, anfangs seyn mußte; doch erleich-
terte er sich nach und nach durch Uebung und
Geduld das Beschwerliche derselben, und war
nur froh, daß er nicht des ganzen Gebrau-
ches seiner Hand war beraubt worden. Aber
auch seine übrige Lage war hier nichts weniger als reizend. An Geld litt' er zwar nun
keinen Mangel, wohl aber an Gemächlichkei-
ten des Lebens und an guter Gesellschaft.
Doch war es gut für ihn, daß er von jeher
mehr für jenes, als für diese eingenommen
war; seine Erziehung und seine ganze vorher-

gehende

gehende Lebensart hatten ihn gegen die mancherley Ungemächlichkeiten, denen er hier ausgesetzt war, abgehärtet, und den Abgang der
Gesellschaft ersetzte er sich reichlich durch die
strengste Beobachtung seiner Berufsgeschäfte.
Indessen hat doch der damalige Mangel an
guter Gesellschaft stark auf ihn gewirkt; denn
man schreibt mit Recht seinem Aufenthalt in
diesen wilden Einöden einen Theil des fin-
stern Wesens und der ungeselligen, oft zu weit
getriebenen Zurückhaltung zu, die man nachher an ihm bemerkte. Cook trieb übrigens
schon damals seine Sparsamkeit sehr weit;
so trank er, zum Beyspiel, seinen Thee niemals mit dem auf den Schiffen gewöhnlichen
Speißzucker, sondern, um jenen zu ersparen,
mit Syrup; auch die Talglichter, die ihm doch
die Regierung vergütete, brannte er nicht,
sondern dafür den Thran, den man aus See-
hundsfett schmolz: ja in der Folge nahm er
sogar für seinen zerschellten Daumen eine jähr-
liche Vergütung aus einer Casse an, die zur
Verpflegung kranker und verwundeter Seeleute
angelegt war, und in welche jeder Matrose
von seinem monatlichen Gehalt das seinige beytragen mußte. Dis muß denn freylich theils
aus seiner niedrigen Erziehung und den Ange-
wohnheiten aus einem Stand, den er kaum
verlassen hatte, erklärt werden, theils aus
seiner Neigung zum Gelde und zu seiner starken Begierde nach Reichthum überhaupt, wovon

von der Grund ebenfalls hauptfächlich in seiner Erziehung zu suchen seyn mag, und wovon freylich auf den Charakter dieses sonst
so grosen Mannes ein kleiner Schatten fällt,
der aber jedoch zu schwach ist, um seine übrige
Gröse zu verdunkeln.

Als Cook mit der mühsamen Ausmes-
sung und Aufnahme der Küsten von Neufundland fertig war, kaufte er sich von dem Gelde,
das er sich dabey erspart hatte, unweit London ein kleines Haus, nebst einem Gärtchen,
und gedachte wahrscheinlicher Weise seine übrigen Lebenstage hier als Schiffsmeister und
Landmesser im Dienste der Abmiralität zuzubringen; denn der Sprung vom Schiffsmeister zum Lieutenant, oder Capitain ist in
England äusserst schwer und selten. Desto
mehr Ehre aber für Cook, daß er ihn in
der Folge, als man ihn zu wiederholtenma-
len aufforderte, die Welt zu umschiffen,
wirklich that. Und hiemit beginnt denn jene
glänzende Periode seines Lebens, wo seine
Kräfte freyen Spielraum bekamen, und wo
er durch sein Beyspiel zeigte, was ein einziger Mann, wenn von der Vorsehung mit sel-
tenen Talenten ausgerüstet und in einem denselben entsprechenden Wirkungskreis versetzt,
auszurichten im Stande sey. Doch, ehe wir
weiter gehen, laßt uns noch einige Blicke
auf die Bahn zurückwerfen, auf die wir un-

fern Freund bis hieher begleitet haben. Wir finden hier Stoff zu verschiedenen Bemerkungen. Vor allen müssen wir bedauern, daß wir von Cooks Jugendgeschichte nur so wenig wissen. Wäre uns mehr davon bekannt, so würden wir uns manchen Zug seines Karakters und überhaupt manches in seiner folgenden Lebensgeschichte besser erklären können, als itzt, da uns bey den dürftigen Nachrichten, die wir von jener frühern Periode seines Lebens haben, hier immer noch manches dunkel bleiben muß. Doch ist es ja auch eigentlich unsere Absicht nicht, in das Innere des Karakters dieses ausserordentlichen Mannes einzugehen, und seine allmähliche Bildung darzustellen, sondern vielmehr zu zeigen, was ihm während seines Lebens und besonders auf seinen Reisen merkwürdiges begegnet sey, und welcher Wege sich die Vorsehung bedient habe, ihn zu dem Ziele, das sie durch ihn erreichen wollte, zu leiten. Daß diese Wege von denen, auf welchen andere gewöhnliche Menschen geführt werden, merklich verschieden waren, sehen wir schon aus dem, was bisher von Cooks Lebensumständen beygebracht worden. Wer hätte wohl denken sollen, daß aus des armen Landmanns Sohn, ohne Erziehung und äussere Unterstützung, einst noch der grose Mann werden würde, für den ihn seine Zeitgenossen in der Folge allgemein erkannt haben? Wie stark mußten nicht die Triebfedern gewesen

wesen

wesen seyn, die die Vorsehung in ihn gelegt
hatte, mittelst deren er sich, trotz so vieler
Hindernisse, zu einer Höhe hinaufschwang, auf
die noch unsre späte Nachkommen mit Bewunderung hinblicken werden! Und wie trostvoll
und ermunternd müssen nicht solche Beyspiele
für so manchen seyn, dessen Geist unterm
äussern Druck mancher Art seufzt und an der
Möglichkeit verzweifelt, einst noch die Höhe,
zu der er aufstrebt, zu erreichen! Er übe
nur, wie Cook, unablässig seine Kräfte und
vertraue der Vorsicht, und seine Wünsche
werden am Ende gewiß gelingen. Dräuen
auch anfangs Gefahren — nur, im Vertrauen
auf den Schutz dieser alles zu weisen Zwecken
hinlenkenden Vorsicht, sich ihnen unerschrocken
entgegengestellt! Das Bewußtseyn, viele
Schwierigkeiten besiegt zu haben, macht, nach
vollendeter Bahn, die Belohnung um so süsser.
Auch unsern Cook trafen auf der Strecke, die
wir bisher mit ihm durchwandert haben, schon
mancherley Gefahren; allein der Gottheit
schützender Arm ließ ihn noch nicht fallen.
Er sollte erst die ihm vorgezeichnete Bahn, an
deren Eingang er gleichsam noch stund, durch-
laufen. Wäre er itzt schon der Welt entris-
sen worden, wie vieles würde durch diesen zu
frühen Verlust ungeschehen geblieben seyn!
Vielleicht hätten dann mehrere Jahrhunderte
dazu gehört, um wieder einen Mann, wie
Cook, hervorzubringen. — Doch wir wollen
diese

diese Betrachtungen, die eigentlich nur Winke für nachdenkende Leser seyn sollen, nicht weiter verfolgen, sondern gehen sogleich zu jenen drey grosen Seereisen fort, die unter Cooks Anführung vom Jahre 1768. bis 1780. unternommen worden sind, und die ein unvergängliches Denkmal seines Ruhmes bleiben werden.

Cooks erste Reise

in die Südsee oder um die Welt wurde durch eine Erscheinung am Himmel veranlaßt. Man hatte nemlich berechnet, daß im Sommer des Jahres 1769. der Planet Venus zum zweytenmale in diesem Jahrhunderte vor der Sonnenscheibe vorbeygehen würde. Da von der Beobachtung dieses Phänomens, an entgegengesetzten Enden der Erde, die Bestimmung der Entfernung und Grösse des ungeheuern Sonnenkörpers vorzüglich abhieng, so wetteiferten die gelehrten Gesellschaften bey dieser Gelegenheit mit einander in Anstalten, um den merkwürdigen Augenblick in seinem ganzen Umfange zu benutzen. Die Akademie der Wissenschaften zu Paris sandte daher den Abbé Chappe nach Californien, und die königliche Societät in London beschloß Herrn Green ins stille Meer zu schicken. Ihr damaliger Präsident, Lord Morton, muste die Bittschrift der Gesellschaft, und die gute Sache der Sternkunde so nachdrück-

lich

lich zu unterſtützen, daß König Georg der
dritte die Ausrüſtung eines kleinen Schiffs
zu dieſem Vorhaben bewilligte, und auſſerdem
auch noch eine anſehnliche Summe Geldes dazu herſchenkte. Die Wahl der Geſellſchaft war anfangs auf eine der Marqueſas-Inſeln *) gefallen,
allein Capitain Wallis, der um dieſe Zeit von
ſeiner Reiſe um die Welt zurückgekommen war,
ſchlug dafür eine von ihm neuerlich in der
Südſee entdeckte Inſel vor, der er den Namen König Georgs Inſel gegeben hatte,
die aber gegenwärtig unter dem Namen O-
Taheiti bey uns bekannter iſt. Man geneh-
migte ſeinen Vorſchlag, und machte nun ſogleich Anſtalten zur baldigen Abreiſe. Das
zu dieſer Farth beſtimmte Schiff hieß Endeavour (das Beſtreben); war urſprünglich zum
Kohlenhandel beſtimmt; hatte viel Gelaß und
lies ſich leicht regieren. Anfangs ſollte Hr.
Alex. Dalrymple, Mitglied der Königl. Societät, der groſſe aſtronomiſche und geographi-
ſche Kenntniſſe beſaß und auch bei uns durch
ſeine Sammlung von Reiſen in die Südſee bekannt worden iſt, die Direction der Reiſe übernehmen, und dieſer hatte auch ſchon
darein gewilligt, mit der Bedingniß, daß man
ihn zum Capitain des Schiffs ernennen ſollte,
weil ihm ſonſt das Schiffsvolk als einem, der
nicht zum Seemann war erzogen worden, nicht
den gehörigen Gehorſam leiſten würde: allein
der

B

---

*) ſ. unten die zwote Reiſe.

der berühmte Admiral Lord Hawke setzte sich
dagegen und übertrug dafür dem bisherigen
Schiffsmeister und Landmesser Cook die Ausführung dieses wichtigen Unternehmens und er-
nannte ihn zu dem Ende auch zum Schiffs-
lieutenant und Commandeur des Schiffs.
Am 27sten Mai 1768. bestieg er dasselbe.
Seine gesammte Mannschaft bestund aus 84.
Personen; er versah sich mit Lebensmitteln
auf 18. Monathe, und nahm 10. Kanonen und 12.
Drehbassen mit an Bord. Hr. Banks,
ein reicher Privatmann und nachmaliger Präsident der Societät der Wissenschaften, und
sein Freund, Dr. Solander, ein gelehrter
Schwede und Schüler des unsterblichen Linne',
entschlossen sich als Freunde der Wissenschaften und Naturkunde überhaupt und der Kräuterkunde insbesondere, die Reise mitzumachen.
Hr. Banks beredete auch noch zween geschickte Zeichner, mit ihm zu gehen, und nahm
ausserdem noch einen Secretair und vier Bediente mit, worunter zween Schwarze waren, durch welche er leichter mit den Indianern in Verkehr zu kommen hoffen konnte,
als durch jemand anders. Sein ansehnliches
Vermögen hatte ihn in den Stand gesetzt, die
besten Bücher und Instrumente anzuschaffen,
und sonst alle nöthige Vorkehrungen zu treffen, um die Reise zum Dienst der Wissenschaften gemeinnützig zu machen. Zudem übernahm
er nicht nur die Verpflegung seiner eigenen
Reise-

Reisegesellschaft, sondern auch des Astronomen Green und selbst Cooks und zahlte lezterm noch oben drein für den Gebrauch der Schiffs-Cajüte und alles andern Gelasses für sich und seine Freunde eine sehr ansehnliche Summe. Aus seinen und Cooks Tagebüchern verfertigte nach-mals ein englischer Gelehrter, Dr. Hawkes-worth, eine ausführliche Beschreibung dieser Reise. Am 26sten August 1768. verliessen unsere Reisende die Rheede von Plymouth. Sie segelten vor dem Cap Finisterrá, an der Küste von Gallizien in Spanien, vor-bey, und befanden sich in der Mitte des Septembers schon auf der Rheede von Fun-chial, der Hauptstadt von der Insel Madera. Hier hatte der Oberbootsmann beym Anker lichten das Unglück, durch das Seil des An-kerwächters *) in die See gerissen und getöd-tet zu werden, welches allerdings für Cook kein geringer Verlust war. Der englische Consul in gedachter Hauptstadt nahm seine Landsleute sehr gastfreundschaftlich auf. Nach-dem diese sich von Maderas vorzüglichsten Merkwürdigkeiten unterrichtet hatten, verlies-sen sie gegen Ende des September diese reiz-volle Insel wieder und schiften nach Süd-amerika auf Rio Janeiro zu. Hier hatten sie unterwegs eines der prachtvollsten Schau-

B 2   spiele

---

*) Ankerwächter — ein hölzerner Kloz oder Ton-ne, die auf der Oberfläche des Wassers da schwimmt, wo auf dem Grunde der Anker gefaßt hat.

spiele der Natur. Von weitem sah man näm-
lich die Insel Teneriffa. Allmählich verlohr
sich die Sonne unter dem Gesichtskreise, und
die Insel war schon geraume Zeit in dicke Finsterniß gehüllt; als nur noch des berühmten
Piks von Teneriffa erhabener Gipfel mit einer Feuerfarbe, die kein Pinsel prächtiger zu
malen im Stande ist, vom Sonnenglanze wie-
derstralte. Auch sahen sie auf dem Wege von
Teneriffa nach Bona Vista (einer der Capo-
verde Inseln) eine grosse Menge fliegender
Fische; wenn man diese von dem Kajütten-
fenster aus betrachtete, waren sie unbeschreib-
lich schön; denn da sah man sie unterhalb und
von der Seite, und diese glänzt wie geglätte-
tes Silber; hingegen wenn man sie von dem
Verdecke aus sah, hatten sie bey weitem kein
so schönes Ansehen, denn da sah man von
oben herab nichts als den Rücken, der von
dunkler Farbe ist. Doch ein ungleich pracht-
volleres Schauspiel gewährte ihnen bald darauf der Anblick der unermeßlichen See selbst.
Diese schien, so weit sie sehen konnten, in
Feuer zu seyn und Lichtstralen auszustossen,
die dem Blitze vollkommen ähnlich, aber nur
nicht so beträchtlich waren; sie zeigten sich so
häufig, daß oft 8 bis 10. fast in ebendemselben Augenblick zu sehen waren. Man vermuthete auf dem Schiffe, daß dis Leuchten von
irgend einem glänzenden Thiere herkommen
müste; es wurde daher ein kleines Netz aus-
gewor-

geworfen, und da fand sich denn, daß man richtig geurtheilt hatte; denn die kleinen Thiere, die man dadurch fieng und die wahrscheinlicher Weise eine Medusen-Art waren, gaben, als man sie am Bord brachte, ein weisses Licht von sich und sahen einem in Fluß gebrachten Metalle ähnlich. Wir werden weiter unten bey Cooks zwoter Reise Gelegenheit haben, von diesem bewundernswürdigen Phänomen, wodurch die Seefahrer in jenen südlichen Gewässern, besonders nach dem Cap zu, so oft zum Preis des auch in seinen kleinsten Werken so grossen Schöpfers aufgefodert werden, mehr zu sagen.

Am 13ten Nov. kamen sie bey Rio de Janeiro, oder dem Januarius-Strom, an der Küste von Brasilien an. Cook schickte sogleich in einer Pinasse seinen Lieutenant ab, um dem Stadthalter zu melden, daß er in dem dasigen Haven einlaufen und Wasser und andere Erfrischungen einnehmen wolle. Zugleich bat er sich einen Piloten aus, der ihm den Weg in den Haven und einen guten Ankerplatz zeigen sollte. Allein das Fahrzeug kam ohne Lieutenant und ohne Piloten zurück. Statt derselben befand sich ein portugiesischer Officier darinnen, der auch am Bord kam. Nun erfuhr Cook, daß sein Lieutenant, auf Befehl des Vice-Königs, so lange in der Stadt bleiben müsse, bis er selbst ans Land

gehen

gehen würde; er gieng also dahin, nachdem
er zuvor, auf die gewöhnliche Weise, über
die Absicht seiner Reise und einige andere Dinge war befragt worden. Hier wurde er, unter dem Vorwand einer Ehrenbezeugung, überall von einem Officier, wie ein Staatsgefan-
gener, begleitet. Banks und Solander aber
sollten nach den gemessensten Befehlen des Vice-Königs, gar nicht ans Land, so wenig
als sonst jemand vom Schiffe, ausgenommen
diejenigen gemeinen Matrosen, welche Geschäfte wegen an Land kommen musten; man gab
zwar Schriften über Schriften beym Vice-König deswegen ein; allein vergebens. Endlich
verlangte ein Mönch aus der Stadt die Hülfe des englischen Schiffarztes, und Dr. Solander gieng unter diesem Titel ans Land.
Nicht lange darauf glückte es auch Hrn. Banks,
der Aufmerksamkeit des portugiesischen Wacht-
bootes, welches das Schiff keinen Augenblick
verlies, zu entwischen, und auf den Feldern
des Landes nach Pflanzen und Insecten umher zu jagen. Zum Glück kamen aber beyde
noch zeitig genug in das Schiff zurück, denn
man suchte auf das eifrigste ihrer habhaft zu
werden, als es bald darauf bekannt wurde,
daß sie ohne des Vice-Königs Erlaubniß sich
ans Land gewagt hätten. Am 5ten Dec. segelte Cook wieder von dannen, nachdem er
einem spanischen Schiffe Briefe nach England
mitgegeben hatte, in denen er alles berichte-

te,

te, was zwischen ihm und dem Vice-König vorgefallen war. Dieser hatte in einem eigenen Schreiben auf das frieblichste Abschied von ihm genommen, und schon glaubte Cook der ihm so lästigen Aufmerksamkeit der mistrauischen Portugiesen, die ihn des Schleichhandels wegen in Verdacht gehabt hatten, endlich los zu seyn; als zu seinem grossen Erstaunen, eben da er zu dem Haven hinaus segeln wollte, zwo Kanonen-Kugeln von der Festung Santa Kruz aus auf sein Schiff abgefeuert wurden. Er schickte sogleich in die Festung, um sich zu erkundigen, was das zu bedeuten habe? und erhielt zur Antwort, daß der kommandirende Officier kein Schiff dürfte vorbey passiren lassen, ohne erst Befehl vom Vice-König erhalten zu haben. Dieser aber entschuldigte sich damit, daß durch eine seltsame Nachlässigkeit der Befehl nicht an den gehörigen Ort hingeschickt worden sey. Und nun erst segelte Cook unbewacht und unangefochten weiter. Kaum hatte sich das Wachtboot entfernt, so besuchte Hr. Banks eiligst die benachbarten Inseln und kam mit seinen gewöhnlichen Schätzen, Pflanzen und Insecten reichbeladen zurück. Sonderbar war es übrigens, daß in den letzten 3 oder 4 Tagen, während ihres Aufenthaltes im Haven, die Luft mit vielen tausend Schmetterlingen, doch meistenstheils nur von einerley Gattung angefüllt war.

Von

Von diesem unter einem glücklichen Himmelsstrich liegenden, aber freylich von dem
Lichte der Aufklärung noch unbestralten Lande,
gieng es nun immer weiter längst der Ostküste
von Südamerika herab, an den Falklandsinseln vorbey, nach Süden zu, um ganz unten
vor der Spitze von Amerika vorbey in die
grosse Südsee zu gelangen; anstatt aber wie
Byron, Wallis und Bougainville durch die
Magellanische Meerenge zu gehen, durchschif-
te Cook die Strasse le Maire, die sich zwischen einer Spitze vom Feuerlande und zwischen den Staatsinseln befindet. Hier legte
er sich in der Bay des guten Sukzesses am
15ten Januar 1769, vor Anker und gieng
nebst Banks und Solander sogleich ans Land.
Erst wollten die Indianer fliehen; sie kehrten
aber bald wieder zurück; warfen die Stäbe,
die sie in den Händen hatten, von sich und
empfiengen die Fremdlinge mit sehr plumpen
Freundschaftsbezeugungen. Geschenke machten
sie so vertraut, daß drey von ihnen mit ans
Schiff giengen. So oft der eine von ihnen
in irgend eine von ihm noch unbetretene Ecke
des Schiffs trat, schrie er einige Minuten
lang ganz für sich aus aller Macht. (Dis
thaten auch in der Folge zween andere, die
Banks und Sol zu einem ihrer Flecken begleiteten. Wahrscheinlicher Weise ist dis Schreyen
ein abergläubischer Gebrauch einer Art von
Priestern bey ihnen). Am europäischen Brod
und

und Rindfleisch fanden sie keinen sonderlichen
Geschmack, nahmen aber doch alles mit. Wein
und andere starke Getränke waren ihnen eckelhaft. Banks begleitete sie wieder ans Land
zu ihren Verwandten, allein die gröste Gleichgültigkeit herrschte unter beiden, und niemand
schien weder etwas hören noch erzehlen zu
wollen.

Am folgenden Tage machte Banks und
Solander in Gesellschaft von noch 10. andern
Personen, worunter sich auch der Schiffsarzt
Monkhouse und der Astronom Green befanden, eine botanische Reise, dergleichen wohl
wenige noch mögen gemacht worden seyn, und
die, wenn nicht das Auge der Vorsehung
ganz besonders über ihr Leben gewacht hätte,
ihnen sämtlich den Untergang hätte bringen
können.

Sie hatten sich vorgenommen, den Gipfel eines Berges zu ersteigen, um allerhand
seltene Kräuter, die sie dort zu finden hoften, zu sammeln, und gedachten Abends wieder zu dem Schiff zurückzukehren. Stunden-
lang arbeiteten sie sich durch öde Wildnisse
hindurch, in denen sich sogar der Gipfel der
zu ersteigenden Höhe ihren Augen entzog, bis
Nachmittags um 3. Uhr. Schon glaubten sie
ihrem Ziele nahe zu seyn; allein zu ihrem
grösten Verdruß war die Ebene, die sie fanden, nichts anders, als ein weiter, mit nie-

B 5   drigen,

brigen, dicht in einander geschlungenen Bir-
kengesträuchen bedeckter Sumpf. Sie waren
noch nicht ganz durch diesen Wirwarr durch-
gekrochen, als der Himmel sich mit Schnee-
wolken überzog und Banks Zeichner, Buchan, der das Unglück hatte, mit der fallenden Sucht behaftet zu seyn, und bald darauf
zu O-Tahiti starb, ohnmächtig wurde. Man
zündete ein Feuer an und ließ die Abgemattet-
sten bey ihm zurück, indeß die Uebrigen glücklich auf der Höhe anlangten und an Kräutern mehr fanden, als sie erwartet hatten.
Nun denke man sich aber die Lage dieser
Männer, in einer ganz unbekannten Gegend,
unter einem so rauhen Himmelsstrich, (es war
hier jetzt um die Mitte des Sommers, aber
die damalige Sommerwitterung würde man in
Norwegen und selbst in Lappland für etwas
unerhörtes halten) und, wer weiß, in welcher Gesellschaft von Thieren. (Daß es von
letzteren welche und zwar grosse hier geben
müsse, konnte Banks aus den Fußstapfen
schliessen, die er auf der Oberfläche eines
Sumpfs eingedruckt fand, aus denen er aber
nicht gewiß bestimmen konnte, von welcher
Art das Thier gewesen seyn mochte). Noch
heute aufs Schiff zurückzukommen, war unmöglich. Was sollte man also thun? Man
beschloß, den Rückzug auf einer Seite anzutreten, wo die Sümpfe nicht so breit wären,
und dann in der mittlern Gegend des Berges

im

im Walde auf einem bequemen Plätzchen eine
Hütte aufzurichten und Feuer darinnen anzu-
zünden, und hier, so gut sichs thun liesse, zu
übernachten. Man holte daher die Zurückgebliebenen, die sich sämtlich so ziemlich erholt hatten, wieder ab, und die ganze Gesellschaft trat denn Abends um 8. Uhr, da es
noch ganz helle war, die Rückreise an. Banks
schloß den Zug und sorgte, daß niemand zu-
rückblieb. Dr. Solander warnte gleich anfangs einen jeden, dem Schlafe ja nicht nach-
zuhängen, denn bey einer solchen ausserordentlichen Kälte, zumal nach einer solchen Ab-
mattung sey Schlafen und Sterben Eins.
Allein der gute Solander sündigte selbst zuerst gegen diese so nöthige Warnung. Die
Kälte wurde nemlich plötzlich so strenge und
Solander so matt, daß er schlechterdings darauf bestund, sich niederzulegen. Wirklich sank
er auch auf den kalten, mit Schnee überdeck-
ten Boden hin, und nur mit äusserster Mühe
konnte ihn Banks vom Einschlafen abhalten;
Banks Mohr hatte mit Solandern gleiches
Schicksal. Der standhafte Lord schickte indessen 5. von der Gesellschaft voraus, um an
dem ersten besten Plätzchen ein Feuer anzuzün-
den; er selbst blieb bey den Ermatteten zurück.
Endlich bracht' er sie wieder in Gang; als
sie sich aber durch den grösten Theil des sumpfigen Birkengesträuches durchgearbeitet hatten,
betheuerten sie aufs neue, daß sie nun nicht
mehr

mehr weiter könnten; Banks ließ sie also
sanft dahin sinken, lehnte sie ein wenig an
das Gesträuche an, und sogleich fielen sie in
einen tiefen Schlaf. Nunmehr kamen die
Vorausgeschickten mit der frohen Nachricht zurück, daß sie Feuer angezündet hätten. Es
gelang nun zwar Banks, seinen Freund nach
einem etwa 5. Minuten langen Schlaf wieder
zu wecken: allein seine Muskeln waren in
diesen wenigen Augenblicken schon so zusammen
geschrumpft, daß ihm die Schuhe abfielen,
und er an den Gliedern wie gelähmt war.
Er war indessen bereit, gleich weiter zu gehen, wenn man ihm nur, wie er sagte, ein
wenig forthelfen wolle. Hingegen der arme
Mohr war gar nicht zu erwecken. Banks
ließ also seinen andern schwarzen Bedienten
und einen Matrosen bei ihm zurück, und,
nachdem er den Doctor mit grosser Mühe an
das Feuer gebracht hatte, schickte er zween
von den Leuten, die sich ein bischen gewärmt
hatten, zu den Zurückgelassenen, um mit Hülfe derselben den Mohr zum Feuer zu schleppen. Allein diese kamen bald mit der traurigen Nachricht zurück, daß sie niemand hätten finden oder errufen können. Alle, besonders Banks, geriethen hierüber in grosse Verwunderung und Bedürfnis, und wegen des
Schicksals dieser Vermißten bald auf diese,
bald auf jene Vermuthung. Der immer fal-
lende Schnee vermehrte ihre Besorgnisse. Endlich

lich hörte man Nachts um 12. Uhr in der
Ferne rufen. Banks, nebst noch 4. andern
machten sich sogleich auf und fanden den erschöpften Matrosen einhertaumeln. Dieser
wurde sogleich zum Feuer gebracht, und bald
darauf fand Banks auch die beyden andern.
Der Mohr stund zwar, war aber nicht vermögend, einen Schritt zu thun; sein Gefährte lag unempfindlich, wie ein Stein auf dem
Boden. Sogleich wurde jedermann vom Feuer
herbeygerufen, um die zween Erstarreten dahin zu schleppen. Allein die vereinigten Kräfte der ganzen Gesellschaft reichten hiezu nicht
hin, und da es auch nicht möglich war, auf
dem Flecke, wo sie waren, ein Feuer anzu-
zünden, so war weiter nichts zu thun, als
diese beyden Unglücklichen ihrem Schicksale zu
überlassen. Indessen machten sie ihnen doch
ein Lager von Baumzweigen zurechte, bedeckten sie auf diesem ziemlich tief mit Zweigen
und kehrten sodann in den Wald zurück. Hier
brachten sie die Nacht in einem Zustande hin,
der, so fürchterlich er an sich selbst war, doch
durch die Erinnerung an das Vergangene, und
durch die Ungewißheit des Künftigen, noch ent-
setzlicher wurde. Endlich graute der Tag.
Aber welch ein Anblick! Rings um sie her,
so weit das Auge reichen konnte, war nichts,
als Schnee zu sehen; dabey waren die Wind-
stöße noch immer so heftig, daß es ihnen unmöglich fiel, den Rückweg anzutreten. Als
sie

sie bis um 6. Uhr des Morgens dem Elend
und dem Entsetzlichen ihrer Lage nachgehan-
gen hatten, erheiterte sich der Himmel in etwas. Man sah sogleich nach, ob die armen,
mit Gesträuch bedeckten Zurückgelassenen noch
am Leben wären, fand sie aber beyde — todt.
Noch immer fiel der Schnee so dick, daß an
keine Rückkehr zum Schiff zu denken war.
Endlich hörte es um 8. Uhr auf zu schneien
und sogleich wurde Anstalt zur Rückreise gemacht. Allein nun fiengen sie sämtlich an, die
Qualen des Hungers zu fühlen, und doch bestund ihr ganzer Mundvorrath nur in einem
magern Geyer, den sie auf der Reise geschossen hatten. Diesem zog man denn die Haut
ab und theilte ihn roh in 10. gleiche Theile.
Nach diesem Schmause, wobey auf jeden höchstens ein paar Mundbissen kamen, schickten
sie sich zur Reise an. Sie waren aber kaum
3. Stunden lang gegangen, als sie das unvermuthete Vergnügen hatten, sich am Strande — und ihrem Schiffe viel näher zu sehen,
als sie erwarten konnten. Beym Hinaufsteigen
hatten sie nemlich den Berg rings umklettert,
waren aber itzt gerade herabgestiegen. Glücklich gelangten sie denn vollends an Bord, und
wünschten sich hier einander zu ihrer Rettung
mit einer Freude Glück, die ihnen nur der
nachempfinden kann, der sich je in ähnlichen
Gefahren befunden hat.

So

So gefahrvoll diese Reise gewesen war, so machten doch Banks und Solander schon am folgenden Tage wieder eine neue Ausflucht in das Land, die zwar nicht so abentheuerlich war, als die vorige, wobey sie aber ebenfalls oft bis an die Kniee in den Schlamm fielen. Auch dismal waren sie in der Erweiterung ihrer Naturkenntnisse glücklich und wurden zugleich mit den hülflosen, noch ganz unkultivirten Einwohnern des öden Feuerlandes, den sogenannten Pescherähs, etwas besser bekannt. Wir wollen uns aber bey der Beschreibung dieses gewiß nicht beneidenswerthen Volkes, das wir besonders seit Cooks zwoter Reise, (wo wir noch einmal auf dasselbe zurückkommen werden) näher kennen gelernt haben, dismal nicht weiter aufhalten.

So öde auch die Gegend war, bey der Cook vor Anker lag, so erfrischte sich doch seine Mannschaft, die schon lange nichts, als eingesalzene Lebensmittel genossen hatte, mit dem hier — so wie an den meisten Strandgegenden — häufig wachsenden und gegen den Scorbut so dienlichen Löffelkraut und wilden Selleri nicht wenig.

Am 22sten Januar segelte Cook wieder aus der Bay, und umschifte sodann das Cap Horn, das seit Ansons Reise das Schrecken der Seefahrer geblieben war. Er fuhr nicht nur sicher und ohne irgend einen widrigen
Zufall

Zufall um diese südlichste Spitze von Amerika, sondern voll des kühnen Forschungsgei-
stes, der ihn auf seiner zweyten Reise oft
so weit nach Süden hinab trieb, näherte er
sich zugleich dem furchtbaren Südpol, von
dessen völliger Untersuchung ihn aber für dismal der Endzweck seiner Reise abhielt. Zufrieden also, gezeigt zu haben, wie leer die
Furcht vor jenen von Ansons Geschichtschrei-
ber so sehr verschiedenen Gewässern sey, segelte er nun von dem 60sten Grad der südlichen Breite an (denn so weit kam er dismal) gerade auf O-Tahiti, dem Ziele seiner Reise, zu, wo er am 13ten April 1769.
glücklich anlangte. Vorher war er durch eine
reitzende Inselgruppe hindurch gesegelt; weil
ihm aber die Einwohner hie und da kriegerische Mienen machten, und er weder Lust, noch
Beruf hatte, mit ihnen anzubinden, auch
überdis keinen Mangel an Lebensmitteln hatte,
so hielt er sich nicht bey ihnen auf, sondern
eilte, in der Hofnung eines freundschaftlichen
Empfangs, auf O-Tahiti zu. In dieser
Erwartung täuschte er sich auch nicht; denn
die Tahitier freuten sich nicht wenig, als sie
so manchen ihrer alten Bekannten wieder sahen, die mit Capit. Wallis, der die Insel
kurz vorher entdeckt und sie König Georgs
Insel genannt hatte, hier gewesen waren.
Um dis gute Vernehmen auch in der Folge
zu erhalten, publicirte Cook sogleich bey seiner

An-

Ankunft der Schiffsmannschaft einige Verhal-
tungsartikel, und trat sodenn mit Banks
und Solander ans Land. Hier krochen die
Insulaner, deren sich sogleich etliche Hunderte
versammelt hatten, aus Ehrfurcht, beynahe
auf Händen und Füssen auf sie zu, und das
herzlichste Willkommen! war in ihren unver-
stellten Mienen zu lesen. Sie gaben den
neuen Fremdlingen sogleich durch grüne Zweige
Versicherungen ihrer Redlichkeit, und jeder
Vornehme wählte sich einen ganz eigenthümli-
chen Freund unter den Europäern. Die Ceremonie bestand nemlich hiebey darinnen, daß
sie einen Theil ihrer Kleider abnahmen und sie
dagegen ihren neuen Freunden, Cook und
Banks, anlegten. Diese machten denn auch
an ihrem Theile Geschenke, sie waren aber
selten so beträchtlich, wie die der Tahitier.
Bei dem allen konnte dis gutmüthige Völkchen
der Neigung zu kleinen Mausereien nicht lange widerstehen. Gleich anfangs wurden, während eines Besuches bey einem vornehmen Insulaner, Solandern und dem Schiffsarzt Monkhouse, die Taschen ausgeleert und jenem ein
Perspektiv und diesem eine Tobaksdose entwendet. Banks stellte sich hierüber äusserst
aufgebracht und stieß drohend seine Kugelbüch-
se auf die Erde. Vor Schrecken rannten die
meisten alsbald davon und in kurzer Zeit wurde das Gestohlne wieder herbeygeschaft. So
wurde auch bald darauf, als Cook Anstalt

C   machte,

machte, eine Sternwarte zu errichten, ein Quadrant *) vermißt. Da ohne dies Instrument die Hauptabsicht der Reise gar nicht erreicht werden konnte, so wurden sogleich zur Wiederherbeyschaffung desselben Anstalten gemacht. Banks und Green wagten sich zu dem Ende, von Tobourai, einem der Oberhäupter der Insel, begleitet, sieben Meilen weit in das Land hinein, bis sie des Quadranten wieder habhaft wurden. Allein eben dieser Tobourai, der nebst seinem Weibe, Tomio, bisher bey Banks alles gegolten hatte, besaß in der Folge nicht Standhaftigkeit genug, Versuchungen der Art zu widerstehen. Er fiel. Die bezaubernden Reitze eines Körbchens, voll grosser, schöner Nägel, die frey in Banks Zelte, ohne Aufsicht stunden, verleiteten ihn, an seinem Freunde treulos zu werden. Fünfe nahm er sich davon, war aber noch nicht schlau genug, sie gehörig zu verbergen, und nicht verstockt genug, seine That zu läugnen, als Banks, dem ein Bedienter es gesteckt hatte, sie ihm ins Angesicht zieh. Voll Scham langte er sogleich den einen Nagel hervor, und versprach auch die andern wieder zu bringen. Allein er hielt nicht Wort; sondern zog noch selbigen Abend mit seiner Familie von dannen, und das geknüpfte

---

*) Quadrant — ein mathematisches Instrument, zur Auflösung vieler, besonders astronomischer Aufgaben unentbehrlich.

knüpfte Freundschaftsband war somit zerris-
sen. Ein andermal büßten Cook und Banks
fast alles, was sie bey sich gehabt hatten, und
selbst ihre meisten Kleidungsstücke ein, als sie
mit noch einigen von ihrer Gesellschaft auf
dem Lande in den Hütten der Indianer über-
nachteten.

Herrn Banks und überhaupt die ganze
Reisegesellschaft traf mitlerweile ein empfindlicher Verlust. Es starb nemlich auf dem Schiffe der obenerwähnte Landschafts- und Figuren-
mahler, Buchan, ein wohlgesitteter junger
Mann, dessen Gleichen auf dem Schiffe nicht
mehr vorhanden war. Sein Leichnam wurde
mit anständiger Feierlichkeit der See übergeben.

Cook ließ bald nach seiner Ankunft ein
Fort aufwerfen, wobey sich die Einwohner
sehr geschäftig erwiesen, und sogar Holz in
Menge herbeytrugen. Sie versahen ihre Gäste nicht nur reichlich mit Lebensmitteln, sondern sie sorgten auch auf mannichfaltige Weise, besonders durch Musik und Kampfspiele,
für ihr Vergnügen. Einst an einem Sonn-
tag ließ Cook, damit seine Matrosen bey einer solchen Lebensreise nicht verwildern und
alle Gefühle für Religion und Tugend erster-
ben lassen möchten, in dem neuerbauten Fort
christlichen Gottesdienst halten. Tubourai
und seine Gattin Tomio durften auch mit dabey seyn; man glaubte nemlich daraus etwas

C 2

mehre-

mehreres von ihrem eigenen Gottesdienst erfahren zu können. Cook setzte sich in ihre
Mitte. Während des ganzen Gottesdienstes
waren sie ausserordentlich aufmerksam und ahm-
ten alles das nach, was Cook dabey that.
Sogar den Indianern ausserhalb des Forts
riefen sie zu, sich stille zu betragen; aber mit
Endigung der Handlung äusserte sich auch weiter kein Verlangen in ihnen, von dem Vor-
gegangenen näher unterrichtet zu seyn. Einige Tage nach dem das Fort aufgeworfen worden war, speiste Tuboural Tomalde in demselben, und nahm des Abends von seinen Be-
wirthern auf das vergnügteste Abschied. Er
war aber kaum eine Viertelstunde hinweg, so
kam er sehr hastig und entrüstet wieder, faßte Hrn. Banks sehr schnell am Arm, und gab
ihm durch Zeichen zu verstehen, daß er ihm
folgen sollte. Banks that es sogleich und sie
kamen bald an einen Ort, wo sie den Fleischer des Schiffs, mit einer Sichel in der
Hand antrafen. Mit ausschweifendem Zorne,
so daß man sein Zeichen kaum verstehen konnte, erzehlte nun der König seinem Begleiter,
der Fleischer habe gedroht oder gar versucht,
seiner Gattin mit der Sichel die Kehle abzuschneiden, wofern sie ihm nicht ein steinernes
Beil, das er in ihrem Hause liegen gesehn,
gegen einen Nagel abtreten würde. Banks
hinterbrachte Cook diesen Vorfall. Als nun
nicht lange darauf Tuboural mit seinem Wei-

be

be und andern Indianern eben an Bord des
Schifs war, ließ Cook den Fleischer aufs Verdeck rufen, und ihm, da er nichts zu seiner
Verantwortung vorbringen konnte, ausziehen
und an die stehende Wand binden. Die Indianer sahen diesen Zubereitungen anfangs ganz
stille und voll Erstaunen zu. Sobald aber
dem Verbrecher der erste Streich abgezählt
ward, legten sie sich sehr eifrig ins Mittel
und baten auf das angelegentlichste um die
Erlassung der übrigen Strafe. Allein Cook
war dißmal unerbittlich; der Fleischer empfieng
seine volle Ladung, und als die Tahitier endlich sahen, daß sie mit ihren Fürbitten nichts
ausrichten konnten, bezeugten sie ihr Mitleid
durch die wehmüthigsten Thränen, die ihnen
überhaupt, wie Kindern, bey jeder Gelegenheit zu Gebote stunden, aber auch, wie bey
Kindern, immer eben so leicht vergessen, als
vergossen waren.

Unter andern Bekannten, die einige Engländer, welche schon mit Capitain Wallis
hier gewesen waren, auf O-Tahiti wieder
antrafen, befand sich auch die Königin Oberea, die durch ihren Roman mit dem Capit.
Wallis bey uns so bekannt worden ist. Sie
schien ungefähr 40. Jahre alt zu seyn, war
von schlankem Wuchse, und hatte eine weissere
Haut, als die übrigen Insulaner. In ihrem
Blick war etwas überaus geistreiches und em-

C 3   pfind-

pfindfames und in ihrer Perſon noch manche
deutliche Spur ehemaliger jugendlicher Reiße.
So bald man ihren Stand wuſte, nahm man
ſie mit ans Schiff, wo ſie Cook mit aller
Achtung empfieng, die einer Dame von ſo hohem Range gebührte. Man überhäufte ſie
mit Geſchenken, worunter ihr aber eine Kin-
derpuppe am beſten gefiel. Nach ihrer Zurückkunft ans Land lies ſie ein anſehnliches Ge-
gengeſchenk nach dem Fort bringen. Als Too-
rahah, ein ſehr angeſehener Inſulaner, die
Puppe zu Geſicht bekam, wurde er eiferſüchtig,
und Cook muſte ihm, um es mit ihm nicht
zu verderben, auch eine zukommen laſſen. Ohne Bedenken zog ſie der kindiſche Tahitier einem Beile vor. Doch hatte dieſe Puppen-
ſucht bald wieder ein Ende.

Bisher (und überhaupt während der ganzen dismaligen Anweſenheit der Engländer auf
O. Tahiti) war nur ein einziger Tahitier,
und zwar in Cooks Abweſenheit und gegen
deſſen Befehl, getödtet worden, welche That
jedoch der brave Capitain nicht ungeahndet
lies. Der Leichnam ruhete auf einer Bahre
unter einer Art von Dache, das nahe an des
Todten Wohnhütte angebracht war. Er war
in eine tahitiſche Matte gewickelt und mit einem weiſſen Stück Zeug bedeckt. Rings um
ihn her ſtunden Cocosnußſchalen voll friſchen
Waſſers, Brodfrucht, friſch gepflanzte Bäum-
chen

chen und Waffen. Auf diese Art lassen sie in freyer Luft alle ihre Todten verwesen. Da aber diese Begräbnißhügel mehrentheils auf Anhöhen nahe an der See sich befinden, wo die gefährlichen Dünste sogleich durch die Winde ins Weite umher gejagt und die zurückgebliebenen durch die reichhaltigen Baumgerüche unschädlich gemacht werden, so hat diese Gewohnheit weiter keinen merklich nachtheiligen Einfluß auf die Gesundheit der dasigen Bewohner.

Inzwischen war der dritte Junius herbeygekommen, an welchem Tage sich der merkwürdige Durchgang der Venus durch die Sonne, um dessen Beobachtung willen diese grosse Reise hauptsächlich war unternommen worden, ereignen sollte. Cook traf dabey die besten Anstalten, und ließ durch drey Parthien an verschiedenen Plätzen observiren. Der Tag war überaus heiter und somit wurde denn die Hauptabsicht der Reise glücklich erreicht.

Cook konnte nunmehr nichts wichtigeres verrichten, als daß er mit Bänks die ganze Insel, die etwa dreyßig Meilen im Umkreise hat, und deren eigentlichen Namen, O, Tahiti, er erst nach einem vierwöchigen Aufenthalt daselbst von den Eingebohrnen erfuhr, in seinem Boot umschifte und sich von ihren Districten, ihren Ebenen und Flüssen, ihren

sie

sie umgebenden Riesen und bequemen Anker-
plätzen, die genaueste Kenntniß verschafte.

Ein volles Vierteljahr hatten nun die
Engländer auf O-Tahiti, und zwar fast
immer auf das freundschaftlichste und vergnügteste zugebracht. Einen auffallenden Beweis, wie stark die Reitze dieses glücklichen
Eilandes und besonders seiner schönen, gefäl-
ligen Bewohnerinnen auf sie gewürkt haben
müssen, gab der unvermuthete Entschluß zweyer
junger Seesoldaten, — hier zurückzubleiben
und ihre übrigen Lebenstage unter den hiesigen Insulanern zuzubringen. Schon hatten
sie sich in dieser Absicht tief in die Gebürge
versteckt, als Cook, der sie nicht wohl entbehren konnte, Mittel fand, ihrer wieder
habhaft zu werden. Am 13ten Jul. 1769.
verließ man denn, unter dem zärtlichsten Ab-
schiede auf beyden Seiten, diese gesegnete
Insel wieder. Eine Frucht von dem freundschaftlichen Verkehr mit den Einwohnern derselben, und vornemlich von dem Entschlusse
des Tupaia, eines angesehenen Mannes von
O-Tahiti, der sich besonders freundschaftlich
gegen die Engländer bezeigt hatte, nebst seinem Bedienten Taheto, von 13. Jahren,
mit Cook zu Schiffe zu gehen, war unter
andern auch die Entdeckung der ganzen, nahe
gelegenen Gruppe der Societäts- oder Ge-
sellschafts-Inseln. Ausser den bereits ent-
deck-

deckten Inseln, Taheiti, Maatea und Tabua-
manu, lernte man nun auch Huaheine, O-
Raietea, (oder Ulietea), O-Tahah, Bolabola, Tubai und Maurua kennen.

Die Einwohner von Huaheine machten,
hauptsächlich durch Tupeia bewogen, bald Bekanntschaft mit ihren fremden Gästen und
mehrere derselben kamen sogleich in verschiedenen Kähnen herbeygerudert und begaben sich
am Bord des Schiffs. Unter diesen befand
sich auch der Regent der Insel, Orih, der
zum Beweis seiner Freundschaft mit Cook Namen wechselte. So lang also beyde beysammen
waren, hies Cook Orih und der König Coo-
kih; denn anders konnte er Cooks Namen
nicht aussprechen. (Unsere Reisenden fanden
überhaupt, daß die Einwohner dieser Inselgruppe, wenn sie die Namen ihrer europäischen Freunde auszusprechen versuchten, dieselben immer sehr veränderten. Besonders erfuhren sie dis auf O-Tahiti. Cook hies
hier Tuti; Hicks, Hiti; Banks, Tapane;
Dr. Solander, Torano; Green, Eteri;
Parkinson, Patini; Gore, Toarro ꝛc.; dem
Namen Mollineur entsagten sie ganz, weil
sie gar keine Möglichkeit sahen, etwas davon
auszusprechen, und nannten ihn, von seinem
Taufnamen Robert — im englischen abgekürzt,
Bob — gemeiniglich Boba; und so hatten
sie fast für jeden Mann im Schiffe einen

C 5   ähnlichen

ähnlichen Namen herausgebracht). Die Leute
von Huaheine waren übrigens den Tahitiern
in den mehresten Stücken ganz ähnlich, auch
sind die Produkte dieses, etwa 7. Seemeilen
im Umkreis habenden Eilandes fast ganz dieselben, wie auf Tahiti. Da der Handel mit
den Eingebohrnen nicht gut von statten gieng,
so verlies Cook Huaheine bald wieder. Beym
Abschied gab er dem König zum Andenken einen zinnernen Teller mit der Ueberschrift: „Sr.
Britannischen Majestät Schiff, Endeavour,
Cook, Befehlshaber, am 16ten Julius 1769.
Huaheine.„

Auch bey der Insel Ulietea, von welcher,
so wie von einigen nahe gelegenen Eilanden
Cook, im Namen des Königs von Grosbri-
tanien Besitz nahm, hielt er sich nicht sehr
lange auf. Als das Schiff an der Nordseite der Insel vor Anker lag, giengen Banks
und einige andere aus Land, und suchten mit
den Einwohnern in Verkehr zu kommen, und
sich von den Produkten und Merkwürdigkeiten
des Landes etwas näher zu unterrichten. Sie
fanden aber nichts besonders, als einige
Menschen-Kinnbacken, die wahrscheinlich von
den Einwohnern der nahe gelegenen Insel
Bolabola, die Ulietea erst kürzlich erobert
hatten und unsern Reisenden als sehr tapfere
Krieger geschildert wurden, zu Siegeszeichen
waren aufgehängt worden. Nach einer kleinen,

nen, aber gefährlichen und verdrüßlichen Farth
zu den benachbarten Inseln, auf einer von
welchen, Otahah, man ebenfalls landete,
gieng Cook wieder nach Ulietea zurück, und
legte sein schabhaft gewordenes Schiff in einem Haven an der Westseite der Insel vor
Anker. Die Indianer betrugen sich hier sehr
respectvoll und freundschaftlich gegen die Engländer. Selbst Opunih, der König der gefürchteten Bolabolaner, der sich eben damals
auf Ulietea befand, sandte ihnen ansehnliche
Geschenke und versprach einen Besuch. Er
kam jedoch nicht. Cook verfügte sich daher
nebst einiger Begleitung selbst zu ihm. Da
er das Oberhaupt der Krieger von Bolabola,
der Eroberer dieser Insel und das Schrecken
aller andern war, so erwarteten Jene einen
jungen muntern Anführer, mit einer geistvol-
len Miene und von unternehmendem Character zu sehen; statt dessen aber fanden sie einen armseligen, schwächlichen, abgelebten und
verwelkten Greis, für Alter halb blind und
so dumm und träge, daß er nicht einmal zu
begreifen schien, daß seinen Gästen mit frischen Lebensmitteln gedient seyn möchte. Wir
werden in der Folge noch öfter auf die Societätsinseln zurückkommen müssen; dort soll
denn auch umständlicher davon gehandelt werden. Eine ausführliche Beschreibung aller
Merkwürdigkeiten, die Cook sowohl hier als
in andern von ihm besuchten Ländern angetrof-

                                    fen

fen, gehört ohnebis nicht in den Plan gegenwärtiger Erzehlung.

Der Entdecker eilte nunmehr, seinen
Verhaltungsbefehlen gemäß, gegen Süden,
um das hochgepriesene Südland aufzusuchen,
welches in dieser Gegend, der Mitte des
grossen Weltmeers, liegen sollte. Allein er
setzte seinen Lauf bis zum vierzigsten Grad
der Breite in gerader Linie ungehindert fort,
ohne nur eine Spur von nahem Lande wahr-
zunehmen. Weiter in den Ocean vorzudringen, verwehrte ihm dismal die Schwäche
seines Schiffes. Er wandte sich also westwärts
und suchte die Küsten von Neu - Seeland
auf, die seit ihres ersten Entdeckers Tasman's
Zeiten nicht wieder besucht, und daher vielfältig für einen Theil des vermeintlichen festen Südlandes gehalten worden waren. Man
wußte von diesem Lande überhaupt wenig mehr,
als daß es vorhanden sey, und streitbare
Einwohner habe; denn Tasman (der hier 4.
Matrosen verlohr, wovon der eine gefressen
wurde) hatte sich hier nicht lange genug aufgehalten, um genauere Nachrichten einziehen,
und richtige Charten zum Behuf künftiger Seefahrer entwerfen zu können. Cook entdeckte das
Land am 6ten Oktober 1769. von der Ostseite her und fuhr bald darauf mit einiger
Begleitung nach dem Ufer zu. Von weitem
sah man daselbst einige Einwohner, sie liefen
aber,

aber, so wie man sich näherte, alsbald davon. Cook war indessen mit seinen Begleitern kaum ans Land getreten, so rannten vier, mit langen Lanzen bewafnete Männer aus dem Walde heraus, um das Boot, auf dem man herbey gefahren war, anzufallen und wegzunehmen. Dis brachte man nun zwar noch frühzeitig genug in Sicherheit, allein die Indianer verfolgten dennoch die darinnen befindliche Mannschaft so heftig, daß der Bootsmann sich genöthigt sah, eine Kugel über sie hinzufeuern. Der Schuß befremdete sie ein wenig, sie stunden stille und sahen sich um; doch in wenig Minuten begonnen sie ihr Nachsetzen aufs neue, und schwenkten dabey drohend ihre Lanzen. Der Bootsmann schoß hierauf zum zweytenmal über sie hin; aber es schien nunmehr, als ob sie des Knalls gar nicht mehr achteten; da nun einer von ihnen Miene zum Angrif machte, und seine Spiese in das Boot zu werfen suchte, so wurde der Unglückliche auf der Stelle todt geschossen. Als er fiel, blieben die andern noch einige Minuten lang, für Erstaunen, gleichsam versteinert, stehen; zogen sich aber, als sie wieder zu sich selbst kamen, zurück, und schleppten den Leichnam ihres Cameraden hinter sich her, ließen solchen jedoch bald liegen, um ihre Flucht desto mehr zu beschleunigen. Cook, Banks und Solander eilten auf den gehörten Schuß herbey, und fanden denn sogleich
den

den Indianer zu Boden gestreckt da liegen.
Sie besichtigten den Leichnam, und sahen, daß er
war durchs Herz geschossen worden. Es war ein
Mann von mittlerer Grösse, von brauner, aber
nicht sehr dunkler Farbe, und im Gesicht nach
Art der Indianer in schneckenförmigen Linien
von sehr regelmäßiger Gestalt tättowirt oder
punctirt. Nach der Rückkehr zum Schiffe hörte man das Volk auf dem Lande sehr laut und
eifrig sprechen.

Dieses blutigen Auftritts ungeachtet machte Cook gleich am folgenden Tage einen
neuen Versuch, mit den Bewohnern des Landes in Verkehr zu kommen. Zu dem Ende
nahm er auch den Tupaia mit sich. Ohngefähr funfzig von den Einwohnern schienen ihn
und seine Begleiter in der Ferne anfangs ganz
ruhig zu erwarten; so bald sie aber merkten,
daß man gerade auf sie zugienge, standen sie
von dem Orte, wo sie gesessen hatten, insge-
samt plötzlich auf, schwenkten ihre Gewehre,
und riefen, so sehr ihnen auch Tupaia in
seiner Sprache Frieden zurief, den Europäern
zu, sich zu entfernen; diese aber feuerten, statt
dessen, eine Kugel längst dem Flusse hin, der
sich zwischen beyden Partheien befand, und
Tupaia muste seine Beredsamkeit aufs neue
an ihnen versuchen. Zum Glücke verstanden
sie ihn vollkommen, denn die Sprache auf den
Societätsinseln und die ihrige sind nur ver-
schie-

schiebene Mundarten. Er sagte ihnen, daß sie nur Lebensmittel und frisches Wasser verlangten, und daß sie ihnen Eisengeräthe, dessen Gebrauch er ihnen, so gut er konnte, erklärte, dafür geben wollten. Sie schienen darauf zur Handlung geneigt zu seyn, und winkten den Europäern, zu ihnen hinüber zu kommen, wollten sich aber nicht dazu verstehen, wie diese verlangten, ihre Waffen niederzulegen. Endlich schwamm doch einer, ohne sein Gewehr, den Fluß hinüber. Ihm folgten bald mehrere, und endlich waren über 30. beysammen, welche letztere aber ihr Gewehr mitbrachten. Tupala hatte indeß die Europäer immer gewarnt, auf ihrer Hut zu seyn. Die Geschenke, die man ihnen anbot, als Glascorallen und Eisen, schienen sie gar nicht zu achten, desto bereitwilliger aber waren sie, ihre Waffen gegen europäische zu vertauschen, und da man sich von Seiten der Engländer hiezu nicht verstehen wollte, suchten sie solche mit Gewalt an sich zu reissen. Wirklich glückte es auch einem auf diese Art, den Hirschfänger eines Europäers zu erbeuten. Jauchzend schwenkte er denselben über seinem Kopfe. Nun stieg ihre Verwegenheit, und man sah noch mehrere Indianer von der andern Seite des Flusses zu ihnen herüber kommen. Ihre Frechheit zu dämpfen, feuerte Banks mit Schroot auf den Mann, der den Hirschfänger an sich gerissen hatte. Als ihn

der

der Schuß traf, hörte er zwar auf zu jauchzen, fuhr aber nichts destoweniger fort, das
Gewehr um den Kopf zu schwenken; doch zog
er sich zu gleicher Zeit allmählich weiter zurück.
Da er nun mit dem Hirschfänger nicht zu-
rückwollte, schoß ein anderer Engländer
Monkhouse, mit einer Kugel nach ihm, worauf er augenblicklich todt niederstürzte. Sobald
er fiel, eilte der größte Theil der Indianer,
die sich auf den ersten Schuß etwas zurück-
gezogen hatten, wieder herbey; zween davon
rannten zu dem Leichnam hin; der eine ergriff dessen Gewehr, das aus grünem Talk-
steine bestand, und der andere suchte sich des
Hirschfängers zu bemächtigen, worinn ihm aber
Monkhouse eben noch zuvor kam. Nun rückte
der ganze Haufen Indianer gegen die Europäer
an; diese feuerten alsbald drey mit Schroten
geladene Flinten gegen sie ab, worauf sie
eiligst umkehrten, und an das gegenüberste-
hende Ufer zurückschwammen.; als sie jenseits
ans Land stiegen, bemerkte man, daß zween
oder drey von ihnen verwundet waren. Sie
zogen sich denn allmählich ins Land hinauf,
Cook aber kehrte mit seinen Begleitern zu ihren Booten zurück.

Bald darauf sah Cook, daß sich zween
Kähne auf der See befanden. Dis hielt er
für eine erwünschte Gelegenheit, ein und den
andern Indianer in seine Gewalt zu bekommen

rien, um sich etwa dadurch das ganze Volk
geneigter zu machen. Die Leute in dem ei,
nen Kahn merkten seine Absicht und entkamen
noch glücklich; der andere aber ruderte sorg,
los fort, bis er sich unvermerkt mitten unter
den Engländern befand, die, als er doch noch
durchzukommen arbeitete, eine Muskete über
ihn hinfeuerten, worauf die 7. darinn befindli,
chen Indianer aufhörten zu rudern, und sich
sämtlich auszuziehen anfiengen. Man glaub,
te nun englischer Seits, diß geschähe, um
über Bord zu springen; allein es war ganz
anders gemeint. Sie waren entschlossen, nicht
zu fliehen, sondern — zu fechten. Als sie
daher von dem Boot eingeholt wurden, fien,
gen sie den Angriff mit ihren Rudern, mit
Steinen und andern Gewehren, die sie bey
sich hatten, so nachdrücklich an, daß die Eng,
länder aus Noth gezwungen waren, auf sie
zu feuern. Viere von ihnen wurden zum Un,
glück getödtet. Drey andere, wovon der äl,
teste etwa 19. und der jüngste 11. Jahre alt
seyn mochte, sprangen augenblicklich ins Was,
ser, und widersetzten sich schwimmend den Be,
mühungen der Europäer sie aufzufangen. End,
lich aber musten sie sich doch ergeben. So,
bald man sie aus dem Wasser gezogen hatte,
setzten sie sich ganz traurig und gebückt im
Boot nieder, und erwarteten ohne Zweifel,
augenblicklich hingerichtet zu werden. Man
that englischer Seits alles, sie von dieser

D   Angst

Angst zu befreyen, und überhäufte sie mit
Geschenken: endlich wurden sie wieder heiterer
und als man sie aufs Schiff brachte, waren
sie überaus vergnügt. Europäisches Brod und
Schweinfleisch verschlungen sie mit dem grösten
Appetit, und thaten und beantworteten viele
Fragen, dem Anschein nach mit vielem Vergnügen und Wißbegierde. Am Ende sangen
sie sogar, und zwar mit einem Ausdruck, der
Geist und Würde hatte. Diese Jünglinge bewiesen überhaupt viel Anstand, Muth und
Talente. Feuer leuchtete aus ihren Augen,
und etwas überaus freymüthiges und unge-
zwungenes bezeichnete ihre Handlungen. Die
beyden ältesten waren Brüder. Am folgenden Tag brachte man sie wieder ans Land
zurück.

Da nun Cook sahe, daß seine Bemühungen, mit den Einwohnern in freundschaftliches
Verkehr zu kommen vergebens wären, und er
auch in dieser Gegend Neuseelands von allem, was er bedurfte, nichts denn etwas Holz
bekommen konnte, so segelte er schon am 11ten
Oct. von der unglücklichen Stelle, bey der so
blutige Auftritte vorgefallen waren, und die
er die Armuthsbay (Poverty-Bay) nannte, wieder fort, und legte sich bald darauf in
einer andern Gegend Neuseelands vor Anker.
Hier besuchten ihn sogleich mehrere Kähne aus
der Armuthsbay, und über 50. Mann kamen
sogar

fogar an Bord des Schiffs und fanden so viel
Vergnügen an europäischen Waaren, daß sie
selbst ihre Kleider vom Leibe und die Ruder
aus ihren Booten dran geben wollten. Die
gute Behandlung, die jene drey Jungens hier
erfahren, hatte sie so zutraulich gemacht, so
daß sie es gerne gesehen hätten, wenn die
Engländer wieder mit ihnen zurückgesegelt wären. Vergnügt schieden sie am Abend wieder
von bannen, drey ausgenommen, welche zufälliger Weise auf dem Schiffe zurückgelassen wurden. Diese sangen und tanzten, aßen und
schliefen, als sie aber des Morgens sahen,
daß das Schiff sich nicht mehr an der alten
Stelle befand, geriethen sie in einen ganz
verzweiflungsvollen Zustand; nur Tupaia konnte sie beruhigen. Endlich wurden sie durch
zween Kähne, die sie herbeyriefen, erlöst.
Da sie sahen, daß diese Bedenken trugen,
heranzurudern, betheuerten sie nachdrücklich,
daß die Europäer nichts weniger als Menschenfresser wären. (Daß die Neuseeländer dis
waren, erfuhren die Europäer schon während
ihres dismaligen Aufenthalts, noch mehr aber
in der Folge bei verschiedenen Gelegenheiten
nur zu deutlich. Doch hörte Tupaia, mit
dem sich die Indianer besonders gerne unterhielten, von einem Neuseeländischen Priester,
daß sie nur ihre auf dem Schlachtfelde gebliebenen Feinde äßen. Weiter unten mehr
hievon!)

D 2　　　　　Bald

Balb barauf, nachbem jene fort waren, fanben sich andere Kähne bey dem Schiffe ein. In einem derselben saß ein Mann, der eine schwarze Haut, die der eines Bären ziemlich ähnlich war, auf den Schultern hängen hatte. Cook wünschte sie zu besitzen, und bot ihm ein Stück rothen Bon dafür. Der Neuseeländer gieng den Handel ein, als man ihm aber den Bon herablangte, wickelte er ihn nebst der Haut zusammen, packte beyde ganz kaltblütig in einen Korb und ruberte, trotz der Vorwürfe, die ihm Cook machte, davon. Dieser aber war zu grosmüthig, das verwegene Betragen des Wilden zu ahnden, sondern ließ ihn mit seiner Beute bismal friedlich ziehen. — Beynahe wäre es beym Handel mit diesen Leuten um den armen Taneto, Tupaias Begleiter und Bedienten, geschehen gewesen. Er wollte eben etwas, das gekauft worden, von einem Kahne in das Schiff hinauf langen, als ihn plötzlich ein Indianer erhaschte, in den Kahn hinabzog, und eiligst mit ihm davon ruberte, indeß zween andere ihn am Vordertheil des Kahns feste hielten. Man schoß nach dem Hintertheil des Kahns, und tödtete einen Mann, die andern ließen nun sogleich den Jungen fahren, der sich schnell ins Wasser stürzte, und dem Schiffe zuschwamm. Ein anderer grosser Kahn suchte ihn zwar einzuholen, allein einige Musqueten und eine Kanone, die Cook auf denselben abbrennen ließ,

machten

machten dem Nachsetzen sogleich ein Ende. Drey
andere Neuseeländer waren dabey todt , oder
zu schanden geschossen worden, wie einige vom
Schiffe aus bemerkten, die den Kähnen mit
Ferngläsern nachsahen und deutlich unterscheiden konnten, wie man diese drey Unglücklichen
den Strand hinauf schleppte.

Taneto schien anfangs vor Schrecken
seiner Sinnen ganz beraubt zu seyn; als er
wieder zu sich kam, brachte er seinem Gott
(Eatua) ein Dankopfer für seine Rettung, indem er einen Fisch ins Wasser warf.

Dergleichen blutige Auftritte als eben erzählt worden, die den Engländern freylich nicht
immer Ehre machten, trugen sich leider während des Aufenthaltes derselben an der Neuseeländischen Küste mit den kriegerischen Einwohnern dieses Landes (von denen, so wie
von Neuseeland selbst, weiter unten mehr gesagt werden wird) noch mehrere zu. Es wäre aber eine unangenehme Beschäftigung, sie
alle hier aufzuzählen. Cook wachte zwar sorgfältig für das Leben dieser Menschen, allein
er konnte nicht überall seyn, nicht immer hindern, daß man einen Mann von den treflich-
sten Anlagen um ein paar Ellen Tuchs, oder
irgend einer andern geringfügigen Ursache willen, wie einen Hirsch, der ein Krautblatt
raubte, niederschoß. Freylich hielten die Neuseeländer bey ihrem Tauschhandel nicht immer

D 3   Wort,

Wort, und nahmen oft nur das vom Schiff
herabgelangte Gut, ohne etwas dran zu geben; allein die Engländer hätten doch bedenken sollen, daß man sie in diesem Puncte nicht
nach den Gesetzen eines Londner Kaufmanns
behandeln dürfe.

Cook mochte es wohl selbst gefühlt haben, daß den armen Wilden bisweilen zu viel
geschehen sey, und es ist billig, daß wir auch
hören, was er, zwar nicht zur Rechtfertigung,
doch zu einiger Entschuldigung seines Verfah-
rens anführen konnte. Ich will daher seine
eigene Worte, wie wir sie in Dr. Hawkes-
worths ausführlicher Reisebeschreibung finden,
hersetzen: „Ich bin es mir bewußt, sagt er,
bey Gelegenheit des vorhin erwähnten Vorfalls, da drey junge Neu-Seeländer leben-
dig waren aufgefangen worden, indeß vier andere ihr Leben dabey einbüßten, daß die Em-
„pfindung eines jeden menschenfreundlichen
„Lesers mich deswegen tadeln wird, daß ich
„auf diese unglücklichen Leute gefeuert habe,
„und nach einer kaltblütigen Ueberlegung kann
„ich es selbst unmöglich billigen. Sie ver-
„dienten gewißlich darum den Tod nicht, daß
„sie sich auf meine Versprechungen nicht ver-
„lassen, oder einwilligen wollten, an Bord
„meines Boots zu kommen, auch wenn sie
„keine Gefahr besorgt hätten; allein nach der
„Absicht meiner Reise war es eine meiner
„ersten

„erſten Pflichten, daß ich zur Kenntniß die-
„ſes Landes zu gelangen ſuchen muſte, dieſe
„aber konnte ich nicht anders erwerben, als
„indem ich auf eine feindliche Art in daſſelbe
„eindrang, oder mittelſt des Vertrauens und
„der Gunſt des Volkes Eintritt in daſſelbe
„gewann. Ich hatte ſchon die gütlichen Mit-
„tel angewandt, und die Macht von Geſchen-
„ken vergeblich verſucht; nunmehr hatte mir
„das Verlangen, fernere Feindſeligkeiten zu
„verhüten, den Entſchluß eingegeben, eini-
„ge von den Eingebohrnen an Bord mei-
„nes Schiffs zu nehmen, weil ich dieſen
„Schritt für das einzige noch übrige Mittel
„hielt, ſie zu überzeugen, daß wir ihnen
„kein Leid zufügen wollten, und daß es in
„unſerer Macht ſtünde, etwas zu ihrem Ver-
„gnügen oder Bequemlichkeit beyzutragen.
„In ſofern waren meine Abſichten gewiß un-
„ſträflich, um ſo vielmehr, da ich nicht die
„geringſte Urſache hatte, zu befürchten, daß
„es darüber zu einem Kampfe zwiſchen uns
„kommen würde: Nun iſts wohl wahr, daß,
„um die Indianer zu beſiegen, es nicht nö-
„thig geweſen wäre, ſo vielen von ihnen das
„Leben zu rauben; allein man muß bedenken,
„daß in ſolchen Umſtänden, ſobald man ein-
„mal Befehl zum Feuern gegeben hat, nie-
„mand das Uebermaas des Feuers dämpfen,
„noch deſſen Wirkungen vorſchreiben kann."—

Wirk.

Wirklich verfuhr auch Cook für seine
Person in der Folge seines Aufenthaltes an
den Neu-Seeländischen Küsten immer sehr
glimpflich mit den Wilden, und begnügte sich
gewöhnlich, wenn sie sich feindselig gegen ihn
bezeigten, damit, sie, wo es sich nur irgend
thun ließ, statt sie zu verwunden oder zu tödten, nur mit seinen furchtbaren Feuergewehren zu schrecken. Dis hatte denn auch immer
den erwünschtesten Erfolg. Seine Officiere
und Matrosen dachten freylich anders. Er
hatte oft die gröste Mühe, sie abzuhalten,
auf die Indianer zu feuern, und nicht selten thaten sie bis in seiner Abwesenheit auf
die leichtsinnigste Weise. Eine umständliche
Beschreibung aller der merkwürdigen Auftritte,
womit Cooks Untersuchung der Neu-Seeländischen Küsten begleitet war, würde hier ganz
zwecklos seyn. Ich muß deshalb auf das
grössere Werk verweisen, und mache hier nur
die einzige Bemerkung, daß Cook den Karakter der Neu-Seeländer an verschiedenen Gegenden der Küste ungemein verschieden fand.
An der einen bezeigten sie sich ganz feindselig
und kriegerisch, an einer andern aber desto
scheuer und furchtsamer. Einige kamen ganz
freymüthig und voll Neugierde an Bord des
Schiffs, da hingegen andere bey dem Anblick
so vieler neuer Gegenstände nicht die geringste
Ueberraschung oder Neugierde blicken liessen.

Man

Man hatte Neu-Seeland bisher für einen Theil des vermeintlichen festen Südlandes gehalten; Cook aber, der es nach und nach ganz umschifte, fand, daß es zwo Inseln wären, welche im 41sten Grad der Breite durch eine Meerenge getrennt werden, die zum Andenken ihres Entdeckers Cooks-Strasse heißt. Von diesem Punkt aus erstreckt sich die südliche Insel (südwestwärts) bis gegen den 48sten, und die nördliche (nordwestwärts) bis zum 34sten Grad der Breite. Ihre Seeküsten, welche Cook in Zeit von sechs Monathen mit unermüdetem Eifer untersuchte, können leicht 800 Seemeilen betragen, und ihr Flächeninhalt mag dem von England nicht viel nachstehen. Die Anzahl der bequemen und sichern Häven *) der Inselchen und Klippen, welche um die beyden grossen Inseln herumgestreuet liegen, muß jeden Sachkundigen, der ihre Entdeckung und genaue Bestimmung, als das Werk eines einzigen Mannes in einem so kurzem Zeitraum, betrachtet, mit Erstaunen und Ehrfurcht erfüllen. Wenn man aber die bescheidene Erzählung dieser

D 5   Thaten

---

*) Die vornehmsten hievon, die Cook besuchte und beschrieb, und die zum Theil weiter unten noch vorkommen werden, sind: die Povertys- oder Armuths-Bay, die Mercurius-Bay, die Dusky- oder Dunkle Bay, Königin Charlottens Sund, die Inseln- und Admiralitäts-Bay.

Thaten in Cooks einfacher Sprache ließt *),
wenn man erfährt, mit welchen unvermeidli-
chen Gefahren der kühne Seefahrer, der sein
Werk nicht unvollendet laſſen will, in jenen
ſtürmiſchen und unbekannten Meeren zu kämpfen hat; wie ihm dort eine verborgene Klippe, auf die ſein Schiff ganz unverſehens ſtößt,
den Untergang droht; wie mitten im Sommer,
im 35ſten Grad der Breite, der ſtärkſte
Sturm, den er bis dahin noch erlebt, drey
Wochen lang wüthet; wie eine wirbelnde
Fluth ihn unaufhaltſam gegen einen ſteilen
Felſen ſchleudert und nur ein Ankerwurf in
die ungeheure Tiefe von 75. Faden ihn noch
rettet; wie endlich am ſüdlichſten Ende des
Landes, ſechs volle Meilen weit von der Küſte, eine Felſenbank, gleichſam zur Falle auf-
geſtellt iſt und dem unbeſorgten Seemann in
der Nacht auflauert **): — wenn man dieſe
ſchnell auf einander folgenden Begebenheiten
aufmerkſam erwägt, ſo wird man auch empfinden müſſen, um welchen Preis ſich Cook
einen Namen im Tempel des Ruhms erkauft
und wie geſchäftig ſich die Vorſehung bezeigt
hat, ihn vor dem Untergang zu ſchützen.
Mehr als einmal befand er ſich nebſt ſeinen
Reiſe-

*) In dem oben angeführten Hawkesworthiſchen
Werke.

**) Cook nannte daher dieſe Klippen the Traps, die
Fallen.

Reisegefährten in augenscheinlicher Lebensge-
fahr, indem er auch am Lande selbst seine
Untersuchungen fortsetzte; ein unerklärliches
Etwas, welches man dem Ungefähr zuschreibt,
wenn man den weisen Plan vergißt, nach welchem die Gottheit Ursachen und Wirkungen
auf das engste in einander verkettet hat, rettete ihn oft aus den Händen der barbarischen
Einwohner. Demungeachtet gelang es ihm,
die Produkte dieser merkwürdigen Inseln, und
selbst das wilde Volk, das hier vom Fischfang lebt, genau zu erforschen. Seine Nachrichten beweisen zur Genüge, daß, zumal
die nördliche Insel, wegen ihrer vortreflichen
Häven, ihrer Anhöhen, Thäler und wohlbe-
wässerten Ebenen, ihres gemässigten Himmelsstrichs, ihrer herrlichen Wälder vom besten
Bau- und Nutzholz, ihrer dauerhaften Flachspflanze und ihrer fischreichen Gestade, der-
einst für unternehmende Europäer eine höchst
wichtige Entdeckung werden kann. In dem
leichten, fruchtbaren Boden jenes Landes
würden alle Arten von europäischem Getraide,
von Pflanzen und Früchten gedeihen, und den
Ansiedler mit den Nothwendigkeiten des Lebens,
bald aber auch mit allem, was zum Ueberfluß
gehört, versehen. Ein Sommer, wie in England, dessen Hitze nie beschwerlich fällt, und
ein Winter, wie in Spaniens gemässigten
Provinzen, der eigentlich für keinen Winter
gilt, machen das dortige Klima zum ange-
nehm-

nehmſten Aufenthalt. Für den weit um ſich
greifenden Handel, der getrennte Weltheile
verbindet, kann keine Lage vortheilhafter ſeyn,
als dieſe, welche zwiſchen Afrika, Indien
und Amerika die Mitte hält. Man denke
ſich in Neu = Seeland einen Staat mit Eng=
lands glücklicher Verfaſſung — und es wird
die Königin der ſüdlichen Welt!

Der März war ſchon verfloſſen, der
Winter mit ſeinen Stürmen in den dortigen
Gegenden nahte heran und noch berathſchlagte
man, ob der Rückweg nach England über
Oſtindien, oder durch das groſſe Südmeer
und um Cap Horn gehen ſollte? Cooks Wün=
ſche neigten ſich auf dieſe letzte Seite; allein
ſein gebrechliches Fahrzeug gab zum zweyten=
mal den Ausſchlag wider ihn, und ſein Ver=
langen itzt ein für allemal die Frage vom Da=
ſeyn eines Südlandes zu entſcheiden, muſte
der Vorſorge für die Sicherheit und Erhal=
tung der ihm anvertrauten Mannſchaft wei=
chen. Vielleicht — ſo kurzſichtig ſind der
Menſchen Entwürfe! — vielleicht wäre in=
deſſen die Fahrt durch das Südmeer mit Hül=
fe günſtiger Weſtwinde kürzer und ſicherer ge=
weſen, als die andere, die man an ihrer
Stelle wählte; vielleicht hätte Cook alsdenn
alle ſeine Reiſegefährten geſund nach Europa
zurückgebracht, anſtatt daß auf dem Wege, der
ihnen weniger gefährlich ſchien, die verpeſtete
Luft

Luft von Batavia den vierten Theil der ganzen Reisegesellschaft hinwegrafte. Allein der
unermüdete Seemann sollte noch die ganze Ost-
küste von Neuholland entdecken. Er fuhr daher am 31sten März 1770. vom Cap Fare-
well (Cap lebewohl), auf der Nordseite der
südlichen Insel von Neuseeland ab, und segelte
nach Westen zu. Zu Ende des Aprils kamen
sie wieder unten an der Ostseite von Neuholland, (nachmals Neu-Süd-Wales von
Cook benannt) in der von Cook sogenannten
Botany-Bay vor Anker.

Da es bey Entdeckungsreisen immer am
unterhaltendsten ist, zu erfahren, wie sich die
Bewohner eines neuentdeckten Landes bey dem
Anblick ihrer ersten Entdecker benommen haben, so soll auch hier in dieser Rücksicht etwas von den Neuholländern gesagt werden;
eine ausführliche Beschreibung der Merkwürdigkeiten, die Cook während seines Aufenthaltes an der Küste dieses grossen, merkwürdigen Landes angetroffen, liegt ausser dem Plan
dieser Erzehlung.

Schon in einer Entfernung von etlichen
Meilen von der Küste sahen sie verschiedene
Einwohner auf dem Strande herumrennen,
wovon ihrer viere einen kleinen Kahn auf den
Schultern trugen. Als Cook, mit Banks,
Solander, Tupaia und vier Ruderknechten nach
der Gegend, wo sie die Indianer gesehen hatten, zuruderte, sassen diese auf Felsenstücken,
und

und warteten getrost auf die herbeykommenden
Fremdlinge; da aber Cook mit seinen Begleitern näher auf sie zugieng, flohen sie eiligst
in ihre Wälder. Da nun auch der Küste mit
dem Fahrzeuge nicht wohl beyzukommen war,
muste Cook, ohne für dismal seine Neugierde
befriedigt zu haben, wieder zum Schiff zu-
rückrudern. Am folgenden Morgen versuchte
man aufs neue, mit den Indianern bekannt zu
werden. Ungefähr ihrer zehne sassen um ein
Feuer herum, zogen sich aber sogleich auf ihre
Anhöhen und hinter ihre Felsen zurück, als
sie merkten, daß sich die Europäer ihnen na-
heten. Eine andere Parthei aber kam von
einer andern Seite an den Strand herab,
und foderte durch mancherley Zeichen und Worte die Engländer ans Land, wo sie solche mit
Piken und hölzernen Säbeln, die sie drohend
schwenkten, erwarteten. Jene aber fanden
für dismal nicht für gut, von dieser unfreundlichen Einladung Gebrauch zu machen.

Während dem das Schiff, einem kleinen
indianischen Dorfe, das aus ungefähr acht
Hütten bestand, gegenüber, vor Anker gelegt
wurde, schienen die Indianer, die indessen
eifrig mit Fischfangen beschäftigt waren, die
Bewegungen der Europäer gar nicht zu bemerken. Als sie eine hinlängliche Anzahl Fische
mit ihren langen Spiesen von ihren Kähnen
aus in der See erstochen hatten, schaften sie
solche

solche ans Land, wo inzwischen eine indianische
Mutter mit ihren sechs Kindern Holz zusammen gelesen hatte, um nun das von den Männern erbeutete Gerichte zu einem Schmause
für die ganze Familie zuzurichten. Während
des Essens wurden von ihnen, ganz unbekümmert, nur einzelne Blicke auf das gegenüber-
liegende Schiff geworfen.

Nachmittags ruderte Cook nebst Tupala
in einigen mit 40. Mann besetzten Booten
nach diesem Orte zu, wo die Neuholländer
schmauseten. Als er Miene machte, hier ans
Land zu steigen, glaubten endlich die bisher
so sorglos gewesenen Indianer, daß es nun
Zeit sey, sich zu unterbrechen. Zween von
ihnen liefen mit ihren 10. Fuß langen Lanzen den Strand herab, und suchten Cook
die Landung streitig zu machen. Sie riefen
den Engländern in einer rauhen und übeltö-
nenden Sprache zu, wovon selbst Tupala
kein Wort verstand, schwenkten drohend ihre
Waffen, und wollten — welche Kühnheit!
ihrer zween mit ihren hölzernen Waffen es
mit 40. mit eisernen Waffen versehenen Engländern aufnehmen. Cook bewunderte ihren
Muth und verbot seiner Mannschaft, bey so
ungleichen Kräften durchaus keine Feindseelig-
keiten anzufangen: Erst erwiederte er ihre
Drohungen mit Geschenken von Glascorallen,
Nägeln und andern Spielereyen, die er ihnen
zuwarf.

zuwarf. Sie schienen dadurch besänftigt zu
seyn, und Cook setzte seine Boote nun zum
zweytenmale in Bewegung. Allein kaum bemerkten dis die Indianer, wovon der eine
ein Jüngling von 19. bis 20. Jahren und
der andere ein Mann von mittlerm Alter zu
seyn schien, so setzten sie sich aufs neue zur
Wehr. Nun schoß Cook und erschreckte sie
durch den ihren Ohren noch ganz ungewohnten Knall so sehr, daß der eine in der ersten Bestürzung seine Waffen fallen ließ;
doch erholte er sich augenblicklich wieder und
hob sie sehr eilfertig wieder auf. Als sie nun
auch mit Steinen nach den Engländern warfen, ließ Cook eine mit Schroot geladene
Muskete auf sie abfeuern. Der Schuß traf
den ältesten in die Beine, und kaum hatte
er ihn bekommen, als er nach einem von den
Häusern lief, die ungefähr 300. Fuß davon
lagen. Nunmehr dachten die Engländer, daß
der Kampf vorbey wäre, und stiegen daher
sogleich ans Land; aber kaum waren sie aus
dem Boote, als der Verwundete schon wieder
zurückkam, und nun zeigte sichs, daß er nur
fortgelaufen war, um einen Schild zu seiner
Vertheidigung zu holen. Sobald er wieder
herankam, warf er und sein Streitgefährte
ein jeder eine Lanze nach den Europäern, ohne jedoch zum Glück jemanden zu verwunden;
Cook ließ hierauf einen dritten Musketenschuß
auf sie thun, und zwar mit Schroot, der
cine

eine von ihnen beantwortete solchen damit,
daß er seine Lanze gegen die Europäer warf,
und alsdenn liefen sie beyde augenblicklich davon. Nun erst konnte sich Cook mit seinen
Begleitern den Hütten der Indianer ungestört
nahen, wo sich etliche Kinder ganz alleine befanden. Sie hatten sich hinter einem Schilde
und einer dortliegenden grossen Baumrinde versteckt; Cook aber begnügte sich, auf diese schüch-
terne Kleinen nur einige verstohlne Blicke zu
werfen, und ließ sie in ihren Schlupfwinkeln
und in dem Wahne, daß er sie gar nicht bemerkt habe. Doch legte er beym Weggehen
sowohl hier, als bey etlichen andern Stellen dieser Gegend einige europäische Waaren
und Spielereyen hin, und hofte, sich dadurch
die Gunst der Einwohner zu erwerben; allein
als er am andern Morgen mit seinen Begleitern wieder kam, fand er sie noch unberührt
liegen und kein Indianer war weit und breit
zu sehen. Auf verschiedenen Streifereyen,
die in den folgenden Tagen gemacht wurden,
sah man zwar wieder verschiedene Haufen Indianer; allein sie zogen sich immer zu bald
wieder zurück, seitdem man sie mit Schroot
verwundet hatte. Ueberdis stürzte Tupaia,
der indeß ein ganz guter Schütze geworden
war, so manchen Vogel, der bisher ganz unbesorgt auf den Bäumen des Landes herumge-
hüpft war, im Nu vor ihren Füssen herab,
auf eine unter ihnen Entsetzen erregende

E   Weise.

Weise. Am 6ten Mai verließ Cook seinen bisherigen Ankerplatz wieder und segelte weiter an des Landes Küste dahin. Erst nach 10. Tagen sahen sie wieder etliche 20. Eingebohrne. Sie trugen grosse Bündel Palmbaumblätter auf dem Rücken, giengen aber wohl eine ganze Stunde lang an der Küste hin, ohne nur einen neugierigen Blick auf das vor ihnen hinschwimmende Schiff zu werfen. Ueberhaupt scheinen die Neuholländer fast eben so wenig neugierig, als die armseligen Pescheräßs zu seyn. In einer andern Gegend der Küste, wo Cook sein Schiff vor Anker legte, fand er eine Menge Perlenaustern. Die Einwohner dieses Reviers waren sehr übel dran. Ihre ganze Habseligkeit bestund in einer mannslangen Baumrinde, die die Stelle eines Hauses und einer Lagerstätte zugleich vertreten muste. Nur ein kleiner Wald schützte sie gegen Wind und Wetter. Selbst Tupaia schüttelte bey ihrem Anblick mit der Miene eines Mannes, der sich seines Vorzugs bewußt ist, mitleidig den Kopf und sagte, sie wären: Tááta Enos, d. i. armselige Elende.

Neuholland, welches man entweder die grüste Insel oder ein drittes festes Land nennen kann, indem sein Flächeninhalt den von Europa, wo nicht übertrift, doch ihm wenigstens gleich kommt, wurde an der Westseite zuerst von den Holländern im J. 1616. entdeckt.

deckt. Von dieser Zeit an befuhr man nach
und nach immer mehr davon, bis Tasman
im J. 1642. die südliche Spitze zu sehen bekam. Seitdem führte das ganze Land den allgemeinen Namen Neuholland, da vorher nur
jede einzelne Küste, an die man nach und nach
gekommen war, ihren besondern Namen hatte; z. B. Carpentaira, de Witts Land, van
Diemens Land rc. Der berühmte Engländ-
der, Wilhelm Dampier, kam 1687. auf
seiner Reise um die Welt auch an dis Land,
aber nur an die westliche Seite desselben.
Seine Beschreibung davon weicht daher von
der Cookischen in manchen Punkten etwas ab.
Die niedrige Lage der Küste Neuhollands hatte
bisher immer verursacht, daß die früheren
Seefahrer, die zu ihr gekommen waren, sich
ihr nicht dreist zu nahen wagten und daß also blos ihr ungefährer Umriß bekannt werden
konnte. Die Seite gegen das stille Meer,
oder gegen Morgen hin, hatte noch kein Seefahrer berührt, als Cook sie auf einer Strecke von sechshundert Seemeilen befuhr. Sie
ist höher als die andere, aber eben so von
Untiefen und Klippen, dem bewundernswürdigen Bau gewisser polypenartigen Thierchen,
umringt. Die kalkichten Wurmgehäuse dieser
kleinen Thiere wachsen am unergründlichen Boden des Meeres fest, und werden, so wie
das Thier in den untern Stämmen abstirbt,
zu wahren Felsenmauern von Korall, welche

E 2   ober-

oberwärts immer neue Aeste treiben, und sich zuletzt, je näher sie der Oberfläche des Meeres kommen, nach allen Richtungen ausbreiten. Solche Korallenmauern sind es, an denen die hohe Woge des vom beständigen Ost-Passatwind *) erregten Meeres sich schäumend brandet, und die der Seemann Riefe nennt. Oft ziehen sie sich rings um Inseln her; oft erstrecken sie sich mehrere hundert Meilen weit, wie hier bey Neuholland, in gleicher Richtung mit den Küsten; oft stehen auch mehrere dergleichen Riefe hintereinander. Zwischen ihnen und dem Lande ist ein ruhiges Meer; denn die hereinrollende See bricht sich an der Schutzmauer, die ein Wurm ihrem Ungestümme entgegen zu setzen vermochte, und fließt entkräftet über sie hin, oder kommt durch enge Brüche oder Oefnungen hinein, welche zugleich den Schiffen zur Ein- und Ausfahrt dienen. Allein in diesem gleichsam abgedammten Zwischenraume häuft sich der Sand, den die Fluth zwar hinein, doch nicht die Ebbe wieder hinweg spülen kann, zu grossen Sandbänken und Untiefen, welche der Schiffahrt neue Hindernisse und Gefahren bereiten. Kömmt nun noch der Umstand dazu, daß, anstatt eines

*) Passatwind, Monsun (Mousson) — ein Wind, der in den indischen Gewässern ein halbes Jahr hindurch beständig herrscht. Im folgenden halben Jahre wehet er aus dem entgegengesetzten Punkte.

nes zusammenhängenden Riefs, nur eine Menge kleiner zerstreuter Wurmrepubliken ihren
Zellenbau führen, wovon der eine mehr, der
andere weniger gediehen ist, so geht das
Schreckliche einer solchen Meeresgegend über
alle Beschreibung. Die Wachsamkeit des See-
mannes vermag fast nichts gegen jene plötz-
lichen Abwechselungen der Tiefe, die er zit-
ternd durch das Senkblei erfährt. Bald er-
gründet er sie nicht mit mehr als hundert
Klaftern; bald schwebt er über Korallenzinken
hin, die wie Thürme und Ruinen ihre schroffen Spitzen in die Höhe strecken, und beynahe den Boden seines Schiffs berühren. Mit
Angst und Entsetzen sucht er einen Ausweg,
durch den er wieder in die offene See gelangen, und sich von furchtbaren Meeresgegen-
den entfernen könne, wo ihn der Tod in tausend Gestalten umringt. Nicht also Cook, der
Entdecker! fünf Monathe lang weilte er an
dieser Küste, folgte allen ihren Krümmungen,
nahm alle ihre Häven und Bayen auf, bestimmte die Lage vieler hundert Untiefen und
Klippen, und verließ sie nicht eher, als bis
er sie vom 38sten bis zum 10ten Grade südlicher Breite durchaus entdeckt, und endlich
zwischen ihrer Nordspitze und den Inseln von
Neu-Guinea die Durchfahrt gefunden hatte,
welche von seinem Schiffe, den Namen En-
deavour-Strasse erhielt. Fast sollte man
auf den Gedanken gerathen, daß auch der ver-

we-

wegenste Schwung einer romanhaften Einbildungskraft noch nicht an die wirklichen Thaten reiche, die hier dem hartnäckigen Aushar-
ren, der unerreichbaren Kunst, und vor allem, dem innern edlen Antrieb einer brennenden Ruhmbegierde möglich waren. Man muß
die ausführliche Geschichte dieser Farth selbst
lesen, wenn man sich von allen den Schwierigkeiten, die Cook hier überwand, von den
Gefahren, die ihm drohten, und dem standhaften Muth, womit er sich, das Senkblei in
der Hand, zwischen den Felsenwänden und
Ketten von Klippen durchtastete, einen voll-
ständigen Begriff machen will. Alle seine Behutsamkeit konnte es indeß nicht verhindern,
daß sein Schiff auf einen verborgenen Felsen
stieß, wo es vier und zwanzig Stunden lang
hangen blieb, indessen jedermann dem schrecklichen Augenblick seines Untergangs entgegen
sah. — Doch diese Geschichte verdient etwas
umständlicher erzählt zu werden. Sollte sie
auch einem oder dem andern unserer Leser
schon bekannt seyn, so wird er sie doch, wenn
ihm anderst Theilnahme an Menschen Schicksalen und Glaube an eine Vorsehung heilig
ist, mit neuer Rührung über die ausgestandne
Noth seiner Brüder, und mit neuem Erstaunen über die wunderbaren Fügungen des Himmels, noch einmal lesen.

Schon hatte Cook die einsamen und
unbekannten Küsten Neuhollands ein ganzes

M 9

Monath lang auf eine Strecke von mehr als
1300. engl. Meilen mühselig befahren, und
noch war keiner der Namen, die er den verschiedenen, bisher von ihm entdeckten Gegenden dieser Küste gegeben hatte, ein Denkmal
der Noth. Aber nun kam die Stunde, wo
er und seine Mannschaft mit dem Unglück noch
weit vertrauter, als bisher werden sollten.
Sie nahten sich einem Orte, der nachmals
zum Andenken ihrer hier ausgestandenen Noth
Cap Tribulation, d. i. Vorgebirge der
Trübsal von ihnen genennt wurde. Dis
Cap liegt in der Süderbreite von 16. Graden, 6. Minuten, und in der westlichen Länge von 214. Gr. 39. Min. Cook ahndete
hier gleich anfangs nichts Gutes, er lies daher die Segel kürzen, (d. i. sie zum Theil
einziehen, damit sie weniger Wind fiengen)
und steuerte dann immer Land abwärts, um
wieder die hohe See zu gewinnen. Ein günstiger Wind und heller Mondschein (denn es
war bereits Nacht) kamen ihm hier nach
Wunsch zu statten. Eben als man beym Abendessen war, gerieth das Schiff plötzlich auf
eine Untiefe von 8. Klaftern. Cook wies
sogleich einem jeden seinen Posten an, um
das Schiff umwenden und vor Anker legen
zu helfen. Da man aber bey nochmaligem
Auswerfen des Senkbleyes sogleich wieder tiefes Wasser fand, und diese Tiefe eine geraume Zeit anhielt, so gieng man nach 10. Uhr

E 4 ganz

gonz unbesorgt zu Bette. Allein um 11. Uhr
nahm die Tiefe wieder plötzlich ab, und ehe
man noch das Senkbley von neuem auswer⸗
fen konnte, saß das Schiff auf dem Grun⸗
de fest und unbeweglich, ausser daß es durch
das Steigen und Fallen der Wellen auf Au⸗
genblicke gehoben und wieder niedergestossen
wurde. Alles eilte sogleich auf das Verdeck
und einer las in des andern Mienen das
Schreckliche des Zustandes, worinn man sich
befand. Ferne von dem Lande; fest auf ei⸗
ner Korallenklippe, die gefährlicher ist, als
jede andere, (weil alle sehr spitzig und doch
auf ihrer Oberfläche so rauh sind, daß, was
nur dagegen gerieben wird, geschähe es auch
mit der sanftesten Bewegung, nothwendiger
Weise sehr abgescheuert und wie entzwey ge⸗
feilt werden muß). — Welche Lage! Cook
ließ augenblicklich alle Segel einnehmen und
die Boote ausheben, um rings um das Schiff
her zu sondiren, wie tief das Wasser sey. Al⸗
lein es zeigte sich bald, daß der Schreck das
Unglück nicht im mindesten vergrößert hatte.
Die Wellen hatten das Schiff über den Rand
einer Klippe hinüber gehoben, und es lag
nunmehr in einer Vertiefung derselben gleich⸗
sam eingeschlossen. An manchen Stellen fand
man kaum 3 — 4 Fuß Wasser ⸗ Tiefe; nur
erst in einer Entfernung von 90. Fuß konnte
man wieder auf 12. Klafter rechnen. Als
man zum zweytenmale rings um das Schiff
son⸗

sondirte, fand sich, daß an dessen Hintertheile
das Wasser am tiefsten war; es wurde also
der Anker vom Hintertheile des Schiffs ausgeworfen. Sobald dieser Grund gefaßt hatte,
strengte man die äussersten Kräfte am Schiffs-
haspel an (d. i. an der cylindrischen Maschi-
ne, die zum Aufheben der Anker bestimmt ist),
in der Hofnung, daß, woferne nur der Anker nicht losrisse, man wohl das Schiff hinab-
winden möchte. Allein dasselbe war, leider!
schlechterdings nicht aus der Stelle zu bringen. Ueberdis schlug das Schiff während
dieser ganzen Zeit, ohne Aufhören, so heftig
gegen die Klippen, daß die Mannschaft mit
der äussersten Schwierigkeit kaum auf den Füssen stehen konnte, und das Getöse davon mit
Entsetzen selbst in der vordern Vorrathskam-
mer gehört wurde. Um die Jammerscene noch
vollständiger zu machen, so sah man beym
Mondscheine die Bretter des äussersten Bodens
rings um das Schiff und zuletzt auch den
Afterkiel desselben wegschwimmen.

Immer heftiger drang indeß mit jedem
Augenblick das Wasser in das Schiff, und alle betrachteten bereits die See als ihr Grab.
Nunmehr blieb kein Mittel mehr übrig, als
das Schiff zu erleichtern. So wenig man
sich auch bey der mißlichen Lage, worinn dasselbe sich befand, hievon mit Grund versprechen konnte, so opferte man doch gerne alles
auf, was man sonst bey Seefahrten am sorg-

fäl-

fältigsten zu erhalten sucht. Man ließ daher
sogleich das frische Wasser aus den Fässern
in den Schiffsraum laufen, und von da wieder (wohl mit nicht geringer Mühe) herauf-
pumpen. Sechs Kanonen, Ballast (d. i.
eine Quantität Sand, Steine, Eisen, oder
eine andere schwere Masse, die auf dem Schiffsboden vertheilt wird, um dem Schiffe die nöthige Stätigkeit im Laufe zu geben) Fässer,
Faßdauben, Oelkrüge, abgenutzte und verdor-
bene Vorräthe, und tausend andere Sachen
mehr wurden mit der größten Eilfertigkeit
sämtlich über Bord geworfen. Jedermann
strengte seine äussersten Kräfte gerne und fast
mit Freuden an: dennoch fühlte alles Schiffsvolk die gefährliche Lage, worinn es sich befand, nicht minder lebhaft; denn keinem von
ihnen entfuhr auch nur ein einziger Fluch;
ein jeder fürchtete sich, bey der sichtbaren
Annäherung des Todes noch strafbar zu werden, und diese Furcht war vermögend, auch
die verjährteste Gewohnheit zur Ruchlosigkeit
zu besiegen. - Unter den mühseligsten Arbeiten brach endlich der Tag an, und itzt sah
man, daß das Schiff sich ungefähr 8. Seemeilen vom Lande befand; allein weit und
breit war keine Insel zu sehen, auf welcher
die Boote, falls das Schiff in Trümmern gehen sollte, die Mannschaft hätten aussetzen
und dann nach und nach ans feste Land hinüber bringen können. Indessen erstarb all-
mäh-

mählich der Wind, und Vormittags früh wurde es gänzlich windstill; hätte der Wind ferner stark gewehet, so hätte das Schiff un-
vermeidlicher Weise haben in Stücken gehen
müssen. Um 11. Uhr, Vormittags, sollte die
Fluth wieder eintreten. Man machte daher
alle nöthigen Zurüstungen zu einem Versuch,
das Schiff, im Fall es durch die Fluth flott
würde, über die Klippe hinabzuheben. Allein, obgleich dasselbe bereits um 50. Tonnen
erleichtert war, so fehlte doch noch gegen an-
derthalb Fuß Wassertiefe, um es flott machen
zu können; denn soviel war die Fluth diesmal niedriger, als in der vorigen Nacht.
Man muste also das Schiff noch mehr zu erleichtern suchen, und warf zu dem Ende alles
über Bord, was nur immer entbehrt werden
konnte. Indessen hatte die Noth ihr höchstes
Ziel bey weitem noch nicht erreicht, denn,
sobald die Fluth fiel, schoß durch einen Leck
das Wasser so ungestümm in das Schiff, daß
zwo Pumpen, an denen unaufhörlich gearbeitet wurde, es kaum Wasserfrey halten konnten. Um 2. Uhr neigte es sich auf die rechte
Seite. Alle Hofnung wurde nun auf die gegen Mitternacht rückkehrende Fluth gesetzt:
um alsdenn jeden günstigen Augenblick benutzen zu können, so wurden einstweilen Anker,
Taue, Schiffswinde *) und andere mechani-
sche

---

*) Schiffswinde — ein starker, langer Baum,
in Gestalt eines abgekürzten Kegels, am obern
Ende

sche Mittel bereit gehalten, durch die man zur Zeit der höchsten Fluth zu manövriren gedachte. Um 5. Uhr Abends, wurde die Rückkehr der Fluth merklich; zu gleicher Zeit aber nahm auch der Leck auf eine ganz fürchterliche Art überhand. Man bemannte daher noch zwo Pumpen, allein zum Unglück konnte nur eine davon in Gang gebracht werden. An drey Pumpen wurde indessen unablässig gearbeitet, demungeachtet nahm das Wasser so sehr überhand, daß man besorgen muste, das Schiff würde, sobald es nicht mehr auf dem Felsen ruhte, augenblicklich untersinken. Dis war ein so fürchterlicher Umstand, daß man das Flottwerden des Schiffs itzt gar nicht mehr als einen Vorboten der nahen Rettung ansah, sondern man erwartete es vielmehr als eine Begebenheit, die wahrscheinlicher Weise den Untergang Aller nur beschleunigen würde. Jeder wußte überdis, daß weder die Anzahl, noch die Grösse der Boote hinreichte, um Alle ans Land zu führen: man sah vorher, daß, wenn jener fürchterliche, entscheidende Augenblick da seyn würde, aller Befehl und Gehorsam zugleich aufhören und sicher ein Kampf darüber entstehen müste, wer beym Retten

den

Ende mit einer Anzahl Löcher durchbohrt, worein man die Hebel steckt, vermittelst welcher die Winde selbst herumgedreht wird. Man bedient sich derselben zum Bewegen der schwersten Lasten, dergleichen auch diese war, das Schiff von der Klippe wieder in tiefes Wasser hinabzuheben.

den Vorzug haben sollte. Ein solcher Streit
würde aber die Schrecknisse des Schiffbruchs
noch mehr vergrössert und die Gesellschaft am
Ende wohl gar so weit gebracht haben, sich
untereinander selber aufzureiben. Im Grunde
hatten diejenigen, die allenfalls am Bord zurückgelassen und von den Wogen verschlungen
werden sollten, weniger zu fürchten, als diejenigen, denen es vielleicht gelingen möchte,
Land zu erreichen; um dort durch Hunger
und Blösse aufgerieben zu werden. Der Glück-
lichste hatte weiter keine Aussicht, als den Ue-
berrest seiner Tage in einer öden Wüste,
fern von seinem Vaterland und dem Genusse
häuslicher Freuden — und, wenns hoch käme, in der Gesellschaft unkultivirter Indianer
hinschmachten zu müssen. Nur der, welcher
in so zweifelhafter Erwartung eine Zeitlang
der Entscheidung seines Schicksals entgegen harr-
te, nur der kann sagen, daß er den Tod in
seiner ganzen schrecklichen Gestalt erblickt habe!
Während der Annäherung des fürchterlichen,
entscheidenden Augenblicks, las ein jeder auf
dem Schiffe das, was er selber fühlte, auf
dem Gesichte seines Mitgefährten ausgedrückt.
Doch hörte man während der ganzen Zeit
kein ängstliches Schreyen und keinen Laut von
Verzweiflung: man erwartete sein Schicksal
mit dem sich Allen mittheilenden Muth des
standhaften, unerschrockenen Mannes, der das
Schiff führte.

Indes.

Indeſſen wurden ſo viele Leute, als man bey den Pumpen nur entbehren konnte, an die Schiffswinde und den Schiffshaſpel ge-ſtellt. Endlich kam der glückliche, entſcheiden-de Augenblick. Ungefähr 20. Minuten nach 10. Uhr wurde das Schiff flott, und von der Klippe glücklich in tiefes Waſſer hinabge-wunden. —

Noch war aber das Ende alles Jäm-mers nicht da; das Schiff ließ zwar jetzt we-nigſtens nicht noch mehr Waſſer eindringen, als es auf der Klippe eingelaſſen hatte; allein es drang doch immer noch mehr Waſſer durch den Leck ein, als die Pumpen wieder ausſchö-pfen konnten, und im Schiffsraume ſtand es bereits gegen 4. Fuß hoch: demungeachtet gab die Mannſchaft ihre Arbeit nicht auf, ſondern kämpfte mit dem Waſſer in und auſſer dem Schiffe noch aus allen Kräften. Endlich aber, nachdem ſie bey 24. Stunden lang übermäſi-ge Anſtrengung des Körpers und beſtändige Angſt ausgeſtanden hatten, und demungeachtet nur ſehr wenig Hofnung zu ihrer Rettung vor ſich ſahen, fiengen ſie zuletzt an, matt und muthlos zu werden. Keiner von ihnen konnte itzt mehr über 5. bis 6. Minuten lang nacheinander an der Pumpe arbeiten, alsbenn waren ſie ganz erſchöpft und warfen ſich aufs Verdeck nieder, ohne ſich daran zu kehren, daß 3. bis 4. Zoll hohes Waſſer, von den Pum-pen

pen her, darüber weglief. Wenn hernach
die, so sie abgelöset, eben so lange gearbeitet
hatten, als jene, und auch ihrer Seits ermattet waren, so warfen sie sich auf die nemliche Art nieder, und die ersten sprangen wieder auf, und an ihre Arbeit. Solchergestalt
löseten sie einander ab, bis ein Zufall ihren
bisher unverdrossenen Eifer auf einmal hemm-
te, und sie dem heftigsten Entsetzen Preiß
gab. Der Mann nemlich, der die Wassertiefe im Schiffsraume, von Zeit zu Zeit beobachten und ansagen muste, verkündigte, daß
das Wasser bereits um 18. Zoll höher, als
unmittelbar vorher, geworden sey. Jeder gerieth darüber in die äufferste Bestürzung und
auf die Vermuthung, daß das Schiff nun erst
recht schadhaft müste geworden seyn. Auf diese Bothschaft war selbst der Beherzteste im
Begriff, die Arbeit mit samt der Hoffnung
aufzugeben, und in wenig Minuten würde die
Verzweiflung mit allen ihren schrecklichen Wirkungen ausgebrochen seyn. So fürchterlich indessen die ersten Folgen dieses Zufalls waren,
so hatte man am Ende demselben doch seine
Rettung zu danken. Es ergab sich nemlich,
daß das Wasser nicht wirklich so hoch gestiegen war, sondern daß der Mann, der diese
schreckenvolle Nachricht ansagte, sich nur ver-
rechnet hatte. Kaum war der Irrthum entdeckt, so wurde die Freude so allgemein, daß
sie gleich einem Zaubermittel Leben und Thätigkeit

tigkeit unter der gesammten Mannschaft in
vollem Maaße bewirkte. Denn ungeachtet sie
zur Zeit noch um kein Haar besser dran waren, als da sie zuerst anfiengen, aus Mattigkeit und Muthlosigkeit in der Arbeit nachzu-
lassen; so erneuerten sie doch nunmehr ihre
Bemühungen mit solchem Eifer und mit solcher Munterkeit, daß durch herzhaftes Pumpen das eindringende Wasser noch vor 8. Uhr
des Morgens um ein vieles war verringert
worden, da es doch vorher die Pumpen nie
so weit hatten bringen können. Jedermann
sprach nun schon davon, daß man das Schiff
nach irgend einem Haven bringen sollte, als
von einer Unternehmung, die gar keinen Schwü-
rigkeiten mehr unterworfen sey, und da man
an den Pumpen bereits einige Mannschaft entbehren konnte, so gebrauchte man sie, die Anker zu lichten. Zween davon bekamen sie an
Bord; zween andere aber musten sie kappen.
Ein Opfer, das ihnen sonst unzählige Seuf-
zer würde gekostet haben, das ihnen aber nach
ihrer jetzigen Lage nur eine Kleinigkeit schien.
Um eilf Uhr verliessen sie endlich die gefahrvolle Gegend, und segelten mit günstigem
Winde dem Lande zu. Dis war aber doch
so geschwinde noch nicht erreicht. Denn obgleich durch beständiges und eifriges Pumpen
der Leck so ziemlich überwältigt war, so gieng
es doch unmöglich in die Länge an, eine so
schwere Arbeit in gleicher Maaße fortzusetzen,

und

und da man den Ort, wo das Waſſer eigentlich eindrang, nicht entdecken konnte, ſo war
auch keine Hofnung da, die Oefnung von innen verſtopfen zu können. In dieſer bedenklichen Lage erbot ſich ein Unterofficier, Monk-
houſe, durch ein Mittel, das er einſt in ſeinen frühern Jahren ſehr glücklich bey ähnlicher Gelegenheit hatte anwenden ſehen, auch
dieſen Schaden zu heilen, und fütterte den
das Schiff auf folgende Weiſe: Er nahm ein
Segel, miſchte eine groſſe Menge Faſern von
aufgedrehten Schiffsſeilen (Oakham) und Wolle, welches beydes ſehr klein zerhackt war,
untereinander, heftete ſolches mit Nadel und
Zwirn, ſo leicht als möglich, eine Handvoll
nach der andern auf das Segel, und bedeckte dieſes alles mit einer Lage Schaaf-Dün-
ger (in Ermangelung von Pferdemiſt, der
noch beſſer dazu geweſen wäre) und andern
Auskehrigt; als das Segel ſolchergeſtalt zubereitet war, wurde es, mittelſt einiger Sei-
le, die es ausgeſpannt hielten, unter den
Schiffsboden gezogen, und als es unter den
Leck kam, ſaugte das Waſſer beym Eindringen
zugleich die Maſſe mit in den Leck ein; dagegen war an andern Orten, wo der Schiffsboden unbeſchädigt war, das Waſſer nicht in
ſo ſtarker Bewegung, daß es die Präparation
von dem Segel hätte abwaſchen können. Dis
Mittel that die erwünſchteſte Wirkung, und
der Leck wurde dadurch ſo ſehr vermindert,

F   daß

daß man nun noch kaum eine Pumpe nöthig
hatte. Dis war nun wieder eine neue Quelle
von Trost und Hofnung. Das Volk hätte,
wenn es wirklich schon im Haven gewesen wäre, nicht erfreuter, als ietzt seyn können:
niemand schränkte seine Aussichten mehr darauf ein, daß man das Schiff in irgend einem
Haven auf den Strand rennen lassen und aus
den Materialien desselben ein Fahrzeug er-
bauen wollte, auf dem man nach Ostindien zu
fahren gedachte; sondern jedermann sprach nun
schon wieder vom Aufsuchen eines Ortes, wo
der erlittene Schaden gehörig ausgebessert,
nachher aber die Reise, ihrem ursprünglichen
Entwurfe zu Folge, wieder fortgesetzt werden
könnte. Diesen Ort fand man endlich am
17ten Junii 1770. Doch war vorher Cooks
ganze Geduld und unermüdete Aufmerksamkeit
nöthig, um jener klippenvollen, in der Sü-
der-Breite von 15. Graden 45. Min. befindlichen Gegend, glücklich zu entkommen. So
gefahrvoll auch das Einlaufen in den entdeckten Haven war — denn auch hier gab es
Untiefen in Menge, und zweymal stieß das
Schiff sogar auf den Grund — so reichlich
wurde alle Mühe durch diesen aufgefundenen
Platz belohnt; denn auf der ganzen Reise ward
nie ein bequemerer und erquickenderer entdeckt.
So vergilt die Vorsehung oft Leiden, die man
mit standhafter Ergebung in ihrem Willen bey
seiner Pflicht gelassen erträgt. Kaum waren
sie

sie in den Haven eingelaufen, so erhuben sich
Stürme, die ihnen, wären sie noch ausserhalb
desselben gewesen, wahrscheinlicher Weise den
Untergang gebracht hätten. Mit vieler Kunst
und Klugheit lies Cook gleich nach der Einfahrt in diesen Haven (Endeavour-Revier
von ihm benannt), das Schiff so weit an das
Ufer ziehen, daß man die eigentliche Beschaffenheit des Lecks bequem untersuchen konnte;
und da fand man denn, was man nicht vermuthete, vier Löcher in dem Schiffe, die die
Felsenspitzen in dessen Boden gestoßen hatten.
Merkwürdiger als alles war indessen hiebey
ein Umstand, den schwerlich jemand ohne ganz
besondere Rührung bemerken wird. Der gröste Leck nemlich, der alleine schon hinreichend
gewesen wäre, das Schiff zu versenken, hätte
man auch mit 8. Pumpen daran arbeiten können, dieser war — welche gütige, wunder-
bare Veranstaltung des Himmels! — größtentheils durch eben dasjenige Stück des Felsen,
welches den Schaden verursacht hatte, auch
zugleich wieder verstopft worden, indem es
abgebrochen, und zum größten Glücke gerade
in der Oefnung stecken geblieben war, die es
selbst durchstoßen hatte. Das Wasser konnte
also blos durch Ritzen eindringen, die das
Stück Felsen nicht genau ausfüllte, und vieles wurde noch durch die veranstaltete, wol-
lene Futterung abgehalten. Neugestärkt verliessen denn unsere Reisenden am 3ten August

F 2   1770.

1770. mit ihrem nun wieder ausgebesserten
Schiff die Gegend um Endeavour's-Haven
wieder, und priesen tausendmal die Huld der
Vorsehung, die sie aus der augenscheinlichsten
Todesgefahr so wunderbar errettet und hier
wieder so wohlthätig erquickt hatte.

Die Einwohner um Endeavours-Re-
vier, deren sich jedoch nicht viele sehen lief-
sen, weil überhaupt das ganze Land noch sehr
wenig bewohnt zu seyn scheint, waren von einer Mittelgrösse, hatten aber sehr kleine
Gliedmassen. Die Farbe ihrer Haut war so
dunkelbraun, als dunkle Chocolatefarbe, und
ihr Haar schwarz, aber nicht wollicht. Sie
hatten sich den Leib an manchen Stellen mit
einer rothen Farbe angestrichen, die Oberlippe
und Brust aber mit weissen Streifen bemahlt.
Ihre Gesichtszüge waren überaus angenehm,
ihre Augen lebhaft, ihre Zähne weiß und
wohlgesetzt, und ihre Stimmen melodisch, so,
daß sie den Europäern ohne alle Mühe allerley Worte nachsprechen konnten. Ihre Handlungen zeugten übrigens von eben der Kin-
dernatur, die der Beobachter bey jedem noch
ungebildeten Volke, besonders auffallend aber
bey den Insulanern der Südsee wahrnimmt.

Hievon nur eine Probe:

Eines Tages kamen ihrer zehen auf das
Schiff, und verlangten eine von den Schildkröten,

kröten, die die Engländer eben gefangen und auf das Verdeck gebracht hatten. Anfangs gaben sie blos durch bittende Zeichen zu verstehen, daß man ihnen eine davon geben sollte. Da man sich aber englischer Seits hiezu nicht verstund, so bezeugten sie sowohl mit Blicken, als mit Gebärden grossen Unwillen und Zorn hierüber. Cook bot dem einen, in Ermangelung gekochter Speisen, etwas Zwieback an; allein der Wilde riß ihm, ganz wie ein eigenwilliges, erboßtes Kind, das Stück Zwieback heftig aus der Hand, und warf es mit der grösten Verachtung über Bord. Ein anderer wendete sich mit seinem Anliegen an Banks, und da auch dieser sich zu nichts verstehen wollte, stampfte er mit dem Fuß, und stieß ihn, vor Zorn fast ausser sich, ein paar Schritte weit von sich. Hierauf wendeten sie sich wechselsweise an jeden, der ihrer Meynung nach nur irgend etwas im Schiffe zu befehlen haben mochte; und als sie endlich sahen, daß alles vergebens war, so brauchten sie Gewalt, erhaschten plötzlich zwo von den Schildkröten, und schleppten solche nach der Seite des Schiffs hin, wo ihr Kahn lag. Allein die Matrosen nahmen ihnen ihre Beute gar bald wieder ab. Sie machten darauf noch verschiedene Versuche, der Schildkröten habhaft zu werden, und da sie sahen, daß ihnen alles vereitelt wurde, sprangen sie endlich ganz wüthend in ihren Kahn, und ruderten nach dem Lande zurück.

F 3   Kaum

Kaum waren sie hier angelangt, wo ein Theil
des Schiffsvolks mit allerley Arbeiten beschäftigt
war, so rissen sie einen Feuerbrand unter einem Pechkessel hervor, rannten damit gegen
den Wind hin, und brannten, ehe noch die
Europäer inne wurden, was sie im Schilde
führten, das Gras an, um die wenigen Sachen, die jene noch nicht an Bord gebracht
hatten, zu verbrennen. In einem Augenblick
stund alles Gras rings umher in Flammen;
es war fünf bis sechs Fuß hoch, und so dürr
als Stoppeln, es brannte daher mit unglaublicher Wuth; doch verbrannte weiter nichts,
als ein junges Schwein und die Schmiede,
in soweit nemlich dieselbe brennbar war. Noch
loderte in der einen Gegend das Feuer, als
die Indianer schon wieder eine andere in Brand
steckten. Eine Muskete, die, mit Schroot
geladen, auf sie abgefeuert wurde, machte
zwar ihrer rachsüchtigen Thätigkeit endlich ein
Ende, allein das Feuer hatte indessen bereits
den Wald ergriffen, und einige Stunden darauf stund derselbe schon über eine Meile weit
in vollen Flammen, und erhellete in der Nacht,
so weit das Auge reichen konnte, die ganze
Gegend. Ein Glück war es, daß Cook kurz
vorher sein Pulver und andere wichtige Materialien wieder auf das Schiff hatte zurückbrin-
gen lassen, sonst hätte diese Rache der Indianer für ihn sehr empfindlich ausfallen können,
doch söhnten sie sich bald darauf wieder mit
ihm

ihm aus. Ihre Methode, Feuer zu erhalten,
ist übrigens ganz einfach. Sie bedienen sich
hiezu eines Steckens mit einer stumpfen Spitze, den sie auf einem Stück Holz mit flachen
Händen schnell herumdrehen. Die hieburch er-
zeugten Funken verpflanzen sie unglaublich geschwind weit und breit in Flammen umher.
Sie wickeln nemlich dieselben alsbald in eine
Handvoll dürres Gras, und laufen damit sehr
schnell eine Strecke weit fort; die Luft facht
es alsdenn in der Hand an, und wo sie nun
die glimmende Masse hinlegen, geräth der
Ort, wenn sich anderst viel hohes nnd dürres Gras daselbst befindet, augenblicklich in
Flammen, und so können sie in kurzer Zeit
eine ganze solche Gegend in Brand stecken.

So groß und mannichfaltig auch die Gefahren gewesen waren, die Cook bisher zu
bekämpfen gehabt hatte, so nahmen sie doch
bey weitem noch kein Ende: die Folge wird
indessen lehren, mit welcher Vorsicht und Gei-
stesgegenwart der kühne Schiffer auch den nunmehr folgenden zu entgehen gewußt hat.

Die Reise längst der Küste Neuhollands
durch einen Strich des Meeres, den vermuthlich vorher nie ein europäisches Schiff gesehen und den auch nur ein Mann wie Cook
befahren konnte, ist überhaupt unstreitig eine
der glorreichsten Begebenheiten in Cooks Leben.

F 4

ben. Drey Monathe lang muſte er ſich durch
eine Reihe von Klippen durchwinden, die ſeinem Schiffe jeden Augenblick den Untergang
drohten. Einmal muſte ſogar das Senkbley
auf einen Strich von 360. Seemeilen unun-
terbrochen fort ausgeworfen werden, denn
oft, wenn ſie die fürchterlichſten Brandungen
vor ſich ſahen, konnten ſie demohngeachtet mit
120. Lachter Faden keinen Grund finden.
Kein Schiff in der Welt mochte wohl dis je
zu thun Urſach gehabt haben, allein keines
war auch wohl je auf ſolche gefahrvolle Bahnen geführt worden.

Viel waren alſo noch der Gefahren, denen Cook nach der Abfarth von Endeavours-
Revier entgegen gehen muſte, um wieder in
die freye offene See zu gelangen; aber unermüdet war auch ſein Beſtreben, ſich glücklich
durch ſie hindurchzuarbeiten. Wenn die ganze
Mannſchaft ſorglos war, beſchäftigte Cook ſich
damit, dieſe Gefahren auszuſpähen und ſie zu
überſchauen. Oft ſtieg er bey Tag und bey
Nacht auf den Maſtkorb, ob er etwa durch
die um ihn herum liegenden Sandbänke und
Klippen einen Ausweg entdecken möchte. Bald
wurden die Anker gelichtet, bald wieder geworfen; bald freuete man ſich der gefundenen
Waſſertiefe, bald gaben die vorausgeſchickten
Pinnaſſen (oder gröſſern Boote) wieder ſchre-
ckende Nothzeichen von Untiefen. Nach lan-
gem

gem ermüdenden Laviren *) und Deliberiren
entschloß sich denn Cook, durch diß Labyrinth
von Untiefen sich so gut als möglich hindurch-
zuwinden. Er steuerte also immer weiter gegen Norden, und sah hiebey verschiedene Inseln, die aber meist unzugänglich waren; demohngeachtet trat Cook hier ans Land, um die
Berge zu besteigen, und irgend eine Oefnung
zu entdecken, die ihn glücklich aus diesem Klip-
penheer wieder hinausliessen; allein der trübe
Himmel war ihm nicht günstig; er entdeckte
zwar in der Ferne einen 2. oder 3. Meilen
breiten Felsen-Riff; war aber doch nicht im
Stand, ihn genau zu beobachten. Am andern
Morgen konnte er noch weniger sehen. Er
verließ also diese Inseln wieder, und berath-
schlagte sich mit seinen Officieren, was zu thun
sey? Da man nun keine Zeit mehr zu verlieren hatte; wenn man noch bey gutem Winde
Ostindien erreichen, und die Mannschaft nicht
verhungern lassen wollte, so wurden sie eins,
sich sobald und so gut als möglich dieser Inselgruppe zu entwinden und zwischen die Felsen hindurch zu dringen, die sie noch immer
von der offenen See ab- und in den nun Tod
drohenden Untiefen eingeschlossen hielten. Cook
wählte zu diesem entscheidenden Wege auf
Glück und Unglück jene Strasse, die er in der
trüben Ferne zuvor vom Berge gesehen hatte.

F 5

Be-

*) Laviren (beylegen) — sich mit dem Schiff so
viel möglich gegen den Wind halten.

Beherzt fuhr der Schiffer, das Senkblei in der Hand, in der Pinasse voran. Schon konnte man durch die Straße hinaus in die offene See sehen, aus der fürchterlich hohe Wogen sich majestätisch einherwälzten, und gleichsam die frohe Nachricht verkündigten, daß das Ende aller Noth nun bald kommen würde. Große Wogen waren nun freylich wohl Zeichen einer nahen Klippen, und Bänke freyen See; allein einem ohnehin schon halb zertrümmerten Schiff setzten sie mit ihren ungestümmen Schlägen darum nicht wenig zu. Es war bis auch schon wieder so leck geworden, daß es jetzt von neuem während einer Stunde nicht weniger denn 9. Zoll tief Wassers eindringen lies; indessen überlies man sich doch getrost seinem Schicksal, und segelte, wiewohl immer mit größter Behutsamkeit, durch kleinere Gefahren muthig dahin, unbekümmert, ob man grösseren entgegen gehe. Allein diese blieben auch nicht lange aussen. Sie waren kaum einige Tage so hingesegelt, als sie an eine Felsenreihe kamen, um die rings umher das Meer, dessen hohe Wogen sich schäumend und brausend daran zerschlugen, unergründlich tief war. Schon waren sie kaum noch 300. Fuß weit davon, und schon sahen sie in des Meeres Thälern, die die aufgethürmten Wellen bildeten, ihr Aller Grab. Schon schienen die künstlichsten Schiffswendungen, und das mühsamste Bestreben, das Schiff hinweg zu

bpog.

boogfiren (b. i. mittelft der Boote fortzuziehen)
nichts mehr fruchten zu wollen, als im ent-
scheidendften Augenblick der gütige Himmel ein
fanftes Lüftchen fandte, das, fo fchwach es
war, doch hinreichte, der Wagfchale, auf der
des Schiffes Rettung fchwebte, den Ausfchlag
zu geben, und es mit Beyhülfe der Boote,
um ein merkliches quer vom Riffe hinwegzu-
führen. Allein fchon nach 10. Minuten ftarb
dis wohlthätige Lüftchen wieder, und die Wellen jagten das Schiff aufs neue — bis auf
kaum 600. Fuß — den Klippen zu, und ficher
wäre es izt fogleich daran zerfchmettert worden, hätte nicht die fchützende Gottheit dis
rettende Lüftchen zum zweytenmal gefandt, und
fomit aufs neue von dem Schiff das gedro-
hete Verderben abgewendet. Ungefähr 10. Minuten lang wehete der fanfte Wind wieder.
In diefer glücklichen Zwifchenzeit entdeckte man
eine kleine Oefnung im Riffe, ungefähr fo
breit, als das Schiff lang war. Durch diefe
Oefnung, jenfeits deren das Waffer ganz ruhig war, fchien eine balbige Rettung wenig-
ftens möglich, es wurde daher fogleich ein
Verfuch gemacht, das Schiff hinanzuarbeiten:
diefer gelang endlich, und fchon wollte man
hineinlaufen, als eben die Fluthzeit aufhörte,
und die Ebbe ungeftümm, wie aus einer Schleu-
fe, durch die Oefnung herausfchoß und das
Schiff zurückftieß; dadurch kam es nun zwar
abermals wieder bey zwo Meilen von dem

fürch-

fürchterlichen Riff weg; allein bald stellte sich
auch die Fluth wieder ein, und trieb, ohne
daß man's hindern konnte, das Schiff aufs
neue gegen die Klippen hin. Eine andere
Oefnung, die man unvermuthet entdeckte und
sogleich benuzte, rettete es diesmal von seinem
Untergang; pfeilschnell und gerade schoß es,
durch die Strömung der Fluth unaufhaltsam
fortgerissen, hindurch, ohne daß es eine von den
Felsenwänden berührte, die nicht viel über den
4ten Theil einer engl. Meile von einander ab-
stunden. Cook nennte mit Recht diesen Kanal, den Kanal der Vorsehung, d. i. den sie
in der äussersten Noth selbst gezeigt hätte.
Sicher hätte nun Cook auf der offenen See
nach bekanntern Ländern zuschiffen können;
allein er wollte noch vollends die Ost-Küste
von Neuholland, und den Zusammenhang dieses Landes mit Neu-Guinea untersuchen;
der unerschrockene und in seinem einmal gefaß-
ten Vorsatz unerschütterliche Mann setzte daher
seinen gefahrvollen Lauf am 17ten Aug. 1770.
aufs neue innerhalb der Riffe fort. (Wäre
er ausserhalb derselben gesegelt, so hätte er,
da ihre Ausdehnung sehr beträchtlich war,
leicht die Küste aus dem Gesichte verlieren
können und die Hauptfrage wäre sodenn un-
entschieden geblieben). Mancherley Inseln,
Klippen und Untiefen passirte er denn auch
diesmal. Endlich gelangte er denn, wie bereits oben erwähnt worden, in den Kanal,

den

ben er suchte, und der ihn überzeugte, daß
Neuholland und Neuguinea zwo nicht miteinander zusammenhängende Inseln wären. Diese Strasse, von seinem Schiffe Endeavour-
Strasse benennt, ist 10. Seemeilen lang und
5. breit. Die nordostliche Einfahrt in dieselbe liegt in der Süderbreite von 10 Graden,
39 Minuten und in westlicher Länge 218 Gr.
36 Min. Eine Menge angenehmer, vermuthlich bewohnter Inseln, des Prinzen von Wallis Eyland von Cook benennt, liegen dort
herum. Und so verließ denn endlich Cook die
gefahrvolle Ost-Küste von Neuholland, oder
Neu-Süd-Wallis wieder, nachdem er sie
vorher für König Georg den Dritten feyer-
lich in Besitz genommen hatte. Er und seine
gelehrten Mitreisenden hatten den Aufenthalt
an der Küste dieses Landes auf das Beste benutzt, um dessen Naturprodukte und andere
Merkwürdigkeiten, von denen man bis dahin
wenig wußte, genau zu erforschen. An dem
Orte, wo sie zuerst ankerten und den man
zum Andenken Botany-Bay genennt hat,
erhielt die Kräuterkunde einen Zuwachs von
beynahe 400. neuen Arten. Das Innere dieses Landes verspricht noch eine reichere Erud-
te von unbekannten Gegenständen, da theils
die Lage und das Klima, theils die ansehnliche Grösse desselben, diese Erwartung begünstigen. Dampier mag wohl die Einwohner
dieses grossen Landes oder vielmehr des Thei-
les

les davon, den er zu Gesicht bekam, etwas
zu elend geschildert haben, und hiezu wahrscheinlicher Weise durch die damalige Sitte seines Zeitalters, vermöge der man beynahe alle
sogenannte wilde Völker mit einem scheelen,
verachtenden Blick zu betrachten pflegte, ver-
leitet worden seyn. Nach seiner Schilderung
müsten sie noch ungestalter und hülfloser als
selbst die elenden Pescheräks seyn. Cooks
Gemälde von den Neuholländern fällt ungleich
vortheilhafter aus. Wie die um Endeavours-
Revier aussahen, ist oben schon gesagt worden. Ihr vornehmster Putz besteht in einem
Finger-starken und 6. Zoll langen Knochen, den
sie in den zu dieser Absicht durchbohrten Knorpel stecken, der beide Nasenlöcher von einander scheidet. Da diese beträchtlich dadurch verstopft werden, so athmen sie immer mit offe-
nem Munde und reden daher höchst unverständlich. Ausser dem tragen sie auch Hals-
bänder von Muscheln, und Armbänder von
Menschenhaar. Auf ihre Schmuzfarbe mah-
len sie noch weiß und rothe Figuren. Um
jedes ihrer Augen ziehen sie einen weissen
Kreis, und auf ihre Gesichter reiben sie weisse Schminke. Ihre Hütten sind fast noch armseliger, als die der Feuerländer. Durch
Feuer vor denselben, suchen sie die hier so
häufigen Musquitos zu verscheuchen. Fische
sind ihre Nahrung. Sie essen das Fleisch
niemals roh, sondern rösten es erst ein wenig

nig auf Sand oder heisgemachten Steinen.
Gewöhnlich kauen sie eine Pflanze, wie andere Völker das Betel oder den Taback. Auf
ihre Waffen und Kähne wenden sie, wie alle
Süd-Insulaner, viele Sorgfalt, nur wollen
freylich diese, so wie ihre Hütten, nicht viel
bedeuten. Man ist mit Recht begierig, wie
die erst neuerlich in dis bisher, auf eine uns
fast räthselhafte Weise, noch so unbevölkerte
Land geschickte, aber freylich größtentheils nur
aus verworfenen Missethätern bestehende brittische Kolonie hier gedeihen werde.

Die von Cook so mühsam untersuchte
Ostseite von Neuholland, zusammengerechnet
mit den vorher beschiften Neuseeländischen
Gestaden, würde in der That, wenn man sie
sich in einem fortlaufend gedächte, eine weit
längere Küste bilden, als die, welche Ameri-
co Vespucci zwar befahren, aber bey weitem
nicht untersucht, viel weniger in Charten genau entworfen hat. Gleichwohl war dis der
einzige Grund, der die Benennung der neuen
Welt nach diesem flüchtigen Entdecker noch einigermaßen rechtfertigen konnte. Aber Colum-
bus und Cook sind Namen, die auch ohne
einen solchen Tribut (welcher doch nur ihnen
gebührte) der Vergänglichkeit trotzen. Mit
dem Bewußtseyn, mehr geleistet haben, als
je die Pflicht auferlegen kann; mit diesem un-
verwelklichen Lohne, der die Flamme des Ge-
nies

nies nährt, verließ nunmehr unser grosser Seemann den Schauplatz seiner Entdeckungen, um
auf bekannteren Bahnen in seine Heimath zu-
rückzusegeln. — Nachdem er die Endeavour-
Strasse passirt hatte, legte er sein Schiff am
3ten Sept. 1770. an der Küste von Neu-
Guinea wieder vor Anker. (Dis weitläuftige
Land wurde 1527. von einem Spanier Saa-
vedra entdeckt und von ihm Neu-Guinea um
deswillen genannt, weil er glaubte, es läge
mit dem Guinea in Afrika unter ebendemselben
Meridian und beide Völkerschaften hätten auch
überdis vieles miteinander gemein. Am Ende
des an den Aequator gränzenden Strichs dieses
langen Eilandes wohnen die kriegerischen Pa-
pus.) Bald nachdem das Schiff vor Anker
gelegt war, trat Cook, begleitet von Banks
und Solander, nebst noch 9. andern bewafneten Personen, ans Land. Hier sahen sie
zween menschliche Fußstapfen in den Sand
eingedrückt: von Einwohnern selbst aber war
nichts zu sehen; desto mehr ergözte sie der
Anblick reichbeladner Cocos- und Brodfruchtbäume. Ihre lüsternen Blicke verweilten sich
eben bey ihnen, als unvermuthet drey Eingebohrne mit fürchterlichem Geschrey aus dem
Walde heraus rannten. Der vorderste schleu-
derte in vollem Laufe etwas aus der Hand,
das seitwärts von ihm flog, und vollkommen
wie Schießpulver brannte, aber keinen Knall
von sich gab; die zween andern warfen hastig

ſtig ihre Lanzen nach den Europäern. Dieſe
ſuchten erſt durch Schreckſchüſſe die Wilden
zu verjagen, und als dis nichts half, ſah
Cook ſich genöthiget, mit Kugeln unter ſie
feuern zu laſſen, und ſogleich liefen ſie eiligſt in
die Wälder zurück. Es macht Cooks men-
ſchenfreundlichem Charakter Ehre, daß er, um
Feindſeligkeiten zu verhüten, ſich ſogleich ent-
ſchloß, das Land nicht weiter zu unterſuchen,
und auch, nachdem er wieder auf das Schiff
zurückgekommen war, ſich nicht bewegen ließ,
ſo ſehr auch ſeine Officiere in ihn drangen,
eine Partie Cocosbäume, die die Indianer
wahrſcheinlicher Weiſe mit ihrem letzten Bluts-
tropfen vertheidigt haben würden, umhauen
zu laſſen, um ſo ihrer Frucht habhaft werden
zu können. Als ſich Cook in das Boot, womit er herangefahren war, zurückbegeben hatte, ſah er noch gegen hundert ſolcher, immer
nur Feinde ahndender Indianer, ſich verſam-
meln. Sie ſahen faſt eben ſo aus wie die
Neuholländer, und giengen ebenfalls ganz nakt,
nur waren ſie nicht ſo ſchmutzig braun. Sie
brannten auch, wie die vorigen drey, ein
Feuer ab; alles aber, was ſich hievon unter-
ſcheiden ließ, war, daß ſie einen kurzen Stock,
oder vielleicht ein hohles Rohr in den Händen hatten. Dieſes ſchwenkten ſie neben ſich
ein paarmal im Kreiſe herum, und darauf ſahe man augenblicklich, wie bey einer Muskete, Feuer und Rauch hervorkommen. Dieſe

G   hun-

hundert Blißmacher schrieen und drohten beständig, verstummten aber sogleich, als die
europäischen Donnerer eine Kugel über ihre
Häupter hinfeuerten. — Von diesem gesegne-
ten und kriegerischen Lande segelte Cook westwärts, an der grossen Insel Timor, und an
den kleinern, Rotte und Seman vorbey, nach
der Insel Savu, wo er landete. Hier traf
er eine Faktorey der holländischen ostindischen Compagnie an. Der Resident derselben, Namens Lange, ein Sachse, bezeigte
sich zwar anfangs sehr höflich, als es aber
dazu kommen sollte, das Schiff mit Lebensmitteln zu versehen, machte er, vermuthlich
aus Lüsternheit nach den englischen Guineen,
allerhand Schwierigkeiten, und ließ die Einwohner der Insel nichts an die Engländer verkaufen; Endlich wuste Cook doch zu seinem
Zweck zu gelangen, und als er sich mit den
nöthigsten Lebensbedürfnissen versehen, segelte
er noch im September wieder von bannen und
nach Java zu. —

Savu (von Osten nach Westen etwa 8.
Seemeilen lang) ist ein sehr reizendes Eiland.
Der Boden ist fast beständig grün, und mit
den vortreflichsten Baum = und Getreidearten
und andern Gewächsen besetzt. Auch an Büf-
felochsen, Pferden, Schaafen und Schweinen
giebt es hier einen Ueberfluß. Die Einwohner sind etwas klein, besonders das Frauenzimmer.

zimmer. Die Farbe beyder Geschlechter ist
dunkelbraun und ihr Haar durchgängig schwarz,
doch nicht kraus. Die Männer sind schön,
stark und thätig, jeder hat etwas originelles
in seinen Gesichtszügen; desto einförmiger sind
die des Frauenzimmers. Beyde Geschlechter
kleiden sich in blauen Cattun, den sie selbst
verfertigen. Ihre Trachten haben viel ähnli=
ches mit den Tahitischen. Auch dis indianische
Volk hat eine Menge Zierrathen. Sowohl
Männer als Weiber lassen sich ihre Namen
in das Fleisch der Arme tättowiren oder ein=
punctiren (diese Art der Bezeichnung ist über=
haupt unter allen und jeden unkultivirten Völ=
kern üblich.) Beyde Geschlechter haben auch
noch das miteinander gemein, daß sie beständ=
dig Betel kauen und Taback rauchen, von
welchem Leztern sie den Rauch begierig ver=
schlucken: da viele unter jenes noch eine Art
Kalch und Taback mischen, so bekommen sie
dadurch einen sehr unreinen Athem, und ihr
Mund ist höchst ekelhaft anzusehen. Ihre Zäh=
ne sind mehrentheils, sowohl was Härte, als
was Farbe betrift, ausgebrannten Kohlen ähn=
lich. Die Nation auf Savu soll sehr kriege=
risch seyn. Sie hat einen eigenen König oder
Raja, dessen Aussprüchen jedesmal unbeding=
te Folge geleistet wird. Die Besitzer gewisser
Ländereyen haben ihre Sclaven, manche bis
500. Man kauft einen solchen Leibeigenen
gewöhnlich um ein gemästetes Schwein. Die

Vorneh=

Vornehmen auf der Insel lassen sich immer,
wenn sie ausgehen, von einigen derselben begleiten. Das Volk ist sehr gesund und erreicht ein hohes Alter. Ihre Häuser sind
alle nach einerley Plan gebaut, aber bald
mehr bald minder groß, und haben viel ähnliches mit der Bauart unserer kleinsten Scheunen.
Erst hatten die Portugiesen diese Insel in Besitz, sie wurden aber in der Folge daraus, so
wie aus andern ostindischen Besitzungen von
den Holländern vertrieben. Die ostindische
Compagnie dieser Handelsnation machte vor
etwa 24. Jahren einen Vergleich mit den
Rajas, vermittelst dessen jene sich verbindlich
machte, diese jährlich mit einem gewissen Vorrath von Seide, feiner Leinwand, Messer,
Arrack u. a. Sachen zu versehen, dafür mußten sich die Rajas verpflichten, daß sie und
ihre Unterthanen nur allein mit der Compagnie Handlung treiben, und auch einen Residen-
ten von derselben annehmen wollten, der für
die Beobachtung des Vertrags sorgen sollte.
Und so ist's denn bisher geblieben. Noch verdient bemerkt zu werden, daß die Holländer,
zum Behuf der Verpflanzung des Christen-
thums in den dasigen Gegenden, das Neue
Testament, den Catechismus und andere Er-
bauungsbücher in die Sprache dieser und der
benachbarten Inseln haben übersetzen und dru-
cken lassen. Allein auf der ganzen Insel ist
weder ein Prediger noch eine Kirche; die ganze

ze Klerisey bestund, als Cook hier war, aus einem einzigen Schulmeister, durch dessen Bemühungen das Christenthum hier freylich schlechte Fortschritte möchte gemacht haben. Merkwürdig ist es auch, daß jede der in den dasigen Gewässern liegenden Inseln ihre ganz eigene Sprache hat, und daß besonders die Sprache der Insulaner auf der Insel Savu mit der Südinsulaner ihrer ziemlich genau verwandt ist.

Am ersten Oktober 1771. erblickte Cook die Küste von der Insel Java, und am 9ten legte er sein Schiff auf der Rheede von Batavia glücklich vor Anker. Er meldete sogleich dem Statthalter seine Ankunft und wurde von diesem sehr höflich empfangen. Die vielen blassen Gesichter, die er bey seiner Ankunft hier zu sehen bekommen hatte, weissagsen ihm zwar gleich anfangs nichts gutes von seinem Aufenhalt an diesem ungesunden Orte; da aber das Schiff sehr schadhaft befunden wurde, und unter andern erst, ehe man wieder weiter segeln konnte, gekielholt werden muste, (d. i. die untersten grossen Balken, oder Kiele, die das Fundament des ganzen Schiffes ausmachen, musten gegen andere ausgetauscht und zu dem Ende das ganze Schiff auf die Seite gelegt werden,) so muste sichs Cook wohl gefallen lassen, eine Zeitlang mit seiner ohnehin meist kranken Mannschaft hier zuzubringen. Allein er erfuhr leider nur

zu

zu bald die schädlichen Wirkungen des hiesigen
Klimas. Erst starb der Schiffsarzt, Monkhouse, dessen man unter diesen Umständen am
nöthigsten beburft hätte, dann starben die
beyden Indianer Tupaja und Tajeto, die
anfangs hier bey dem Anblick so vieler neuen
Gegenstände wieder ganz aufgelebt waren, dann
kam die Reihe des Erkrankens auch an Banks
und Solander und mehrere andere, und endlich selbst an Cook. Doch dauerte zum Glück
sein Anfall nicht lange. Während seiner Krankheit konnten nur 10. Personen von der ganzen Mannschaft Dienste thun. Um nun sobald als möglich von dem ungesunden Batavia wieder wegzukommen, wurde die Schiffs-
reparatur mit allem möglichen Eifer betrieben,
und sobald das Schiff wieder in segelfertigem
Stande war, eilte man, die nöthigen Vorräthe wieder auf dasselbe zu bringen, und die
Kranken wieder einzupacken. Schon wollte
Cook das Haus, das er während seines Aufenthaltes in Batavia bewohnt hatte, verlassen, als sich ein Vorfall ereignete, der unangenehme Folgen hätte haben können, und der
für uns um so merkwürdiger ist, da er uns
den Weltumsegler von einer neuen Seite zeigt,
und einen Zug in seinem Character sehen läßt,
der, mehr oder weniger nachher Ursache an
seinem Untergang gewesen ist.

Von einem der holländischen Schiffe, die
auf der Rheede lagen, war ein Matrose (von
Ge-

Geburt ein Irländer) entlaufen und hatte an Bord des Cookischen Dienste genommen. Cook hatte diesen Menschen, während so viele seiner Leute krank lagen, einmal gebraucht, sich in seiner Pinasse vom Schiff ans Land rudern zu lassen. Als er ausgestiegen war, blieb dieses Boot noch etwas an dem Werft liegen, weil es einige zur Reise nöthige Sachen mit zurücknehmen wollte. Hier erblickte man den Matrosen in demselben. Gleich kam ein holländischer Korporal, mit 4. Soldaten, um ihn wegzunehmen, einer von Cooks Seeleuten aber, der sich mit im Boot befand, lief dem Capitain, der kurz vorher weggegangen war, eiligst nach, und erzählte ihm, was vorgieng. Cook kam zurück aus Boot, als eben die Holländer nach einem harten Wortwechsel, womit sie nichts ausgerichtet hatten, zur Gewalt schreiten wollten. Er fragte den Korporal: was er da mit seinen Leuten wolle? ich habe Ordre, antwortete der, diesen Deserteur wegzuholen. Untersteht euch nur, sagte Cook, und als der Korporal zudrang, zog er sogleich den Degen und rief ihm zu, er sey des Todes, wenn er nur noch einen Schritt näher käme; Als nun der Korporal wirklich wieder rückwärts von Gewalt zum Wortwechsel schritt, wurde dem Capitain auch dieses zu viel, er rannte also mit der größten Hitze und dem Degen in der Hand auf ihn los, und jagte ihn und das ganze Detasche-

ment

ment von der Anleg-Brücke eine ganze Strecke in vollem Lauf weg. Dieser Umstand veranlaßte den Befehl des Statthalters, den Matrosen auszuliefern, allein Cook bestand darauf, der Matrose sey ein Unterthan seines
Königs und den gäbe er nicht heraus. In
der That ist auch ein braver englischer See-
Capitain gewiß der lezte Mann, der bey einer solchen Gelegenheit seinem Könige und Vaterland und sich etwas vergiebt, am allerwe-
nigsten gegen einen Holländer. Man fand
auch endlich in Batavia, daß mit dem ent-
schloßnen Mann, ob er gleich seine meisten
Canonen auf den Corallen-Klippen bey Neu-
Holland hatte sitzen lassen, und seine Artillerie größtentheils in einem Paar Drehbassen
zum salutiren bestund, nichts auszurichten seyn
möchte, und somit wurde denn Cook mit der
ganzen Sache nicht weiter behelliget. Freylich
war diese That allemal verwegen; hätte er in
dem Korporal einen ihm ähnlichen Mann gefunden, so hätte ihn hier schon das Schicksal
treffen können, das ihn 9. Jahre nachher auf
der Insel O-why-hee (Owaihi) bey einer
ähnlichen Gelegenheit traf. Allein es ist glaub-
lich, daß er dem Corporal sehr bald seinen
Mangel an Entschliessung bey einer wichtigen
Sache angemerkt, und daher gegen ihn mit
so grosser Kühnheit und Entschlossenheit gehandelt habe.

Am

Am 26ſten Dec. 1770. verließ denn
Cook mit gerührtem Herzen ein Land wieder,
wo er zwar im Grunde viel Gutes genoſſen
hatte, wo er aber auch 7. ſeiner bravſten Begleiter begraben und noch 40. Mann Kranke
und eine gleich groſſe Anzahl Schwache wieder
ins Schiff hatte aufnehmen müſſen.

Doch ehe wir Batavia verlaſſen, müſſen wir noch einer Begebenheit gedenken, die
ſich hier mit Cook zutrug, und die ebenfalls
von ſeiner Entſchloſſenheit und von der Hitze
zeugt, die ihn bisweilen übernahm und die
ihm in der Folge auch noch ſeinen Untergang
zugezogen hat.

In Batavia nemlich wird nach faſt mor-
genländiſcher Art dem Statthalter ſehr groſſe
Ehrerbietung erwieſen, und die Glieder des
Staatsraths haben gleichfalls einen gewiſſen
Theil an dieſen Ehrenbezeugungen. Die in
Kutſchen in der Stadt Fahrenden müſſen nemlich allemal an den Seiten der Straſſe ſtille
halten, wenn ein Eedle Heer vom Rath angefahren kommt, und ein jeder muß vor dem
Statthalter aus der Kutſche ſteigen. Kutſcher
und Bediente in dem Lande ſind deſſen ſo gewohnt, daß nichts als die gröſten Drohungen
oder Todesgefahr ſie von dieſem Gebrauche abbringen kann, und ſie wollen, daß alle Fremde mitmachen, was die zu Batavia wohnenden

G 5   Bürger

Bürger zu thun verbunden sind. Der Kutscher, den Cook gemiethet hatte, sah die Kut-
sche eines Herrn vom Rathe angefahren kommen, und wollte nach Gewohnheit an der Seite
stille halten. Cook wollte, er sollte weiter
fahren, allein der Kutscher bestund darauf,
es sey nicht recht. Kaum hörte Cook diese
Worte, als er den Degen zog und denselben
unter der ernstlichen Bedrohung, ihn augenblicklich durchzurennen, zwang, weiter zu fahren. Es geschah, und er hatte also auch die-
sesmal mit Glück seinen Rechten eines brittischen Unterthanen und Königl. Officiers nichts
vergeben und möchte überhaupt bey diesem
Vorfalle noch am ersten zu entschuldigen seyn. —

Cook fand sich bald nach seiner Abfarth
von Batavia genöthigt, seine Mannschaft mit
neuen Erfrischungen zu versehen. Er landete
in dieser Absicht gleich nach dem neuen Jahre
1771. an der mit Japanesern bewohnten
Prinzen-Insel. Allein er sah sich und den
Seinen hier nicht viel geholfen. Immer mehrere erkrankten; immer mehrere starben. Ausser den 7., die in Batavia gestorben waren,
mußten noch 23. in die See hinabgesenkt werden. Green, der Astronom, Parkinson,
Banks Naturgeschichtsmahler, und Monkhouse, der durch seinen glücklichen Einfall einst
das Schiff vom Untergang gerettet hatte, befanden sich mit darunter. Doch kam Cook
mit

mit seinen Leuten, in Vergleichung mit andern
Seefahrern, die um gleiche Zeit von Batavia
abgesegelt waren, und weniger Präservativ-
Mittel gebraucht hatten, immer noch glücklich
davon. Es ist übrigens nicht unwahrscheinlich, daß Cook durch diese Unglücksfälle, die
er auf seiner ersten Reise erfuhr, hauptsächlich bewogen worden, die Mittel zur Erhal-
tung der Gesundheit des Schiffsvolks auszu-
sinnen, die er auf seinen folgenden Reisen so
bewährt gefunden. Nicht gar 3. Monathe
währte die Reise von Java bis zum Cap,
wo er sich am 15ten März vor Anker legte.
Als er sich hier mit den gewöhnlichen Erfrischungen versehen, segelte er am 14ten April
wieder ab und Penguin's- oder Robin-En-
land vorbey nach der Insel St. Helena zu.
Diese erreichte er schon mit dem ersten Mai,
verließ sie aber (mit gerechtem Unwillen über
die unmenschliche Art, womit er seine Landsleute hier ihre Sclaven hatte behandeln sehen)
sogleich am 4ten wieder, und legte endlich,
nachdem er noch vorher den Lieutenant Hicks
nahe an den Küsten Englands eingebüßt hatte,
am 12ten August sein Schiff in den Dünen *) glücklich vor Anker.

So

---

*) Die Dünen — die Sandhügel längst der eng-
lischen Küste; insbesondere die grosse Rhede,
oder Ankerplatz, längst der östlichen Küste der Pro-
vinz Kent.

So war denn Cooks erste grosse Reise,
die 3. volle Jahre gewähret hatte, vollendet,
und durch dieselbe eine Menge neuer Gegenstände kennen gelernt; so war denn das Cap
Horn wieder umschifft; der 40ste Grad Süderbreite, wohin vor Cook noch kein Seemann
sich gewagt hatte, berührt; der Durchgang
der Venus zu Tahiti beobachtet; die Societätsinseln entdeckt; Neuseeland, das Tasman
nur gesehen hatte, wirklich befahren; die gefahrvolle, bisher noch ganz unbekannte Ost-
küste von Neuholland genau untersucht, und
die Durchfarth zwischen Neuholland und Neu-
guinea ausfündig gemacht.

Cooks zwote Reise um die Welt in den Jahren 1772. bis 1775.

Cook wurde bald nach seiner Zurückkunft
aufgefodert, die Welt aufs neue zu umsegeln. Alle seine bisherigen Entdeckungen
hatten nemlich den Glauben an ein festes
Südland noch nicht wankend gemacht. Der
feste Punkt, von dem man ausgieng, war
jenes nothwendige Gleichgewicht zwischen der
nördlichen und südlichen Hälfte der Erdkugel,
welches immer als eine unumstößliche Wahrheit vorausgesetzt wurde. Dis erfoderte nun
durchaus ein grosses Land in Süden, um ein
gewisses Ueberschlagen unsres Planeten zu
verhü-

verhüten, wovon man wohl selbst keine deut-
lichen Begriffe hatte. Was half es also Cook,
daß er Neuseeland umschifft hatte, und auf
vierzig Grade südlicher Breite mitten ins Südmeer vorgedrungen war, wenn jenseits seiner
Bahnen noch ein beträchtlicher Strich des
Oceans unbefahren blieb, wohin der Glaube
flüchten konnte? Er hatte zwar einen grossen Sieg für die Wahrheit errungen; allein
um die Unwissenheit und Unvernunft ganz aus
dem Felde zu schlagen, muste er noch einmal
das Ruder ergreifen. Er that es, und wählte
sich einen kühnen Weg um den Südpol, der
auch die letzte Spur jener erdichteten Länder
vertilgte. Drey Sommer nach einander brachte
er mit dieser Umschiffung gröstentheils jenseits
des sechzigsten Grades der Breite, und mehrmals innerhalb des südlichen Polkreises zu.
Die dazwischen fallenden Winterzeiten, wo
eine sechs monatliche Nacht nebst der Kälte
und den Stürmen jenes unfreundlichen Meeres
die fernere Entdeckungsfarth unterbrachen, wuste er auf eine doppelte Art zur Erholung
seiner Mannschaft und zur ferneren Berichti-
gung aller innerhalb des Wendesteinbockskrei-
ses liegenden Inselgruppen zu benutzen. —
Doch wir wollen die einzelnen Umstände dieser kühnen Farth etwas genauer betrachten.

Cook (der gleich nach seiner Zurückkunft
zum Befehlshaber (Commander) bey der
königl.

könjgl. Flotte war ernennt worden, und auch, seinem Verlangen gemäß, gleich wirklicher Capitain, der von jenem nur dem Range nach unterschieden ist, geworden wäre, wenn sich bis mit der Ordnung des englischen Seedienstes vertragen hätte) sollte laut seiner Instruction von Plymouth nach Madera segeln, um sich dort mit Wein zu versehen. Dann sollte er, zur Erquickung seiner Leute und Ergänzung der bis dahin etwa ausgegangenen Lebensmittel am Vorgebürg der guten Hoffnung anlegen, und von dort aus südlich laufen, um, wo möglich, das Cap de la Circonsion zu entdecken, das ein Franzose, Mr. des Loziers Bouvet am 1. Jan. 1739. im 54sten Grad der Breite und 27sten der Länge wollte gesehen haben. Fände er hier kein festes Land, so sollte er so nahe am Südpol, als nur immer möglich, ostwärts laufen, bis er die Erdkugel von Westen nach Osten, welches bisher noch bey keiner Seereise geschehen war, ganz würde umsegelt haben. Zu dieser Reise wurden zwey Schiffe ausgerüstet. Das eine, die Resolution, von 462 Tonnen, 16 vierpfündigen Canonen, und 112 Mann, führte Capitain Cook selbst; das andere, die Adventure, von 336 Tonnen, 87 Mann, Capitain Tobias Furneaux. Beyde Schiffe faßten viel Vorrath, giengen aber doch nicht tief im Wasser. In jedem befand sich ein Sternkundiger. Auch ließ sich Hr. Hodges,

 geß, ein vortreflicher Landschaftsmahler, bereden, mitzugehen, um von solchen Gegenständen, die durch bloße schriftliche Beschreibungen nicht so recht verständlich gemacht werden
können, Zeichnungen und Gemälde zu verfertigen. Banks und Solander wollten dißmal
die Reise auch wieder mitmachen, und schon
hatte ersterer mit vielen Kosten sich mit tüch-
tigen Reisegefährten und Instrumenten versehen, als er unvermuthet seinen Vorsatz wieder
aufgab. Er hatte nemlich ein Schiff verlangt,
das mehrern Raum hätte, und dieses zu erhalten, setzte Schwierigkeiten von allerley Art,
worüber der edle Britte endlich ungeduldig
wurde. Nun fiel die Wahl auf Hrn. Dr.
Forster, der den Antrag unter sehr vortheil-
haften Bedingungen annahm und sich seinen
Sohn zugleich als Gehülfen und Zeichner zu-
gesellte. So glücklich nun diese beyden Männer, auf die unsere Nation mit Recht stolz
seyn kann, sich ihres Auftrags entledigten,
so wurden sie doch bey ihrer Zurückkunft nicht
so belohnt, als sie es verdient hatten und ihnen auch versprochen worden war. Selbst
die Beschreibung dieser Reise, die der ältere
Hr. Forster auf Geheiß der brittischen Regierung nach seiner Zurückkunft in englischer Sprache angefangen, erhielt in England den Beyfall nicht, den sie verdiente. Dadurch aber
wurde sein Hr. Sohn, der nunmehrige Bibliothekar in Mainz, veranlaßt, uns jene vor-
treflliche

trefliche Reisebeschreibung zu schenken, der keiner, welcher das Verdienst eines solchen Werkes zu schätzen im Stande ist, seine Bewunderung je versagen wird. Cooks Tagebuch von dieser Reise wurde indessen in England von einem Andern bearbeitet.

Am 13ten Jul. 1772. segelten beyde Schiffe von Plymouth ab. Die Admiralität hatte, besonders auf Betrieb ihres damaligen Präsidenten, des Grafen von Sandwich, der sich überhaupt vorzüglich geschäftig bey der Veranstaltung dieser Reise bewiesen, nichts gespart, was zur zweckmässigen Ausrüstung derselben nöthig war. Jedes bekam die Bestandtheile zu einem kleinen Fahrzeug von 20 Tonnen mit, auf den Fall, daß die grössern etwa unglücklich seyn sollten. Unter den Geschenken für die Wilden befanden sich auch vergoldete Schaumünzen, mit Georgs III. Brustbilde, zum Denkmal der Reise geprägt. Hauptsächlich hatte man sich mit allerley noch unversuchten Mitteln wider den Scharbock und andere Seekrankheiten versehen und zu dem Ende an Bord der Resolution alleine 60. grosse Fässer Sauerkraut gebracht, wovon wöchentlich 3mal ein halbes Quart auf jeden Mann ausgetheilt wurde, und weil man es an des Capitains Tafel täglich aß, so trug der Matrose kein Bedenken, es auch zu essen, da es denn durch seine gegohrne Säure der Fäulniß

niß am besten widerstund und den Scharbock
verhütete. Auch von andern Lebensmitteln
war hinlänglicher Vorrath eingenommen worden. Die Ausrüstung beyder Schiffe belief
sich gleichwohl mit dem Ankauf derselben nicht
über 2500 Pfund Sterling *). Gleich beym
Antritt der Reise machte sich der ältere Hr.
Forster um seine Reisegefährten sehr verdient.
Er bemerkte nemlich gleich anfangs einen Geruch, wie faule Eyer unten im Schiffe, und
erfuhr, daß die von dem stehenden Wasser im
Schiffsboden komme. Er ließ sogleich die Luft
im Pumpenbrunnen, ganz im Boden des Schiffs,
durch Feuer verdünnen; hiedurch erfolgte bald
ein beständiger Zufluß von frischer Luft an
den Ort hin, und dem faulen Geruch, samt
seinen der Gesundheit so nachtheiligen Folgen,
war somit auf einmal vorgebeugt. Als die
Resolution noch im Haven lag und günstigen
Wind erwartete, wurde sie von einer grossen
Gefahr bedroht, die aber hauptsächlich durch
Hrn. Forster noch glücklich abgewendet wurde.
Das Schiff war nemlich an einer Kette befestiget; diese riß, und schon wurde es von
einem heftigen Winde gegen die Klippen hin-
getrieben, als der ältere Hr. Forster, der
eben auf dem Verdecke war, dis bemerkte,

Lerm

*) Pfund Sterling — keine wirkliche, sondern
nur eine eingebildete Münze in England, ungefehr 10 fl. 12 bis 15 kr. rheinl. an Werth.

H

Lerm machte und auf diese Art das Schiff
rettete. Man prophezeyte aus diesem gefährlichen, aber glücklich abgelaufenen Vorfall einen glücklichen Ausgang der ganzen Reise und
segelte sodenn freudig dahin. Am 20sten Jul.
passirte man das Vorgebürge Ortegal, an
der Küste Galliciens in Spanien, am 22sten
den Leuchtthurm bey Corunna, und am 28sten
die Insel Porto Santo. Tags darauf wurde an der Insel Madera bey der Stadt Fun-
chal geankert. Unsere Reisenden fanden hier
viel brittische Gastfreyheit, fuhren aber am
1sten August schon wieder von bannen, und
passirten dann am 4ten und 5ten die Inseln
Palma und Ferro (zwey von den Eylanden,
die den Alten unter dem Namen der glücklichen Inseln, Insulae fortunatae, bekannt
waren). Von hier aus begleiteten sie täglich
unabsehliche Züge von fliegenden Fischen,
die gegen ihre Feinde, die Bonniten und
Doraden Schutz suchten, aber auch hier nicht
immer sicher waren, sondern öfters ein Raub
der Vögel, z. B. der Tölpel, Fregatten und
Tropikvögel, wurden. Am 11ten August
langten sie bey den Cap Verdischen Inseln an,
und legten sich bey St. Jago, der grösten
derselben, in der Bay von Porto-Praya,
vor Anker; da aber hier nicht viel frische Lebensmittel zu bekommen waren, so segelten sie
bald wieder weiter. Einige Tage darauf hatte
einer der Schiffszimmerleute, eben als er an
der

der Aussenseite der Resolution etwas arbeitete, das Unglück, in das Wasser zu fallen
und zu ertrinken. Wegen seiner Gutherzigkeit
und seines gesetzten Wesens wurde er allgemein
auf dem Schiffe bedauert. Am 8ten Sept. passirte man die Linie. Die Matrosen tauften
hiebey nach hergebrachter Gewohnheit ihre Cameraden, welche sie noch nicht passirt hatten, und sich nicht durch Trankgelder loskau-
fen wollten. Glücklich gieng nun die Fahrt
aufs Cap zu. Unsere Reisende waren in diesem heissen Erdstrich, wo jedoch die Hitze so
gar gros nicht ist, als sich mancher vielleicht
einbildet, mit so heftigen Regengüssen bewill-
kommt worden, daß Cook alle mögliche Sorgfalt hatte anwenden müssen, um seine Mannschaft gegen den nachtheiligen Einfluß, den
regnichte Witterung in heissen Klimaten auf
die Gesundheit zu haben pflegt, zu verwahren.
Er verstattete daher immer der Luft einen
freyen Durchzug durch das Schiff, lies häufig Feuer auf demselben an schicklichen Stellen unterhalten, die Mannschaft ihre Bett-
decken in die freye Luft bringen, und ihre Kleider, so oft sichs nur thun lies, waschen und
trocknen. Die Folge dieser Vorsicht war, daß
sich kein einziger Kranker an Bord der Resolution befand.

Am 29sten Oct. erblickte man endlich,
nach einer zwar glücklichen, aber doch etwas

langwei-

langweiligen Farth, das äufferste Ende von
Africa. Es war mit Wolken und Nebel bedeckt, und verlohr sich bey zunehmendem Nebel bald wieder. Nachmittags wurde der Himmel heiter und die Küste wieder sichtbar.
Man konnte aber erst am folgenden Tage in
der Tafel-Bay einlaufen. Kaum war es
Nacht worden, als die See einen grossen, bewundernswürdigen Anblick darbot. Der ganze
Ocean schien rings herum zu glühen. Jede
brechende Welle war an der Spitze mit einem hellen Glanz erleuchtet, und längst den
Seiten des Schiffes verursachte das Anschla-
gen der Wellen eine feuerhelle Linie. Man
konnte dabey auch grosse leuchtende Körper und
ihre mannichfaltigen Bewegungen im Wasser
unterscheiden. Zuweilen sah man ganz deutlich, daß diese Massen als Fische gestaltet
waren, und daß die kleinern den grössern aus
dem Wege giengen. Man brachte von diesem leuchtenden Wasser aufs Verdeck, und fand
denn, daß unzählbare leuchtende Körperchen,
von rundlichter Gestalt und bräunlichter Farbe,
die mit grosser Geschwindigkeit darinnen herum-
schwammen, jenen glänzenden Schein verur-
sachten, der durch das stärkere oder schwächere
Bewegen des Wassers vermehrt und vermindert wurde. Diese Thierchen waren durchsichtig, als Gallert, und litten bey der geringsten Berührung. So bald sie todt waren,
sahe man nichts mehr an ihnen, als eine un-
zusammen-

zuſammenhängende Maſſe von Faſern. Nach
ohngefähr zwo Stunden hörte das Meer gänzlich auf zu leuchten. — Es war in dieſem
Schauſpiel der Natur ſo etwas Sonderbares
und Groſſes, daß wohl niemand auf den beyden Schiffen wird geweſen ſeyn, der dabey
nicht mit ehrfurchtsvoller Bewunderung an den
Schöpfer gedacht hätte, deſſen Allmacht dieſe
prachtvolle Erſcheinung vor das Auge des
Menſchen hinbreitete. —

Auf dem Cap war es nun, wo die Herren Forſter einen neuen Freund und Gehülfen für ihr Fach an dem gelehrten Schweden,
Dr. Sparrmann, fanden, einen Mann, den der
Ritter Linné, der Vater der Kräuterkunde,
ſelbſt für dieſe Wiſſenſchaft gebildet hatte.
Seine Reiſen nach China und aufs Cap hatten ſeine Begierde zur Erweiterung ſeiner
Kenntniſſe in dieſem Fache zu ſehr angefacht,
als daß er der Verſuchung, die Cookiſche
Entdeckungsreiſe mitzumachen, hätte widerſte-
hen können. Der ältere Hr. Prof. Forſter
that ihm ſelbſt den Antrag dazu, und verſprach
ihm freye Reiſe und einen Theil der Naturalien, die ſie ſammeln würden. Sparrmann
ließ ſich durch keine Schwierigkeiten von ſeinem Vorhaben abſchrecken, ſondern nahm nach
einem kurzen — aber ihm leicht verzeihlichen
Kampf in ſeiner Seele, das Anerbieten ſeines
neuen Freundes dankbar an. Die Folge lehr-

H 3
te,

te, wie sehr die gelehrte Welt es Hrn. Forster zu danken hat, daß er diesen Mann zu
seinen Gefährten warb.

Nachdem Cook das nöthigste an Bord
genommen hattte, z. B. Brandwein für die
Matrosen, Schaafe für die Officiers und
Süd-See-Insulaner, einen Hünerhund für
die Naturforscher, um die geschossenen Thiere
aus dem Wasser oder Buschwerk zu holen 2c.
so verließ er am 22sten Nov. 1770. die Tafelbay und somit das Vorgebürge der guten
Hofnung wieder, und segelte nun ganz unbekannten, vorher noch von keinem Sterblichen befahrnen Gewässern zu. Es gieng nunmehr nach Süden. Gleich anfangs bewill-
kommte sie das unruhige Element nicht auf
die angenehmste Art, denn sie hatten die ganze Nacht hinburch mit heftigen Stoßwinden zu
kämpfen. Die See leuchtete aber auf eben
die Art, wie bey der Ankunft am Cap nur
nicht so stark, als damals. Da es ungewiß
war, wann und wo man wieder einen Erfrischungsort finden würde, so gab Cook die
gemessensten Befehle, daß mit dem Trinkwas-
ser gut hausgehalten werden sollte. Zu dem
Ende wurde eine Schildwache an das Wasserfaß gestellt, und einem jeden von dem Schiffsvolk täglich eine gewisse Portion Wassers zu-
getheilt, ausserdem durfte ein jeder auch noch
beim Faß trinken, aber weiter nichts mit sich
neh-

nehmen. Der Capitaln selbst wusch sich mit Seewasser und die ganze Reisegesellschaft muste ein gleiches thun.

Cook war noch nicht lange fortgesegelt, als er schon das Unangenehme und Gefahrvolle seiner Fahrt in vollem Maaße erfahren muste. Am 29sten Nov. warb der Wind, der schon vorher sehr stürmisch gewesen war, so heftig, daß die See fürchterlich hoch sich über dem Schiff brach. Da man von der Ueberfahrt von England bis zum Cap ganz besonders gutes Wetter gehabt hatte, so waren auch jetzt in keiner Cajüte Anstalten gegen solche Stürme vorgekehrt worden, folglich giengen Tassen, Gläser, Schüsseln rc. durcheinander in Trümmer, die Decken und Fußboden in den Cajüten wurden gar nicht trocken, und das Heulen des Sturms im Tauwerk, das Brausen der Wellen, nebst dem gewaltigen Hin- und Herwerfen des Schiffs, welches fast keine Beschäftigung gestattete, waren neue fürchterliche Scenen, aber höchst unangenehm und beschwerlich. Hiezu kam noch, daß, ob man sich gleich erst im 42sten Grad südlicher Breite befand, die Luft doch schon sehr kalt und scharf zu werden anfieng, und nebst dem häufigen Regen dem Schiffsvolk den Dienst noch schwerer machte. Um nun die Leute einigermaßen gegen die rauhe Witterung zu schützen, ließ Cook die bekannten dicken

H 4

Wämm-

Wämmser und Schifferhosen, Fürchte nichts
genannt, unter sie austheilen. In diese warme Kleidung gehüllt, konnten sie den unruhi-
gen Elementen nun eher Trotz bieten. Allein
beynahe wäre durch einen schrecklichen Zufall
alle Arbeit und Sorgfalt zu nichte gemacht
worden. Ein Unterofficier, der in dem Vor-
dertheile des Schiffraums schlief, erwachte von
ohngefähr und hörte Wasser durch seine Schlafstelle rauschen, das gegen seine und seiner Cameraden Kisten heftig anstieß. Er sprang sogleich aus dem Bette, und fand sich bis an
die Waden im Wasser. Augenblicklich gab er
dem Officier auf der Hinterdecke Nachricht von
diesem fürchterlichen Umstande, und in wenig
Minuten war im ganzen Schiffe alles wach
und in Bewegung. Man fieng an zu pumpen,
und die Officiers redeten den Leuten mit einer ungewöhnlichen und daher bedenklichen
Gütlichkeit Muth ein, daß sie nicht nachlassen
sollten, aus allen Kräften zu arbeiten. Dennoch schien das Wasser überhand zu nehmen.
Jedermann war in Furcht und Schrecken und
die Dunkelheit der Nacht vergröserte die Gefahr. Alle Pumpen wurden in Gang gebracht
und die Leute arbeiteten mit dem lebhaftesten
Eifer. Endlich entdeckte man zum grossen
Glück, daß das Wasser nicht durch ein ver-
borgenes Leck einbrang, wie jedermann besorgt
hatte, sondern durch ein Fenster oder Luft-
loch, das durch die Gewalt der Wellen einge-
schlagen

schlagen worden war. Man machte es zu, und nunmehr war keine Gefahr weiter vorhanden. Wäre aber der Unterofficier nicht gleichsam durch eine besondere Schickung erwacht, ehe das Uebel überhand nahm, so hätte der Abgrund das Schiff mit der ganzen Mannschaft verschlungen, ohne daß beym nächtlichen Sturme und Dunkel von der Abventure aus nur die geringste Hülfe hätte geleistet werden können. —

Diese stürmische Witterung dauerte, abwechselnd, mit Regen, Nebel und Kälte vermischt fort, bis zum 9ten December. Eine Menge Sturmvögel und Seeschwalben waren indessen, ohne sich an das Stürmen des Windes und der See zu kehren, dem Schiffe gefolgt, auch liesen sich nun eine Menge Pinguins und Haufen von See-Gras sehen. Da diese seit langer Zeit für Vorboten eines nahen Landes gehalten wurden, so glaubte man nun auf dem Schiffe, nicht weit von einer Küste mehr entfernt zu seyn; allein die Folge lehrte, daß man sich auf diese Zeichen nicht verlassen kann, und es ist nun ausgemacht, daß sie ihren Credit nur einzelnen, zufälliger Weise günstig gewesenen Proben, und dem Zeugniß eines oder des andern berühmten Seefahrers zu danken hatten.

Sie waren noch nicht bis zum 50sten Grad südlicher Breite gekommen, als man

H 5   schon

schon mehrere treibende Eismassen von ver-
schiedener Gestalt und Grösse erblickte, denen
man, um nicht mit dem Schiffe dagegen anzu-
rennen, sorgfältigst ausweichen muste. Einige
dieser Eisklumpen hatten eine ungeheure Grösse.
Sie bewegten sich in dem Meere sehr langsam,
weil der gröste Theil der Masse unter Wasser gieng, folglich die Gewalt des Windes und
der Wellen nicht sehr auf sie wirken konnte.
Ehemals glaubte man, daß dis Treibeis am
Lande von Schnee und frischem Wasser ent-
stehe; allein nach dem Zeugnisse berühmter
neuerer Naturforscher soll dasselbe in freyer
See hervorgebracht werden, und mehrere Versuche haben dargethan, daß Seewasser gefrie-
ren könne, und beym Aufthauen süsses Wasser
gebe. (Nur da, wo das auf diese Art for-
mirte Eis das Seewasser berührt, ziehen sich
Salztheilchen in die Zwischenräume desselben).
Cook wußte und benuzte jenen Umstand; er
lies öfters durch seine Boote kleine, aber
sehr feste Stücke Treibeis einnehmen, auf
dem Verdecke das Seewasser vollends abträu-
feln, das Eis in Stücken schlagen und im
grossen Schiffskessel und in Fässern aufthauen,
und das dadurch erhaltene Wasser lies sich
recht gut trinken, ausser daß es etwas ge-
schwollene Drüsen am Halse verursachte. Es
muß übrigens ein feyerlicher Anblick seyn, so
viele schwimmende, ungeheure Eismassen beysammen zu sehen. Einst zählte man deren

vom

vom Maſtkorbe aus 186., wovon keines kleiner als das Schiff war. Wie unterhaltend
muß es nicht für das Auge ſeyn, hinter ſolchen treibenden Eismaſſen eine ununterbro-
chene Eisfläche, und auf dieſer wieder ungeheure Eislöcher und die ſeltſamſten Figuren,
bald als hohe Thürme, bald als Felſengrot-
ten, bald im blendendſten Kryſtallenglanze
und bald im reinſten Blau zu erblicken? Freylich tragen ſie, nebſt der Abweſenheit eines
feſten Landes überhaupt, vieles zur Vermeh-
rung der Kälte in dieſem unfreundlichen Meere bey; allein wer wollte nicht gerne ein bischen Kälte dulden, um das Brechen der Son-
nenſtralen und der Wellen an dieſen Eisinſeln,
über die der Schaum oft hoch empor ſprüzt,
ſehen und hören zu können?

Dieſe Eismaſſen nahmen täglich zu; doch
wand ſich Cook durch ſie glücklich bis zur Gegend hin, wo Capit. Lozier Bouvet das Cap
Circonſion wollte entdeckt haben. Man erwartete hier mit gröſter Ungeduld, Land zu
entdecken, und jeder wollte gerne der erſte
ſeyn: Land! auszurufen. Oft wurde auf beyden Schiffen blinder Lerm gemacht, weil man
ſich durch Nebelbänke oder die in Schneege-
ſtöber gehülleten Eisinſeln von Zeit zu Zeit
täuſchen ließ. Endlich ſagte ein Lieutenant,
der einmal über das andere auf den Maſtkorb geklettert war, dem Capitain am 14ten
Dec.

Dec. sehr ernsthaft an, er sehe ganz deutlich Land. Diese Nachricht brachte alle aufs Verdeck; allein man sahe nichts weiter, als ein ungeheures flaches Eisfeld, und hinter demselben eine grosse Menge Eisinseln von allerley Gestalten und Grösse. Einige der entfernteren schienen, mittelst der Strahlenbrechung in den Dünsten des Horizonts weit höher, als sie in der That waren, und sahen wirklichen Bergen ähnlich. Um sich vollkommen zu überzeugen, daß hier kein Land befindlich sey, segelte Cook zwey Jahre nachher, auf seiner Fahrt vom Cap Horn nach dem Vorgebürg der guten Hofnung, gerade über denselben Fleck wieder weg, wo es hätte liegen müssen, es war aber damals weder Land noch Eis mehr zu sehen, und es ist itzt unwidersprechlich gewiß, daß Bouvet falsch gesehen hatte.

Cook ließ sich indessen durch keine der mancherley Mühseligkeiten und Gefahren, die er unter einem so rauhen Himmelsstrich zu bekämpfen hatte, irre machen, sondern steuerte beherzt immer weiter nach Süden.

Als eines Tages bey einem ziemlich starken Nebel das Meer fast ganz still war; bediente sich der ältere Hr. Forster, nebst dem Astronomen Wales dieser Gelegenheit, um in einem kleinen Boote Versuche über die Wärme der See in grosser Tiefe anzustellen. Indem

Indem sie aber damit beschäftigt waren, ward
der Nebel unvermerkt so dick, daß sie —
beyde Schiffe aus den Augen verloren. Die
Lage, in die sie hieburch versetzt waren, läßt
sich kaum schrecklicher benken. In einem kleinen Boote, in welchem sie zum Unglück weder Mast noch Segel, sondern nur zwey Ruder hatten, befanden sie sich auf dem unermeßlichen Ocean, fern von irgend einer bewohnten Küste, überall mit Eis umgeben, und
ohne Lebensmittel! — Unter beständigem Rufen ruberten sie eine Weile bald dahin bald
dorthin, aber umsonst; alles war todt still um
sie her, und sie konnten keine Bootslänge weit
vor Nebel sehen. In dieser Ungewißheit
hielten sie es für das beste, stille zu liegen,
und hoften, daß wenn sie auf einer Stelle
blieben, die Schiffe wegen der Meeresstille
nicht würden aus dem Gesicht getrieben werden. Endlich hörten sie in grosser Entfernung — eine Glocke läuten, bis war ihren
Ohren himmlische Musik. Sie ruberten sogleich barnach zu und erhielten auf stetes Rufen endlich von der Abventure aus, wo man
vermuthlich der Mannschaft das Signal zum
Essen gegeben hatte, Antwort. Höchsterfreut,
der augenscheinlichen Gefahr eines langsamen,
fürchterlichen Todes so glücklich entkommen zu
seyn, begaben sie sich an Bord derselben.
Furneaux ließ bald darauf eine Canone abfeuern, die Resolution antwortete, und Forster

ſter und Wales kehrten in dem Boote wieder
nach ihren feuchten Betten und baufälligen Cajüten zurück, die ihnen nun noch einmal ſo
viel werth waren, als zuvor. — Wieder ein
auffallender Beweis, wie die alles lenkende
Vorſehung ſtets über unſer Schickſal wacht.
Sie iſt nicht nur im Sturm ſichtbar, wenn
ſie uns zwiſchen verborgene Klippen und Sandbänke glücklich hindurch führt, oder wenn ſie
uns von der Wuth der Wellen und des Feuers
rettet, ſondern auch bey jenen kleinen, weniger auffallenden Begebenheiten müſſen wir
ſie erkennen und verehren, welche Reiſende
und Leſer gemeiniglich nicht zu bemerken, oder
wenigſtens ſchnell zu vergeſſen pflegen, ſo
bald ſie übrigens nur glücklich abgelaufen
ſind. —

Vergnügt wurde ſodenn nach dieſer glücklich überſtandenen Gefahr, in dem ſo unwirth-
baren Klima, das Weihnachtfeſt gefeyert.
Die Matroſen lieſſen ſich durch die gefährliche
Nachbarſchaft der Eisberge, womit die Schiffe
gleichſam umringt waren, im geringſten nicht
abhalten, dieſen Feſttag unter wildem Lerm
und Trunkenheit hinzubringen, wozu ſie denſelben von jeher beſonders beſtimmt zu haben
ſcheinen. Den andern Chriſttag feyerte die
Natur ſelbſt. Die untergehende Sonne färbte
die Spitzen einer in Weſten liegenden Eis-
Inſel mit funkelndem Golde, und theilte der
ganzen

ganzen Masse einen blendenden Purpurglanz
mit. Dis gewährte dem Auge einen über alle
Massen herrlichen Anblick. Manche Unterhal-
tung verschaffte unsern Reisenden auch die
Pinguins, und Petrell, Jagd, und die Beobachtung dieser für ein so strenges Klima von
dem Schöpfer so weislich eingerichteten Geschöpfe. Man war überhaupt geschäftig, Gegenstände aufzusuchen, die zu allerhand kleinen Betrachtungen Anlaß geben, und etwas
dazu beytragen konnten, die traurige Einför-
migkeit, womit man ganze Monathe in diesem
öden Theile der Welt zubringen muste, dann
und wann zu unterbrechen. Fast immer in
dicke Nebel eingehüllt; Regen, Hagel und
Schnee, die in die Wette mit einander ab-
wechselten; der Mitte des Sommers ohngeachtet eine äusserst kalte Luft; rings herum unzählbare Eis-Inseln, gegen welche man stets
Gefahr lief zu scheitern; die tägliche Kost nichts
als Eingesalzenes, wodurch, nebst Frost und
Kälte, die ganze Blutmasse in Unordnung gerieth. — Dis zusammen waren Unannehmlichkeiten, die freylich Jedem den sehnlichen Wunsch
ablocken musten, endlich einmal wieder in eine
mildere Himmelsgegend zu kommen. Doch waren zum Glücke die Matrosen, die bey der
Abreise von England aus lauter gesunden, frischen Leuten bestanden, aller Mühseligkeiten
ohngeachtet, noch immer guten Muthes und
vom Scorbute frey. Dis letztere hatten sie,
sonder

sonder Zweifel, den guten Vorbauungsmitteln zu danken, die auf beyden Schiffen gegen diese fürchterliche Krankheit waren getroffen worden, vornemlich aber dem häufigen Genuß der eingekochten Fleischbrühe (wovon 3000 Pfund Täfelchen mitgenommen worden waren) und des Sauerkrauts.

Bis zum 65sten Grad 15 Minuten südlicher Breite war Cook itzt gekommen. Weiter vorzubringen gestattete ihm bismal die Menge des kleinen Brucheises nicht, das er am 17. Jan. 1773. hier antraf, und das sich endlich so sehr anhäufte, daß die wellenförmige Bewegung des Meers dadurch gehemmt ward, ungeachtet der Wind noch so frisch blies, als zuvor. Ueber dieses Brucheis hinaus erstreckte sich, so weit das Auge vom Mast reichen konnte, ein unabsehliches Feld von festem Eise gegen Süden. Da es solchergestalt unmöglich war, auf diesem Striche weiter zu gehen, so lies Cook nunmehr die beyden Schiffe umwenden, und wieder gegen Nordost zu steuern, zufrieden mit dem Ruhme, unter allen Sterblichen zuerst in dem eigentlich kalten Himmelsstrich der südlichen Hemisphäre gewesen zu seyn.

Zu Anfange des Februars beschäftigte sich die Resolution damit, die von französischen Seefahrern in den Jahren 1772. und 73.

73. entdeckten kleinen Kerguelen = Eylande
unter dem 48ften Grad S. Br. und 60 Gr.
öftl. L. aufzusuchen, allein sie verlohr dabey
am 8ten des Morgens in einem ausserordent=
lich dicken Nebel ihre Begleiterin — die Ab=
venture. Cook ließ daher denselben und den
folgenden Tag hindurch erst alle halbe = und
hernach alle Stunden eine Canone abfeuern;
aber es erfolgte keine Antwort, und auch die
Leuchtfeuer, die die beyden Nächte hindurch
unterhalten wurden, halfen zu nichts. Da
nun alle Versuche, das Schiff wieder auf=
zufinden, umsonst waren, so sah man sich am
10ten früh Morgens in die traurige Noth=
wendigkeit versetzt, den unangenehmen Lauf
nach Süden allein fortzusetzen, und den Ge=
fahren dieses eiskalten Himmelsstrichs sich von
neuem bloszustellen, wiewohl ohne die bishe=
rige einzige Hofnung, von den Gefährten auf
der Adventure Hülfe und Rettung zu erlan=
gen, im Fall der Resolution ein Unglück zu=
stossen sollte. Jedermann fühlte dis so innig,
daß ein Matrose selten in die weite See hin=
aussahe, ohne zugleich seine Betrübniß über
die erlittene Trennung zu äussern und darü=
ber zu klagen, daß sie itzt auf diesem unge=
messenen, unbefahrnen Ocean allein segeln
müßten, wo der Anblick eines treuen Gefähr=
ten ihren Muth ehemals wechselseitig gestärkt
und die Mühseligkeiten der Reise erträglicher
gemacht hatte.

J   In

In der Nacht vom 17ten Febr. sahen
sie zum erstenmal ein schönes Phänomen am
Himmel, ein Südlicht, das sich verschiedene
folgende Nächte hinburch wieder zeigte. Es
bestand in langen Säulen eines hellen, weissen Lichts, die sich von dem östlichen Horizont aus nach und nach über den ganzen südlichen Theil des Himmels verbreiteten. Nur
die weißlichte Farbe unterschied es von den
Nordlichtern unsres Welttheils, die unter-
schiedliche, besonders die Feuer- und Purpur-
Farbe anzunehmen pflegen. Der Himmel war,
wenn das Phänomen sich zeigte, mehrentheils
klar und die Luft sehr scharf und kalt.

Bis zum 17ten März ließ Cook, abwechselnd zwischen dem 61 und 58 Gr. S. Br.
noch immer gegen Osten hinsteuern. Während
dieser Zeit befand sich das Schiff öfters in der
augenscheinlichsten Gefahr, an den hohen Eis-
inseln zu scheitern. Die Gestalt derselben war
mehrentheils sonderbar, und des zertrümmerten Ansehens wegen, oft mahlerisch genug.
Eine derselben von ausserordentlicher Grösse
hatte in der Mitte eine grottenähnliche Oefnung, durch die man das Tageslicht an der
andern Seite sehen konnte. Einige waren wie
Kirchthürme gestaltet, noch andere gaben der
Einbildungskraft freyes Spiel, daraus zu machen, was sie wollte, und dienten einigermassen dazu, die Langeweile zu vertreiben,

die

die nunmehr sehr über Hand zu nehmen anfieng, weil der tägliche Anblick von Seevö-
geln, Meerschweinen, Seehunden und Wallfischen den Reiz der Neuheit längst verloren
hatte. Der guten Präservative und nament-
lich des Sauerkrauts ohnerachtet, zeigten sich
bey Einigen von dem Schiffsvolke nunmehr
starke Symptomen von Scorbut, das ist,
manche hatten böses Zahnfleisch, schweres
Othemholen, blaue Flecke, Ausschlag, Läh-
mung u. s. w. Doch wurden durch frische
Bierwürze Einige von dieser schrecklichen Krankheit ganz, Andere wenigstens zum Theil wieder befreyet. Die Capischen Schafe wurden
krätzig, wollten nicht mehr fressen, und fielen
zu Haut und Knochen zusammen; Schweine
und Ziegen warfen, aber die Jungen kamen
in dem stürmischen Wetter entweder todt zur
Welt, oder verklammten doch bald darauf vor Kälte; — kurz, es war nunmehr hohe Zeit, die
höhern südlichen Breiten zu verlassen, und
nach einem Haven zu eilen, wo die Mannschaft wieder erfrischt und der kleine Rest der
Schafe gerettet werden konnte, welche den
Einwohnern der Süd-See-Inseln zum Geschenk bestimmt waren. Eiligst gieng es daher
nun auf Neuseelands südliches Ende zu, und
der 26ste März 1773. war der frohe Tag,
wo man glücklich hier anlangte, und sogleich
in Dusky-Bay vor Anker gieng. So war
denn nun die erste Fahrt in die hohen südli-

J 2   chen

chen Breiten auf dieser zwoten Reise um die
Welt geendiget. Vier Monathe und zween
Tage waren dabey auf offner See zugebracht,
und binnen dieser Zeit 3660 Seemeilen zurückgelegt worden; gleichwohl hatte die allwal-
tende Vorsehung unsere Reisenden diese ganze
Zeit über vor besonderen Unglücksfällen be-
wahrt, durch mancherley Gefahren sicher hin-
durchgeführt, und, einige wenige ausgenommen, allerseits bey beständig guter Gesundheit
erhalten. Dis war um so vielmehr zu ver-
wundern, als sie auf der ganzen Reise vom
Cap bis nach Neuseeland unaufhörlich mit
Mühseligkeiten zu kämpfen gehabt hatten, die
desto mehr befürchten liessen, je weniger irgend jemand, vor ihnen, sie erfahren hatte,
und es verdient wahrlich als ein deutliches
Denkmal der göttlichen Obhut angesehen zu
werden, daß sie von allen den Folgen nichts
erlitten, welche von dem mannichfachen Elend,
das sie eine so lange Zeit hindurch hatten ausstehen müssen, zu befürchten waren. —

In Neuseeland war es eben Herbstzeit,
als Cook daselbst ankam; allein das Land hatte
demungeachtet noch immer erquickende Reitze
genug; zumal für Leute, die lange zur See
gewesen waren, und es in diesem Punkte nicht
allzugenau nehmen, sondern öfters zufrieden
sind, wenn sie überhaupt nur wieder einmal
Land erblicken, von welcher Beschaffenheit es
übri-

übrigens auch seyn möge. Gleich am ersten
Tage, noch auf der Rheede, konnte man eine
schmackhafte Mahlzeit von frischen Fischen, die
es hier in Ueberfluß gab, halten; zugleich wurde das Auge durch den Anblick der gegenüber-
liegenden herrlichen Landschaft ergötzt. Sie
bestand aus erhabenen Felsen, mit ehrwürdigen Wäldern gekrönt, zwischen denen sich, aller Orten, Wasserbäche mit schäumendem Ungestümm herabstürzten. Cook machte nun sogleich Anstalten, eine bessere Ankerstelle aufzusuchen, als die bisherige, die nur fürs erste
gut genug war: sobald man einen sichern und
bequemen Haven gefunden hatte, lief er mit
seinem Schiff von der Rheede hinein und legte es dicht am Ufer fest, wo Holz und Wasser in Ueberfluß vorhanden war, und wo er
sogleich die Sternwarte, Schmiede und Zelte
aufrichten ließ. Fische und Wasservögel gab
es hier auch allenthalben in Menge; Cook beschloß daher, einige Zeit hier zuzubringen, zumal, da er auf seiner erstern Reise das südliche Ende von Neuseeland nur ganz flüchtig untersucht hatte. Anfangs thaten die Einwohner,
die sich in dieser Gegend hie und da sehen
ließen, sehr scheu. Erst bey wiederholten
Freundschaftsversicherungen konnten die Europäer sie etwas zutraulicher machen. Einst sah
Cook, der mit einer kleinen Begleitung eine
Ausflucht in das Land unternommen hatte,
einen Neuseeländer mit einer Streitaxt auf

J 3   einer

einer Felſenſpitze ſtehen, und hinter ihm zwo
Indianerinnen, deren jede einen Spies in der
Hand hielt. Noch am Fuſſe des Felſen rief
Cook dem Indianer auf tahïtiſch zu: Tayo
Harre maï, d. i. Freund, komm her! Allein, das ließ er wohl bleiben, ſondern fel-
ſenfeſt blieb er auf ſeinem Poſten und hielt,
auf ſeine Keule oder Streitaxt gelehnt, eine
lange Rede. Oft war ſeine Sprache dabey
ſehr heftig, zugleich ſchwenkte er die Keule
um den Kopf. Da er nun nicht zu bewegen
war, näher zu kommen, rief ihm Cook freundlich zu und warf ihm etliche Schnupftücher
hin; allein er hob auch dieſe nicht auf. Nun
ſtieg der Capitain ganz unbewafnet zu ihm auf
den Felſen, und reichte ihm etliche Bogen weiß
Papier hin. Der gute Kerl zitterte über und
über, nahm aber doch endlich das Papier an.
Sobald ihn Cook erreichen konnte, umarmte
er ihn und berührte des Indianers Naſe mit
der ſeinigen. Dis Freundſchaftszeichen benahm ihm auf einmal alle Furcht; er rief nun
auch die beyden Weiber herbey, und ließ es
geſchehen, daß auch die übrigen Europäer her-
zukamen. Hierauf folgte eine trauliche, aber
freylich auf beyden Seiten nur halb verſtänd-
liche Unterredung. Die Nacht trennte ſie für
dismal. Mit ernſtvoller Stille ſah der Wilde
ſeinen ſcheidenden Freunden nach: nicht ſo ge-
ſetzt betrug ſich die jüngere, zugleich mit an-
weſende Frauensperſon; während der Unter-
haltung

haltung schon plauderte sie in einem fort,
itzt aber tanzte und plauderte sie zugleich. Am
folgenden Tag besuchte Cook seinen neuen
Freund abermals, und beschenkte ihn mit
Beil und Nägeln. Dafür gab ihm dieser verschiedene von seinen Waffen und machte ihn
mit seiner übrigen Familie bekannt, die noch
aus einem 15jährigen Knaben und 3 kleinen
Kindern bestand, wovon das jüngste noch an
seiner Mutter trank. Vergnügt schied man
auch dismal von einander. Tags darauf wollte Cook seinen Besuch abermals wiederholen,
allein es war dismal kein Indianer weder zu
sehen, noch zu hören. Erst als Cook in die
Wohnung desselben kam, fand er die Ursache,
warum sich niemand am Strande hatte sehen
lassen: sie waren nemlich mit Putz und Schmuck
beschäftigt gewesen, um ihre Freunde nach Ge-
bühr empfangen zu können; das heißt, sie
hatten sich gekämmt, die Haare mit Oel und
Fett eingeschmiert, auf den Scheitel zusammengebunden, und auch noch weiße Federn in
den Schopf gesteckt. Einige hatten auch dergleichen Federn, an einer Schnur aufgereihet,
um die Stirn gebunden, und andere trugen
Stücke von Albatros-Fellen, woran noch die weißen Pflaumfedern saßen, in den Ohren. In diesem Staate erhuben sie bey Cooks Ankunft ein
Freudengeschrey, und empfiengen ihn und seine
Begleiter stehend, mit mannichfaltigen Zeichen von
Freundschaft und geselligem Wesen. Dismal

J 4

brachte

brachte Cook einen rothen Mantel von Boy
mit, den der Indianer schon am vorigen
Tage gerne gehabt hätte. Kaum hatte er
ihm diesen überreicht, so zog der Wilde, höchlich über dis Geschenk erfreut, ein Pâttu-
Pâttu (oder eine kurze, flache Streitart)
aus seinem Gürtel, und machte ohne Umstände seinem Freunde ein Gegengeschenk damit.
Schade, daß alle Versuche, mit dieser Familie, die eine besonders harte und undeutliche
Aussprache zu haben schien, eine etwas ver-
ständliche Unterredung zu Stande zu bringen,
vergeblich waren.

Menschen und Thiere erholten sich inzwischen zusehends wieder: nur den Schafen
hieng der Scorbut noch so sehr an, daß sie
mit ihren wackelnden Zähnen auch das beste
Futter nicht mehr geniessen konnten. Kaum
daß von 4. Mutter-Schafen und zween Bö-
cken, die Cook vom Cap mitgenommen hatte,
noch ein Schaf und ein Widder am Leben
blieben.

Indeß die Naturforscher sich an den Schön-
heiten der dasigen Gegend ergötzten und mit
den mannichfaltigen Schätzen desselben sich be-
reicherten, war Cook beschäftigt, die Küste,
Inseln, Buchten und Häven dieses Theils von
Neuseeland aufzunehmen und überhaupt alles
zu thun, was einem braven Seecapitain ge-
ziemt:

ziemt; nebenher sorgte er denn freilich auch
immer mit für den Magen, selten aber für
sein Vergnügen. In dieser Absicht schoß er
öfters diese und jene Thiere, unter andern erlegte er einsmals mit einigen Begleitern auf
einmal 14. See-Hunde auf den Meeres-
Klippen, die davon wimmelten. Diese Thiere sind hier alle von der Art, welche man
See-Bären nennt und die besonders um Kam-
schatka häufig angetroffen werden; nur sind
die in jenen nördlichen Gegenden etwas gröf-
ser. Sie haben ein sehr zähes Leben. Das
Fleisch ist fast ganz schwarz und nicht zu geniessen. Herz und Leber hingegen lassen sich
essen. An den südlichen Spitzen von Amerika und Afrika und bey Van Diemens Land
trift man diese Thiere ebenfalls in grosser Menge an. Mittlerweile ließ sich die indianische
Familie wieder beym Schiffe sehen. Das eine
mal waren sie nicht zu bewegen, an Bord zu
kommen; das anderemal aber bequemten sie
sich endlich dazu. Ehe aber der Mann einen
Fuß auf die Brücke setzte, die zum Schiff führte, präsentirte er erst grüne Zweige, hielt eine Rede und beschenkte Cook und den ältern
Hrn. Forster mit einigen Stücken Neuseeländischen Zeuges. Auf dem Schiffe bewunderten
sie flatterhaft bald diß bald jenes. Besonders
zogen etliche Gänse, die in einem Gegitter
ihr Wesen trieben, ihre Aufmerksamkeit auf
sich. Auch machten sie sich viel mit einer schö-

J 5　　　　　nen

nen Katze zu schaffen, die sie aber immer ver-
kehrt streichelten, vermuthlich um das schöne
dickgewachsne Haar dieses Thiers zu bewundern. Bey dem Manne insbesondere erregte
die Bauart des Schiffes seine Bewunderung
mehr, denn alles übrige. Ausserdem gefielen
ihnen auch besonders wohl die Stühle, die
sich so bequem hin und her tragen liessen, und
die Hängmatten. Man hatte dem Manne Beile, Nägel und andere Dinge von geringerm
Werth geschenkt; jene ließ er nicht mehr aus
der Hand, leztere aber legte er auf einen Haufen
beysammen und hätte sie auch wohl dort liegen lassen, wenn man ihn nicht beym Abschie-
de daran erinnert hätte. Als sie sahen, daß
die Europäer sich zum Frühstück niederliessen,
setzten sie sich neben sie, liessen sich aber durchaus nicht bewegen, nur das geringste von dem
Essen zu kosten. Nachdem sie nun so das
ganze Schiff durchwandert und mancherley
Geschenke erhalten hatten, zog der Mann,
vermuthlich um sich dankbar zu erweisen, ein
ledernes, schmutziges Beutelchen hervor, voll
von altem Oel oder Fett; steckte alsdenn mit
vielen Ceremonien seine Finger in dasselbe und
wollte nun Cook und seiner Gesellschaft den
Kopf damit salben. Allein diese verbaten es,
weil die Salbe ihren Nasen nicht behagte,
ob sie gleich von dem ehrlichen Manne für
ungemein wohlriechend und als seine köstlich-
ste Gabe angesehen werden mochte. Hr. Hodges,

geß, Zeichner und Landschaftsmaler, kam indeſſen ſo gut nicht weg, denn das plaudernde
Mädchen, das ihn beſonders in Affection genommen zu haben ſchien, beſtand darauf, ihn
mit einem in Thran getauchten Federbuſch,
den ſie am Hals hängen hatte, anzupinſeln,
und aus Höflichkeit gegen ihr Geſchlecht konnte er das wohlriechende Geſchenk unmöglich
von ſich weiſen. Sie verweilten noch lange
auf dem Schiffe, kamen aber nachher nicht
mehr wieder zum Vorſchein. Dieſe Familie
hatte 10. Beile und gegen 50. groſſe Nägel
zum Geſchenk erhalten und war folglich eine
der reichſten auf Neuſeeland geworden; es iſt
aber mehr als wahrſcheinlich, daß ſie dieſe
Werkzeuge nicht ganz zu der Abſicht, zu der
man ſie ihnen gab, werden angewendet haben. Denn man erfuhr, daß der Wilde vor
ſeiner Entfernung durch Zeichen zu verſtehen
gegeben habe, er wolle nun mit dem Beile
ausgehen und ſeine Feinde damit tödten.

Cook machte bald darauf wieder neue
Bekanntſchaft unter den daſigen Indianern.
Als er nemlich einmals mit ſeinen Gefährten
die Nacht über, wie bis öfters der Fall war,
auf dem Lande zugebracht hatte, und am Morgen darauf ſich wieder weiter hinein verfügte,
wurde man eines Mannes mit einem Weibe
und Kinde anſichtig. Das Weib winkte mit
einem weiſſen Vogelfell, da aber aus Unacht-
ſam-

samkeit bis Zeichen des Friedens und der
Freundschaft nicht gleich erwiedert wurde, so
flohen sie eiligst in die Wälder zurück. Indeß-
sen kamen bald ein paar andere zum Vorschein. Cook ruderte und wadete ihnen sogleich entgegen, und gieng, weil sie sich vor
seiner Begleitung zu fürchten schienen, alleine
und unbewafnet, mit einem weißen Bogen
Papier in der Hand, auf die mit Speeren
bewafneten Wilden zu. Anfangs wichen sie
etwas zurück. Endlich faßte einer von ihnen
Herz, steckte seine Lanze in die Erde, und kam
dem Capitain mit etwas Gras in der Hand
entgegen; ein Ende davon ließ er den Capitain anfassen, das andere behielt er in den
Händen, und hielt in dieser Stellung eine
feyerliche Anrede von etwa zwo Minuten, in
welcher er jedoch einige male inne hielt. Nach
Endigung dieser Ceremonie begrüßten sie sich
und nun war das Freundschaftsbündniß geschlossen; man beschenkte sich sogleich wechselsweise und bezeigte sich, besonders auf Seiten der Neuseeländer, sehr gefällig. So gerne diese auch eines und das andere aus dem
Boote, in dem Cook herbeygefahren war, und
das sie wieder ins Wasser schieben halfen, mitgenommen hätten, so wollten sie doch durchaus mit keiner Flinte etwas zu thun haben,
vermuthlich weil sie auf ihren Knall so manchen Vogel aus der Luft hatten herabstürzen
sehen; doch hat einstens der vormalige Bekannte

kannte so lange, bis man ihm erlaubte, ein solches Gewehr viermal hinter einander loszu-
schiessen, so flehentlich ihn auch seine Tochter
bat, es nicht zu thun. Dieser nemlich, der
schon etwas mehr mit Engländern umgegangen war, wollte vermuthlich nun eine Art von
Muth zeigen. Ueberhaupt läßt dis ehrliche,
arglose Volk seine Kraft nicht gerne unversucht.

Man hatte inzwischen den Aufenthalt in
Dusky - Bay bestmöglichst benutzt. Zu An-
fang des Mayes machte sich daher alles zur
Abreise gefaßt. Vorher noch hatte Cook an
einer schicklichen Stelle der Bay 5. Gänse,
die er vom Cap mitgebracht, ausgesetzt, und
einen andern, in dieser Absicht aufgegrabenen
Platz mit verschiedenen europäischen Sämereyen besäet. Traurig war indessen der Umstand, daß Cook, der so oft im Wasser ge-
wadet, so oft nasse Kleider angehabt hatte,
bedenklich krank wurde. Da er nun seines
Rheumatismus wegen nicht aus der Cajüte
kommen durfte, so schickte er einen Officier
mit einem Boote ab, einen Seearm zu untersuchen, und die beyden Hrn. Forster begleiteten ihn. Sie hatten ihre Absicht glücklich erreicht und waren bereits nach einer
Farth von 8. Meilen auf dem Rückweg begriffen, als plötzlich ein fürchterlicher Sturm
entstund und sie in eine Bucht einzulaufen
zwang. Zum Glück erreichten sie noch einen
Felsen

Felsen, wo sie ein Feuer anzünden und einige Fische braten konnten. Allein auch hier konnten sie es nicht lange aushalten, weil der Sturm theils die Flamme rings um sie her wirbelte, theils sie endlich gar zu Boden zu reissen schien. Man suchte daher an einer andern Seite der Bucht in einem Gehölze Schutz; allein hier fanden sie es noch ärger; es war hier an kein Obdach gegen den heftigen Regen zu denken, der von den Bäumen doppelt auf sie herabgoß, und ihr Feuer war blos ein beisender, erstickender Rauch. Es wurde Nacht. Ohne Abendbrod, naß und erfroren bis auf die Knochen hülleten sie sich in ihre nassen Mäntel und legten sich auf den feuchten, kalten Boden hin. Für Mattigkeit schliefen sie auf einige Augenblicke ein; allein um 2. Uhr des Nachts wurden sie durch einen fürchterlichen, Donnerschlag aus dieser kurzen Ruhe wieder aufgeschreckt. Um diese Zeit war der Sturm aufs höchste gestiegen und zu einem vollkommenen Orcan geworden; er riß rings herum die grösten Bäume aus, warf sie mit fürchterlichem Krachen zu Boden und brauste in den dickbelaubten Gipfeln des Waldes so laut, daß das schreckliche Getöse der Wellen manchmal kaum dafür zu hören war. Aus Besorgniß für das Boot wagten sie sich in der dicksten Finsterniß der Nacht nach dem Strande hin, als ein flammender Blitz ihnen die See mit einmal erhellete, und in derselben

ben sie die aufgethürmten Fluthen sehen ließ, die in blauen Bergen schäumend über einander herstürzten. Unmittelbar auf den Blitz folgte der heftigste Donnerschlag, dessen langes furchtbares Rollen von den gebrochnen Felsen rund umher siebenfach wiederhallte. Wie betäubt standen sie da und ihr Herz bebte bey dem Gedanken, daß dieser Sturm oder der Blitz leicht das Schiff selbst habe vernichten können, und daß sie denn in diesem öden Theil der Welt elend und einsam würden umkommen müssen. Unter dergleichen ängstlichen Vermuthungen brachten sie den Rest der Nacht hin, die ihnen die längste ihres Lebens zu seyn dünkte. Endlich lies der Sturm Morgens ungefähr um 6. Uhr nach, und sobald der Tag grauete, begaben sie sich wieder ins Boot und erreichten bald darauf auch wieder das Schiff, das glücklicher Weise unbeschädigt geblieben war.

Nach einem Aufenthalt von sechs Wochen und vier Tagen, während dem die Mannschaft sich durch die frischen Lebensmittel, durch das heilsame Sprossenbier, und durch fleissige Arbeit vollkommen wieder erholt hatte, verließ Cook Dusky-Bay, wo der Winter itzt mit aller Macht hereinzubrechen anfieng, wieder, und steuerte bey hohen, aus Südwest gehenden Wogen und von ganzen Schaaren nußbrauner Albatrosse und blauer Sturmvögel be-

begleitet, gegen Norden. Am 17ten Mai
befanden sie sich in Cooks Meerenge zwischen
den beyden Inseln von Neuseeland. Als
darauf die Resolution die Mündung von
Charlottensfund erreicht hatte, sah man es
unvermuthet in der Ferne dreymal aufblitzen.
Es waren die Signale von der Adventure,
die sich, wie wir oben sahen, in einem drey-
tägigen Nebel von ihrer Begleiterin verloren
hatte. Cook ließ etliche Vierpfünder abfeuern,
die auch sogleich beantwortet wurden, und
gegen Mittag hatte man schon das Vergnügen, den ehemaligen Reisegefährten wieder
vor Anker liegen zu sehen. Zur Bezeugung
seiner Freude über die glückliche Wiedervereinigung ließ Capit. Furneaux die Resolution
von seinem Schiff aus mit 13 Canonenschüssen begrüssen, die Cook mit eben so vielen
erwiederte. Man müßte je in ähnlichen Gefahren gewesen seyn, um sich das wechselsei-
tige Entzücken der sich wiedergefundenen Freunde vorstellen zu können. Man hatte hiezu um
so mehr Ursache, je mannichfaltiger und gröss-
ser die Gefahren gewesen waren, die beyde
Schiffe auf ihrer verschiedenen Fahrt auszu-
stehen gehabt, aber unter göttlicher Obhut
immer glücklich überstanden hatten.

Die Adventure war nach der Trennung
unter heftigen Stürmen nach Norden hin-
aufgesegelt, und endlich nach Van Diemens
land,

Land, oder der von Tasman 1642. entdeckten südlichen Spitze von Neuholland gekommen. Als Furneaux die Küste dieses Landes
untersucht und es mit der Ostküste Neuhollands zusammenhängend gefunden hatte, suchte
er den einst zwischen Cook und ihm festgesetz-
ten Wiedervereinigungsplatz, den Charlotten-
sund in Neuseeland auf, und kam daselbst
am 7ten May in Ship-Cove glücklich vor
Anker. Man hatte, als Cook auch hier anlangte, auf der Adventure bereits alle Hofnung einer jemaligen Wiedervereinigung aufgegeben, und sich schon darauf gerichtet, den
ganzen Winter hier zuzubringen, um alsdann mit dem Eintritt des Frühlings wieder
nach Osten auf die Untersuchung der höhern
südlichen Breiten auszugehen; allein Cook,
der keinesweges gesonnen war, so viele Monathe lang hier unthätig zu liegen, ließ von
nun an sogleich Anstalten zur Ausbesserung der
Adventure treffen, um mit ihr zu den Societätsinseln hinzusteuern, wo er sich weit
bessere Erfrischungen versprechen konnte, als
in diesem nunmehr unfreundlichen Lande. Doch
war das Klima hier viel freundlicher, als in
Dusky-Bay. Ungeachtet der Winter bereits
eingetreten war, so erlebten dennoch die Europäer keinen Frost hier; vielmehr gediehen
im Junius, einem Monathe, der mit unserm
December übereinkommt, allerhand Garten-
gewächse, womit sowohl Furneaux als Cook
ver-

verſchiedene Stellen dieſer Gegend bepflanzt
hatten, noch vortreflich. Man findet in dieſem Haven auch mehr antiſcorbutiſche Kräuter und Pflanzen, als in Dusky-Bay, wo
es hingegen mehr Federwildpret und Fiſche
giebt. Cook war ſtets beſorgt, daß ſeine
Mannſchaft von jenen heilſamen Gewächſen,
beſonders von dem gehörig zubereiteten Löffelkraut und Selerie, fleiſſig genoß, uud hatte das Vergnügen zu ſehen, daß dieſe Lebens-
ordnung von dem erwünſchteſten Einfluß auf
ihre Geſundheit war. Gleich nach ſeiner Ankunft hatte er an einem ſchicklichen Platz einen
Widder und eine Schafmutter, (die einzigen,
die er von denen, welche er in der Abſicht,
Neuſeeland mit dieſen nützlichen Thieren zu
verſehen, vom Cap mitgebracht, noch übrig
hatte,) ausſetzen laſſen; allein er muſte mit
Verdruß ein paar Tage darauf hören, daß
ſie beyde waren todt gefunden worden, vermuthlich, weil ſie von giftigen Pflanzen gefreſſen hatten, und ſo war denn alle Hofnung,
Schafzucht auf Neuſeeland einzuführen, vereitelt.

Die Indianer um Charlottenſunde be-
wieſen ſich ſehr zutraulich gegen die Europäer. Sie kamen ohne Bedenken aufs Schiff
und aſſen und tranken mit ihnen. Doch lieſſen ſie ſich keinen Wein oder Brandwein beybringen, ſondern blieben blos beym Waſſer.
Sie

Sie waren sehr unstät und lüstern, liefen von einem Tisch zum andern, hielten überall eine tüchtige Mahlzeit und soffen dann eine Menge Wasser, das mit Zucker, wornach sie sehr lüstern waren, süß gemacht worden war. Alles, was sie sahen oder erreichen konnten, stand ihnen an, sie legten es aber sogleich wieder hin, sobald man ihnen zu verstehen gab, daß sie es nicht behalten durften. Glasbouteillen schienen sie besonders zu schätzen, wo sie dergleichen ansichtig wurden, deuteten sie darauf hin und sagten: Moth, indem sie die Hand auf die Brust legten, wodurch sie allemal ein Verlangen nach einer Sache andeuteten. Aus Korallen, Bändern, weissem Papier und andern solchen Spielereyen machten sie sich gar nichts; desto begieriger aber thaten sie nach Beilen, Nägeln und Eisen, wovon sie den Gebrauch nun vermuthlich schon kennen gelernt hatten. Einige schienen sich Cooks noch zu erinnern, und fragten nach seinen vormaligen Reisegefährten, Tupaja, und als sie hörten, daß dieser todt sey, wurden sie betrübt und sprachen einige Worte im klagenden Tone aus. In Hofnung einer guten Mahlzeit kamen bald mehrere Indianer auf das Schiff, und wurden in ihrer Erwartung nach Wunsch befriediget. Ein lebhafter Knabe zeichnete sich vorzüglich dabey aus. Er verschlang mit gefrässigem Appetit ein Stück von einer Seeraben-Pastete und trank auch Madera-

K 2   Wein

Wein, wobey er aber anfangs ein saures und schiefes Gesicht machte. Man setzte ihm ein Glas ganz süssen Capweins vor, und dieser schmeckte ihm so wohl, daß er die Lippen unaufhörlich darnach leckte, und bald noch ein zweytes Glas verlangte. Er erhielt es, wurde aber dadurch nicht nur äuserst gesprächig, sondern auch so muthwillig, daß er in der Cajüte herumtanzte, und bald nach diesem bald nach jenem ein wildes Verlangen äuserte. Erst verfiel er auf des Capitains Boots. Mantel; da er aber eine abschlägige Antwort bekam, wurde er sehr verdrüßlich; hierauf foderte er eine leere Bouteille, und da ihm auch diese versagt wurde, lief er im grösten Zorne zur Cajüte hinaus. Auf dem Verdeck fand er einige Bedienten, die getrocknetes Leinenzeug zusammenlegten. Im Augenblick hatte er ein Tischtuch davon weggehascht, man nahm es ihm aber gleich wieder ab; Nun wußte er sich gar nicht mehr zu bändigen; er stampfte mit den Füssen, drohte, brummte, oder grunzte vielmehr etwas zwischen den Zähnen heraus, und ward zuletzt so tückisch, daß er kein Wort mehr sprechen wollte. Die empfindliche und leicht zu beleidigende Gemüthsart der Neuseeländer zeigt sich überaus deutlich in der Aufführung dieses Knaben. Hodges gab sich Mühe, einige der merkwürdigsten Gesichter der Indianer auf dem Schiffe zu zeichnen; allein sie waren schlechterdings nicht zum

still

still sitzen zu bringen. Endlich fiengen sie an
zu stehlen, was ihnen in die Hände fiel. Der
Capitain ließ sie also zum Schiffe hinauswer-
fen, mit der Bedrohung, nie wieder an Bord
zu kommen. Sie fühlten das Beschimpfende
einer solchen Behandlung vollkommen, und ihr
hitziges Temperament gerieth darüber in Feuer
und Flammen. Einer konnte sich sogar nicht
enthalten, von seinem Boote aus zu drohen,
als wollte er zu Gewaltthätigkeiten schreiten.
Dazu kam es jedoch bißmal nicht, sondern am
Abend begaben sie sich alle ruhig ans Land,
errichteten sich dem Schiffe gegenüber Hütten
aus Baumzweigen, und bereiteten sich ihr
Abendessen aus Fischen, die sie erst aus der
See mit Reisig-Netzen gefangen hatten.

Die Einwohner dieses Reviers waren
zum Tauschhandel gut aufgelegt, nur foderten
sie immer zu hohe Preise; dafür ließen sie sichs
aber auch nicht verdriessen, wenn ihnen spottwenig
darauf gelegt wurde. Bisweilen, wenn diese
Handelsleute bey guter Laune waren, gaben
sie auf dem Verdeck des Hintertheils einen Hiwa oder Tanz zum Besten. Zu dem Ende
legten sie ihre dicken, zottichten Oberkleider
ab und stellten sich in eine Reihe; alsdenn
stimmte der eine ein Lied an, streckte dabey
wechselsweise die Arme aus und stampfte gewaltig, ja fast wie rasend, mit den Füssen
dazu. Alle andere machten seine Bewegung

K 3　　　　　nach

nach und wiederholten von Zeit zu Zeit die
letzten Worte seines Gesangs.

Einst erhielt Cook einen Besuch von 28.
Indianern auf einmal, die in einem Canot
herbeygerudert waren; so bald sie aber merkten, daß die See etwas stürmisch wurde, ruderten sie wieder von bannen und versammelten sich zu andern Partieen auf eine Insel,
wo sich gegen 90. Personen niedergelassen hatten. Unter diese wagte sich Cook, der aber
mit allen ersinnlichen Ehrenerweisungen empfangen wurde. Er machte ihnen verschiedene Geschenke, und hatte dabey Gelegenheit, eine grosse Menge indianischer Seltenheiten gegen allerhand Kleinigkeiten einzutauschen.

Am 7ten Junius 1773. verliesen beyde
Schiffe den bisherigen Ort ihrer Erholung,
nachdem Cook die umliegende Gegend mit verschiedenen nutzbaren europäischen Gewächsen
z. B. Kartoffeln, Bohnen und Erbsen, allerley Kornarten, Rüben ꝛc. hatte bepflanzen und
auch einen Bock mit einer Ziege, nebst einem
Eber mit zwo Säuen aussetzen lassen.

Auf dem Wege, den Cook von hier aus
nach O-Tahiti *) nahm, hielt er seinen
Lauf

*) Der Name dieser berühmten Insel wird, um dis ein
für allemal zu erinnern, verschiedentlich geschrieben.

Lauf zwischen 40. und 50. Gr. der Breite, bis
in die Mitte des Südmeers, ohne es sich anfechten zu lassen, daß damals der Winter in
jener Halbkugel herrschte. Der Gewinn dieser rauhen Farth, wo bey einer ewigen Ein-
förmigkeit unabläſſig Wind und Wetter stürmte, war die volle Gewißheit, daß in den mittlern Breiten der Südsee kein grofes Land zu
finden sey, wie man vorher immer gewähnt
hatte. Er gewann dadurch auch einen grofen
Theil des für den künftigen Sommer aufgeho-
benen Schauplatzes seiner Untersuchungen, und
konnte alsdenn, nachdem er von Amsterdam-
eiland nach Neuseeland zurückgegangen war,
seinen Weg sogleich viel südlicher nehmen. —
Doch wir müssen uns erst bey O-Tahiti und
den benachbarten Inseln ein bischen verweilen. Hier kamen beyde Schiffe am 15ten Au-
guſt an; wären aber beynahe beyde an den
Rief, der sich längſt der Küſte hinzog, ge-
scheitert. Es war eben einer der schönſten

K 4 Mor-

be u. O Taheite schreiben ihn die Engländer. O-
Tahiti oder eigentlich O-Tàhiti wird das Wort
im Deutschen ausgesprochen. Ich habe um derjenigen
Leser willen, die mit der Aussprache des Englischen nicht bekannt sind, die Benennung O-Tahiti, oder mit Weglassung des Artikels O, Tahiti, beybehalten; so schreibt es auch Hr. Forſter
mehrentheils. Auch die übrigen in dieser Erzählung vorkommenden fremden Worte sind mehrentheils nach der deutschen Aussprache geschrieben.

Morgen, und alles schlief noch. Kaum aber
beleuchtete die Sonne die Tahltischen Ebenen,
und kaum bemerkten die erwachten Einwohner
die grossen Schiffe, so eilte alles nach dem
Strand hin und einige stiessen Canots ins
Wasser, um zu denselben hinzurudern. Sie
schwenkten ein grosses grünes Blatt in der
Luft, und kamen mit einem oft wiederholten
lauten: Tayo! (Freund) dicht an das Hintertheil des Schiffs. Hier wurden ihnen sogleich Geschenke von Glascorallen, Nägeln und
Medaillen zugeworfen. Sie dagegen reichten
den Europäern einen grünen Pisangschoß zu,
welches Sinnbild des Friedens auf ihr Verlangen an das Tauwerk des Hauptmastes fest
gemacht wurde, um von jedem ihrer Landsleute gesehen zu werden. Kurz nach diesem
Friedensbündnisse kamen über hundert Canots
mit Landesfrüchten befrachtet, unter lautem Tayo rufen, sorglos den neuen Gästen zugeru-
dert. Cocosnüsse, Pisangs, Brodfrucht, Zeuge, Fischangeln, steinerne Aexte, unbekannte
Fische und Vögel wurden auf dieser Wasser-
messe, die ein angenehmes Schauspiel gab,
gegen Glascorallen und kleine Nägel eingetauscht.

Das ungewöhnlich sanfte Wesen, welches
ein Hauptzug dieser mahagonybraunen, schwarz-
augichten Menschen ist, leuchtete auch dismal
sogleich aus ihren Mienen und Handlungen
hervor; einige ergriffen die Hände der Europäer,

pder, andere lehnten sich auf ihre Schultern, noch andere umarmten sie und schoben bisweilen die Kleider von der Brust, um ihre weisse Farbe zu bewundern. Als sie merkten, daß die Europäer sich Mühe gáben, ihre Sprache zu erlernen, erwiesen sie sich als die gefälligsten Lehrer und wurden voll Freude, wenn sie es mit einem von ihnen so weit gebracht hatten, daß er ein und das andere Wort richtig nachsprechen konnte.

Am folgenden Morgen náherten sich die Engländer der Küste auf einer andern Seite der Insel, und wurden auch hier auf das Freundschaftlichste empfangen. Da die Einwohner sahen, daß es Forster'n um Pflanzen und andere Naturalien zu thun sey, so brachten sie ihm oftmals Muscheln, Corallengewächse, Vögel u. dgl. aber auch Blätter ohne Blüthen, und Blumen ohne Blätter, ganz wie Kinder, die, indem sie gerne alles thun wollen, so manches nicht recht thun.

Cook hatte erwartet, daß sie sich fleissig nach ihrem Landsmann, Tupaia, erkundigen würden; allein nur einige wenige fragten nach ihm, und schienen sogleich vollkommen beruhigt, als sie die Ursache seines Todes erfuhren. Desto eifriger aber fragten sie nach Banks und einigen andern, die mit Cook, den die meisten noch wohl kannten, das vori-

K 5   gemal

gemal hier gewesen waren. Auf O-Tahiti
hatte sich indessen vieles verändert. Tutahah,
der Regent der grössern Halbinsel war in einer Schlacht umgekommen, die beyde Reiche
ungefähr 5 Monathe vor der Ankunft der
Resolution einander geliefert hatten, und
O-Tu regierte izt an seiner Stelle. Auch
Tuboural Tamaide und mehrere andere Freunde der Engländer waren, nebst einer grossen
Menge gemeinen Volks, im Treffen geblieben;
doch war gegenwärtig wieder Friede.

Endlich ankerte Cook im Haven O-Aitepi-
ha an der kleinen Halbinsel, wo denn auch der
Zulauf des Volks grösser als irgend wo war.
Hier war auch der Tauschhandel mit den Eingebohrnen sehr lebhaft. Viele von ihnen kamen aufs Verdeck, und nahmen der Gelegenheit wahr, allerhand Kleinigkeiten wegzumau-
sen, einige machten es sogar so arg, daß sie
die erhandelten Cocosnüsse der Engländer wieder über Bord weg und ihren Cameraden zu
practicirten, die sie alsdenn zum zweytenmal
verkauften. Die Diebe wurden mit einigen
Peitschenhieben vom Schiffe gejagt, ohne darüber ungeduldig zu werden.

Ein Befehlshaber zeichnete sich hiebey
vorzüglich durch eine Betrügerey und durch
die Art, wie er sich dabey benahm, aus. Er
präsentirte Cook eine Anzahl Früchte zum Geschenk,

ſchenk, worunter ſich mehrere Cocoſnüſſe befanden, aus denen man auf dem Schiff den
Saft bereits herausgenommen und ſie ſodenn
über Bord geworfen hatte. Dieſe hätte der
liſtige Indianer wieder aufgeleſen und ſo ge-
ſchickt in Bündeln zuſammengebunden, daß der
Betrug beym erſten Anblick nicht merklich war.
Als man ihn darauf hievon benachrichtigte,
verrieth er nicht die geringſte Verwirrung,
ſondern öfnete, gleichſam als ob er von der
ganzen Sache gar nichts wüſte, zwo oder drey
Nüſſe ſelbſt, ſchien über den geſpielten Streich
ſehr vergnügt und begab ſich ans Ufer, von
wo aus er ein beträchtliches Geſchenk auf das
Schiff ſchickte.

Eine Kleinigkeit veranlaßte indeſſen eine
ſehr unterhaltende Schwimmſcene. Ein Officier wollte einem ſechsjährigen Knaben eine
Schnur Corallen zuwerfen, aber der Wurf
gieng fehl und ins Waſſer; nun beſann ſich
der Junge nicht lange, ſondern plumpte aus
ſeinem Canot hinter drein, tauchte unter und
brachte die Corallen wieder herauf. Um ſeine
Geſchicklichkeit zu belohnen, warf man ihm
mehrere zu, und das bewog eine Menge Männer und Weiber, ihre Fertigkeit im Waſſer
gleichfalls zu zeigen. Sie hölten nicht nur
einzelne Corallen, wovon man auf einmal
mehrere ins Waſſer warf, wieder herauf,
ſondern auch groſſe Nägel, obgleich dieſe, ihrer

rer Schwere wegen, sehr schnell in die Tiefe hinabsanken. Sie schossen mit einer unglaublichen Geschwindigkeit gegen den Grund hinab, und blieben oft geraume Zeit unter Wasser. Diese Fertigkeit im Schwimmen erlangen sie ohne Zweifel durch ihr vielfältiges Baden von Kindesbeinen an, wo aber immer versuchte, alte Schwimmer mit zugegen sind.

Einige Europäer machten inzwischen eine kleine Ausflucht ins Land. Durch Wälder von Brodfruchtbäumen walleten sie auf schmalen, vom Gras entblößten Fußpfaden dahin, zu Wohnungen, die unter mancherley Buschwerk halb versteckt lagen. Hohe Cocospalmen ragten stolz über andere Bäume empor; der Pisang prangte mit seinen breiten Blättern und traubenförmigen Früchten, und eine schattenreiche Art von Bäumen mit dunkelgrünem Laube, trug goldgelbe Aepfel, die den würzhaften Saft und Geschmack der Ananas hatten. Die Wohnhütten der Indianer, einfach und reinlich, lagen einzeln, jedoch ziemlich dicht neben einander im Schatten der Brodfruchtbäume auf den Ebenen umher, und waren mit wohlriechenden Stauden umpflanzt. Vor diesen Hütten lagen und saßen die Inwohner im weichen Grase, mit kreutzweis übereinandergeschlagenen Beinen, verplauderten sich die Zeit, und rufen den vorübergehenden Europäern ein freundschaftliches Tayo! nach.

Das

Das gute Vernehmen mit den Tahitiern wurde indeſſen noch ſelbigen Tag durch folgenden Vorfall in etwas unterbrochen: Nach der Zurückkunft zum Schiffe ließ Cook zween junge Indianer mit ſich ſpeiſen. Nach Tiſche nahm einer davon die Gelegenheit wahr, ein Meſſer und einen zinnernen Löffel zu mauſen, damit über Bord zu ſpringen, und zum nächſten Canot hinzuſchwimmen, in welchem er ſich ruhig niederſetzte. Cook feuerte eine Flintenkugel über ſeinen Kopf weg, worauf er von neuem ins Waſſer ſprang und das Canot umſchlagen machte. Man feuerte zum zweytenmal nach ihm, allein, ſo bald er das Feuer von der Pfanne aufblitzen ſah, tauchte er unter, und eben ſo machte ers beym dritten Schuß. Nunmehr bemannte der Capitain ſein Boot und ruderte nach dem Canot hin, unter welches ſich der Taucher verſteckt hatte. Dieſer aber wartete nicht ſo lange, ſondern verließ ſein Fahrzeug und ſchwamm nach einem doppelten, nicht weit von ihm befindlichen Canot hin. Auch dieſem ward nachgeſetzt, aber es entkam durch die Brandung auf den Strand, und nun fiengen die Indianer an, von hier aus mit Steinen nach den Engländern zu werfen, ſo, daß dieſe es für rathſam hielten, ſich zurückzuziehen. Cook ließ hierauf vom Schiffe einen Vierpfünder gegen das Land abfeuern, der die Indianer auf einmal auseinander jagte, weshalb die Engländer mit leichter

ter Mühe zwey doppelte Canots erbeuten
konnten. Von nun an aber war das Zutrauen
der Insulaner, das doch Cook so nöthig hatte,
etwas geschwunden. Um dasselbe wieder zu
gewinnen, gab ihnen Cook, auf ihr Bitten,
ihre Canots endlich wieder zurück, wodurch
denn, innerhalb drey Tagen, das Handels-
verkehr mit den Einwohnern und alles übrige
wieder in vorigen Stand kam.

Mit der untergehenden Sonne ließ Cook
ausserhalb dem Haven einen Seesoldaten im
Meer begraben, der am Morgen an der Wassersucht verschieden war, und schon bey der
Abfarth von England etwas gekränkelt hatte.

So willig die Tahitier immer waren,
die Europäer auf ihren Excursionen durch Ebenen zu begleiten; so abgeneigt waren sie, mit
ihnen auf Berge zu steigen, weil ihnen diese
Anstrengung zu beschwerlich fiel. Das meiste
Vergnügen machte es ihnen, wenn sie sahen,
daß die Engländer nicht nur unbewafnet unter
sie giengen, sondern ihnen sogar allerley zum
Tragen anvertrauten. Alle wurden auf solche
Wahrnehmungen zudringlicher und herzlicher.
So umgeben von friedlichen Menschen gelangten einstmals einige von der Schiffsgesellschaft
an eine geräumige Hütte, in der eine zahlreiche Familie in patriarchalischer Behaglich-
keit beysammen saß. Um den gesunden Alten
                                    spielten

spielten nackte Enkel, denen muntere Männer
zusahen. Auch sie erkundigten sich nach den
Namen ihrer Gäste, und suchten solche freu-
big mehrmals auszusprechen; allein Forster
wurde in Matara; Hodges in Oreo; Sparrmann in Pamani, und George in Teori
verändert. Nach einigen, so gut als möglich
auf die Fragen des Alten ertheilten Antworten und Geschenken schied man wieder aus dieser Hütte, wo man viele häusliche Glückse-
ligkeit angetroffen hatte, und kam sodenn, vor
einem Marai, oder Begräbnißplatz vorbey,
zu einem hübschen Hause, worinn ein sehr
fetter Mann ausgestreckt lag und faullenzte.
Vor ihm waren zween Bediente beschäftigt,
seinen Nachtisch, aus Brodfrucht, Pisangen
und Wasser zu bereiten. Alsdenn setzte sich
eine Frauensperson neben ihn, und stopfte ihm
von einem grossen, gebacknen Fische und von
Brodfrüchten jedesmal eine gute Handvoll ins
Maul, welches er mit sehr gefrässigem Appetit verschlang. Kaum würdigte er die anwesenden Engländer eines Seitenblicks: einsilbige
Wörter, die er unter dem Kauen hören ließ,
waren nur eben so viel Befehle an die seinigen,
daß sie über dem Umhergaffen nach den Fremdlingen nicht ihre Hauptsache, das Stopfen,
vergessen sollten.

Nach einer Conferenz mit dem 18jähri-
gen König von Klein - Tahiti Aheatua, von
der

der die beabsichtigte Folge die Abreichung etli=
cher Schweine war, womit man dißmal auf
O = Tahiti sehr rar that, segelte Cook weiter
und gieng hierauf in der Matavai = Bay,
einer der schönsten Gegenden der Insel, vor
Anker. Auch hier war der Empfang von Sei=
ten der Einwohner sehr freundschaftlich. Um
hinlänglichen Vorrath an Lebensmitteln zu er=
halten, machte Cook sogleich seine Aufwartung
bey dem Könige von Gros = Tahiti = O = Tu,
zu dessen Gebiet dieser District gehörte. Eine
Menge Volks war dabey versammelt, und des
Königs Gefolge ebenfalls zahlreich und glän=
zend. Alle Standespersonen wetteiferten dabey
miteinander, die Europäer freundlich und zärt=
lich anzublicken, ihnen Freundschaftsversiche=
rungen zu geben, und um Corallen und Nägel
zu bitten. Es war rührend, wenn alte, ehr=
würdige Greise herbeyschlichen, mit bebenden
Händen die Hände der Europäer ergriffen, sie
herzlich drückten und in vollem Vertrauen auf
ihre Güte ihnen ihr Anliegen ins Ohr flü=
sterten. Alte Damen halfen sich mit etwas
mehr Kunst und Schmeicheley. Sie fragten
gemeiniglich nach den Namen der Europäer,
nahmen sie dann an Kindesstatt an und mach=
ten sie mit ihren Verwandten bekannt, die
auf diese Art auch die ihrigen wurden. Nach
mehrern kleinen Schmeicheleyen kam dann end=
lich im bittenden Tone mit liebäugelnden
Mienen ein: aima poe ihti no te tayo mettua?

her=

heraus, welches so viel ist, als: ist denn kein Corallchen für das liebe Mütterchen da? Eine solche Einkleidung siegte denn gemeiniglich auch über die Härte der Fremblinge. Der König war ein grosser, schöner, aber furchtsamer Mann; als ihn Cook zu einem Besuch auf dem Schiff einlud, gab er zu verstehen, daß er sich vor den darauf befindlichen Feuergewehren fürchte. Indessen machte er doch am folgenden Tage mit seinem Gefolge Cook einen Gegenbesuch, und daß er nicht mit leeren Händen kam, läßt sich denken.

Man sah auch dismal die berühmte, vormalige Königin, Oberea, wieder; sie war aber inzwischen sehr heruntergekommen. Ihre ehemaligen Reitze waren nicht nur grösstentheils geflohen, sondern sie schien auch arm, und auf der Insel von geringer oder gar keiner Bedeutung und Ansehen zu seyn. Sie klagte einem englischen Officier selbst, daß sie tihtih (arm) sey, und ihren Freunden, den Europäern, nicht einmal ein Schwein schenken könne.

Nachdem Cook seinen Zweck nach Wunsch erreicht und vorher noch einen 17jährigen Tahitier vom geringsten Stande, Porea, der durchaus mit ihm gehen wollte, an Bord genommen hatte, segelte er zu Anfange des Sept. von O-Tahiti ab. Am 2ten des gedachten Monaths erblickte er schon die nahege-

ℓ   gele-

gelegene, A. 1769. bereits von ihm entdeckte Insel, Huaheine, und gieng hier, wiewohl mit vieler Gefahr, in dem Haven O-
Wharre vor Anker.

Das Land sah im Ganzen hier eben so
aus wie zu O-Tahiti, nur waren die Gegenden und Aussichten nach einem kleinern
Maasstabe als dort; denn die ganze Insel
hatte nur ungefähr 6 bis 8 Seemeilen im Umkreise. Kaum lag das Schiff vor Anker, als
eine Menge Einwohner in ihren Canots her-
beykamen, und Lebensmittel in Menge gegen
Nägel, Beile rc. feilboten. Sprache und
Kleidung war bey ihnen wie auf O-Tahiti,
doch betrug sich das hiesige Frauenzimmer
minder üppig und bettelhaft und das männli-
che Geschlecht weniger furchtsam als auf jener Insel. Cook stattete bald nach seiner Ankunft einen Besuch bey seinem alten Freund
Orih, dem König dieser Insel ab. Dieser
empfieng ihn zwar mit vielen Ceremonien,
aber doch sehr herzlich. Er gieng auf Capitain Cook zu, fiel ihm um den Hals, und
Thränen flossen dabey über die Wangen des
ehrwürdigen alten Mannes. Er hatte die
Inschrift auf einer Zinnplatte, die ihm Cook
bey seiner vormaligen Anwesenheit auf Huaheine, nebst einer englischen Münze und einigen Corallen gegeben, sorgfältig aufbewahrt,
und zeigte sie nun sogleich seinem Freund Cook.

vor;

vor; dieser stellte ihm nochmals bey seinem Abschied nicht nur diese wieder zu, sondern gab ihm auch noch eine kleine Kupferplatte mit der Inschrift: ,,Sr. britannischen Maje-stät Schiffe, Resolution und Adventure. September 1773.,, Beyde Platten und eine Anzahl Medaillen wurden ihm mit dem Bedeu-ten überreicht, daß er alles dis den Frem-den vorzeigen sollte, die etwa nach den Eng-ländern hieher kommen möchten. Dis ver-sprach er auch seinen Freunden heilig zu thun.

Die Gierde der Indier nach europäischem Gute blieb indessen auch auf dieser Insel nicht unbemerkt. Dr. Sparrmann machte gleich anfangs eine kleine botanische Exkursion; wenn er sich dabey bisweilen niederlies, um Pflan-zen zu beschreiben, so setzte sich der Indianer, der ihm die gesammelten Pflanzen nachtrug, hinter ihn, und hielt die Schöße seines Klei-des mit beyden Händen fest, um, wie er sagte, die Taschen vor den Dieben in acht zu nehmen. Und so kam er denn dismal ohne allen Verlust aus ihren Händen. Desto schlim-mer aber ergieng es ihm bey einer andern Exkursion, die er Tags darauf ohne alle Be-gleitung wagte. Als er nemlich so ganz allei-ne seinem Lieblingsgeschäft nachgieng, geselle-ten sich zween Indianer zu ihm, die ihm un-ter beständigen Freundschaftsversicherungen ba-ten, weiter ins Land hinauf zu gehen; allein

ehe

ehe er sichs versah, rissen sie ihm den Hirschfänger, welches sein einziges Gewehr war,
von der Seite und schlugen ihn so stark über
den Kopf, daß er zu Boden fiel. Hierauf
rissen sie ihm die Weste und andere Kleidungsstücke vom Leibe. Er machte sich nun zwar
wieder von ihnen los und lief nach dem Strande zu; allein unglücklicher Weise blieb er mit
einem Fuß in dem kleinen Strauchwerk hängen, worauf sie ihn wieder einholten, und
mit Schlägen aufs neue mishandelten, so daß
davon verschiedene in die Schläfe trafen. Von
diesen leztern betäubt, zogen sie ihm das
Hemd über den Kopf, und da es durch die
Knöpfe fest gehalten ward, so waren sie schon
im Begriff ihm die Hände abzuhacken, als er
zum grosen Glück wieder zu sich selbst kam,
und die Ermel mit den Zähnen aufbiß, da
denn die Räuber mit ihrer Beute davon liefen. Zween andere Indianer, denen er auf
dem Rückwege begegnete, hüllten ihn in ihre
eigene Kleidung und begleiteten ihn in diesem
Aufzuge zum Marktplatz, wo sich Cook mit einigen seiner Begleiter befand. Man eilte sogleich zum König, um die Klage über diese
Frevler anzubringen. Dieser weinte, als die
Europäer mit ihrer Erzählung zu Ende waren,
überlaut, und viele der anwesenden Indianer
thaten das nemliche; er machte auch alsbald
Anstalten zur Aufsuchung und Bestrafung der
Verbrecher, und begab sich zu dem Ende selbst
nebst

nebſt ſeiner Schweſter in das Boot, worinn ſich Cook mit einigen andern von ſeiner Geſellſchaft befand, ſo flehentlich ihn auch die am Ufer verſammelten Einwohner baten, es nicht zu thun. Wirklich wurde auch noch ſelbigen Abend ein Theil der geraubten Sachen zurück gebracht.

Während eines breytägigen Aufenthaltes hatten die Europäer auf dieſem Eylande ihre Schiffe mit beynahe 400. Schweinen, 50. Hunden (deren Fleiſch bekanntlich auf den Südſeeinſeln ſehr ſchmackhaft iſt) und ungefähr 10. Hünern befrachtet. Fleiſch gab es alſo hier in Ueberfluß, Früchte und grünes Kräuterwerk war dagegen um ſo ſeltener.

Der Tahitiſche Reiſegefährte, Porea, hätte auf dieſer Inſel eine ganz wunderliche Rolle geſpielt. Er wollte nemlich für einen Europäer angeſehen ſeyn; er kleidete ſich daher wie ein ſolcher und murmelte allerhand unverſtändliche Töne her, wodurch wirklich das daſige Volk irre an ihm wurde. Er ließ ſich auch nicht mehr Porea, ſondern Tom nennen, Er lernte auch bald die gewöhnliche Antwort: Sir! die er aber Oſſorro ausſprach. Eitelkeit mochte wohl den meiſten Antheil an dieſer Maſquerade haben.

Hier war es denn auch, wo der bekannte O, Mai, ein Indianer von der geringſten Volks-

L 3

Volksklasse, der nachmals in London so viel
Aufsehen machte, in der Absicht sich mit eingeschift hatte, um mit nach England zu reisen.
Er hielt sich auf der ganzen Reise nur zu
den Matrosen. Erst auf dem Cap, wo ihn
Furneaux, auf dessen Schiff er sich befand,
in seiner Landestracht auftreten lies und in
die besten Gesellschaften brachte, fieng er an,
seinen Stand zu verläugnen und sich für einen
Hoa, d. i. königlichen Gesellschafter auszu-
geben.

Cook richtete hierauf seinen Lauf gegen
Westen und ankerte bey der gleichfalls 1769.
schon von ihm entdeckten Insel Ulietea, die
dem Ansehen nach ebenfalls viel ähnliches mit
O-Tahiti hat. Die Einwohner umringten
die Schiffe bald mit einer Menge Canots und
brachten Schweine zum Verkauf. Die Engländer wohnten hier einigen Hivas oder öffentlichen Tänzen bey und wurden von Orea,
dem Befehlshaber eines Districts der Insel
zu Gaste gebeten und dabey nach Landesge-
brauch bewirthet. Tags darauf kam Porea
eiligst zum Capitain gerannt, händigte ihm
das Pulverhorn ein, welches er bis dahin
beständig in Verwahrung gehabt hatte, und
sagte mit wenig Worten, er würde sogleich
wieder kommen, allein er kam nicht wieder
zum Vorschein. Erst in der Folge, da Cook
zum zweytenmal auf dieser Fahrt zu den So-
cie-

cietātsinseln kam, erfuhr er, daß ein leicht-
fertiges Mädchen ihn bethört und zu seinem
Auffenbleiben veranlaßt hatte. Statt seiner
erbot sich ein Eingebohrner des Landes, der
O-Hididi hieß und auch ungefähr 17. Jahr
alt war, mit nach England zu gehen. Er
schien von guten Eltern zu seyn und ließ sich
durch keine Vorstellungen von den ihm bevorstehenden Gefahren und Ungemächlichkeiten von
seinem Vorhaben abbringen. Cook gewährte
ihm also seine Bitte.

Cook hatte indessen zwey Boote nach
dem benachbarten Eylande, O-Taha, abgeschickt. Dis kam denn mit einer reichen Ladung Bananen, Cocosnüssen und Schweinen
wieder zurück. Nach dem Berichte der Mannschaft war sowohl das Land, als die Lebensweise der Einwohner dieser Insel von eben
der Beschaffenheit, als in den übrigen Inseln
dieses Archipelagus.

Einen auffallenden Beweis von dem
furchtsamen Karakter der Bewohner der Societätsinseln gab folgender Auftritt: Am folgenden Tage, nachdem die Boote waren ab-
gesandt worden, ließ sich kein einziger Einwohner von Ulietea bey den Schiffen sehen.
Cook fuhr daher selbst ans Land, um sich
nach der Ursache hievon zu erkundigen. Als
er zum König Orea kam, fiel ihm dieser um

L 4   den

den Hals und brach in eine Fluth von Thränen aus, worinn ihm auch die mehresten der
anwesenden Manns- und Frauensperfonen Ge-
fellschaft leisteten; so, daß das Lamentiren
endlich allgemein ward. Mit Mühe erfuhr
zuletzt der Capitain, daß die Abwesenheit der
englischen Boote die Einwohner so bestürzt
gemacht und auf die Vermuthung gebracht
hätte, die darinn befindliche Mannschaft wäre
dem Capitain entlaufen, und dieser würde
nun gewaltfame Mittel gegen die Infel gebrauchen, um der Deferteurs wieder habhaft
zu werden. Cook benahm ihnen indeß ihren
Kummer bald wieder, und darauf gieng alles
wieder, wie zuvor.

Als der Abschiedstag herbey kam, drängten sich die Landsleute des O-Hidibi, der
sich bereits an Bord befand, häufig herbey,
um ihm noch ein Lebewohl! zu fagen, und
zugleich noch mit einer Provifion gegohrnen
Brodfruchtteigs und einer Menge Zeug zu
befchenken. Als endlich das Schiff unter Segel gieng, verlieffen es die guten Indier
unter Vergiessung vieler taufend Thränen.

Reichlich mit allerley erfrischenden Lebensmitteln verfehen, verlieffen denn beyde
Schiffe am 17ten Sept. 1773. die Gruppe
der Societätsinfeln wieder und steuerten nach
den freundfchaftlichen hin. Als man bey der
Infel

Infel Bolabola vorüberfuhr, erzählte O. Hi-
didi, der unterdeſſen ſeekrank geworden war,
daß er hier geboren und mit dem Könige
dieſer Inſel verwandt ſey, und eigentlich Ma-
hehte heiſſe, aber ſeinen Namen mit dem eines Befehlshabers auf Eimeo vertauſcht habe.
Seiner Seekrankheit wurde inzwiſchen der lie-
benswürdige Plauderer bald wieder los.

Nach einer ziemlich einförmigen Farth,
auf der man vor einer Inſel, Maurua,
vorbeygekommen war, und vor einer andern,
die den Namen Harvey's Eyland erhielt,
wurde am 1ſten Okt. wieder Land! gerufen.
Man war nemlich zu den Inſeln gelangt, die
Tasmann 1643. entdeckt und Middelburg und
Amſterdam benannt hatte. Der eigentliche
Name dieſer beyden Eylande in der Landes-
ſprache aber iſt, und zwar von jenem E-
uwa, von dieſem Tonga-Tabu. Der Empfang der Einwohner von E-uwa war überaus freundſchaftlich: ſie kamen ohne Bedenken
ſogleich an Bord, ungeachtet ſie wohl noch
nie einen Europäer unter ſich geſehen hatten,
denn von Tasman, der nur nach Tonga-
Tabu gekommen war, konnten ſie blos vom
Hörenſagen etwas wiſſen. Das Land ſah, ſo
weit man es durchſtrich, einem einzigen, groſſen, regelmäſſig bepflanzten Luſtgarten ähnlich,
und die Einwohner glichen in Farbe, Geſtalt,
Kleidung und Betragen den Tahitiern beynahe

L 5   voll-

vollkommen; doch waren sie etwas muskulöser, vermuthlich, weil sie mehr arbeiten, als jene; auch waren ihre Geräthschaften noch zierlicher, als jener ihre gearbeitet. Gegen englische Zeuge und Eisenwaaren tauschten die Engländer eine Menge ihrer Geräthschaften und Landesprodukte ein. Man fand überhaupt hier einen Grad von Kultur, den man auf keiner der Societätsinseln gefunden hatte. Ihre eingezäunten Pflanzungen, die darinn befindlichen Wohnungen, ihre Manufacturarbeiten, ihre Musik u. dgl. bewiesen das hinlänglich. Zwar waren diese Insulaner minder reich an Brobfruchtbäumen, Hühnern, Schweinen und Kleidern, dafür aber hatten sie einen desto größern Ueberfluß an Bananen, Wurzeln, Citronen ꝛc. Jemehr man das Innere dieser Insel kennen lernte, desto vortreflicher fand man ihr Klima, ihren Boden, ihre Fruchtbäume und ihre Bewohner. Es schien, als wären die Engländer zu lauter Brüdern und Schwestern, Freunden und Verwandten gekommen, so zärtlich wurden sie von den Indianern umarmt, geküßt, an die Brust gedrückt. Ungerne verliessen sie diß glückliche Völkchen und ihre gesegnete Insel, nachdem sie verschiedene Gartensämereyen hier zurückgelassen hatten, die dem Lande in Zukunft von grossem Nutzen seyn können.

Cook besuchte nun auch Tonga-Tabu, ein etwas grösseres Eyland, als E-uwa, und

und ließ gerade in der Gegend, wo Tasman
1643. vor Anker gelegen hatte, die Anker
fallen. Auch hier kamen die Einwohner sogleich in grosser Menge herzu, erhuben, wie
die mehresten Südseeinsulaner, bey dem Anblick der Fremdlinge ein Freudengeschrey, und
brachten gleiche Waaren, wie die Einwohner
von E. uwa zum Verkauf. Mit ihren Cu-
riositáten fanden sie indessen einen geringen
Absatz, denn Cook richtete dißmal sein Abse-
hen mehr auf Lebensmittel, wovon er ihnen
auch grosse Quantitáten abnahm. Der Empfang
bey der ersten Betretung des Landes war hier
übrigens für die Europáer eben so einladend,
wie auf der vorigen Insel. O. Hidídi, oder
Maheine, kaufte hier um einen geringen Preis
eine Menge der bey seinen Landsleuten so sehr
geschätzten rothen Federn ein, um bey seiner
Zurückkunft sie mit doppeltem Gewinn wieder
zu verkaufen. Auch hier war es eine Wolluſt
zu sehen, wie viel Ordnung und Sorgfalt in
der Anlegung und Bepflanzung der Grundstücke
bei den Einwohnern herrschte, wie nett ihre
Handarbeiten beschaffen waren, und wie sie
überall einen gewissen Grad von Einsicht und
Geschmack verriethen, bey dem es ihnen an
Glück und Wohlstand nicht fehlen konnte.

Von ungefehr wurde ein Insulaner auf
dem Verdeck eines tahitischen Hundes gewahr.
Welche Freude! Er schlug mit beyden Hän-

den

ben an die Bruſt, wandte ſich gegen Cook
und rief wohl zwanzigmal im Entzücken: Gu-
ri, welches Wort mit einiger Abänderung in
allen Südſeeinſeln einen Hund bedeutet. Cook
machte ſeine Freude vollkommen, und ſchenkte
ihm einen Hund und eine Hündin. Vielleicht
fanden ſich einſt dieſe Thiere auf der Inſel und
hatten ſich nur durch irgend einen Zufall ver-
lohren. Cook lies noch auſſerdem vor ſeiner
Abreiſe verſchiedenes nützliche Gartengeſäme hier,
wovon dieſe Inſel in der Folge ebenfalls groſſen Vortheil ziehen kann.

Die Kochart und die Bewirthung der Gä-
ſte iſt hier gleichfalls wie in O-Tahiti. So
freundſchaftlich ſich nun auch die guten Leute
gegen die Europäer betrügen, ſo trafen ſie
doch einige der Unglücksfälle, die die Entdeckungen fremder Länder immer zu begleiten
pflegen und die nur in Betracht der Summe
des Guten, das durch ſolche Expeditionen be-
wirkt zu werden pflegt, den Entdeckern verzie-
hen werden können. Ein Inſulaner ſtahl eine
Jacke und miſchte ſich damit unter das Ge-
dränge. Die Matroſen gaben Feuer und ſo
geſchahen 7 Schüſſe, ohne daß der Capitain
es befohlen hatte. Natürlicher Weiſe muſten
dadurch viele, ganz unſchuldige Leute verwundet werden. Bey alle dem war das Volk ſo
gutherzig, daß ſie weder Ufer, noch Handels-
platz verlieſſen, ſondern die Kugeln getroſt um
ihre

ihre Ohren pfeifen ließen. Wenig Stunden
darauf entwendete ein anderer aus der Cajüte
des Piloten einige mathematische Bücher, einen Degen, ein Linial und andere Kleinigkeiten, wovon er freylich in seinem ganzen Leben keinen Gebrauch machen konnte. Die Sache wurde entdeckt, als er eben in einem Canot entwischen wollte. Man schickte ihm daher ein Boot nach, um des Gestohlnen wieder habhaft zu werden. So bald er sah, worauf es angelegt sey, warf er alles über Bord.
Man ließ also die Sachen durch ein anderes
Boot aufsuchen, immittelst das erste den Dieb
zu verfolgen fortfuhr. Um ihn einzuholen
wurde eine Flintenkugel durch das Hintertheil
des Canots geschossen, worauf er mit verschiedenen andern ins Wasser sprang. Er suchte
nun durch allerley Kunstgriffe seinen Verfol-
gern zu entgehen; endlich aber ward einer
der Matrosen des Spiels überdrüssig, und
warf den Boothaken nach ihm; unglücklicher
Weise drang das Eisen ihm unter den Rippen
in den Leib: es ward also dem Matrosen nicht
schwer, den Indianer vollends bis ans Boot
heran zu ziehen und ihn an Bord zu heben; allein
dieser sah die Zeit ab, sprang wieder in die
See und entkam, ohnerachtet er viel Blut
verloren hatte. Einige Canots, die ihn in
seiner Noth gesehen hatten, waren zu seiner
Rettung herbeygeeilet und hatten ihn aufgenommen. Dieses blutigen Vorfalls ungeachtet
blieben

blieben die Indianer in ihrem Betragen wie
zuvor, ob man gleich anfangs das Gegentheil
vermuthete. Bald darauf stattete Cook mit einiger Begleitung einen Besuch bey dem Ober-
befehlshaber der Insel, Latu, ab. Man
machte ihm allerhand Geschenke, die er aber
so hölzern und gleichgültig annahm, daß man
ihn für ganz unempfindlich und einfältig hätte
halten mögen. Er war schlechterdings nicht
zum sprechen zu bringen, veränderte die ganze
Zeit über keinen Gesichtszug und bewegte seinen Kopf weder rechts noch links. Man hatte ihm unter andern ein Hemd geschenkt und
angezogen; hiebey stellte er sich äusserst unbe-
holfen. Erst auf vielfältiges Erinnern eines
alten Weibes, die hinter ihm saß und ihn an
die Danksagung erinnerte, hob er ein Stück
des Hembs nach dem andern über den Kopf
empor und sagte: Fagafetai, dazu. Er war
übrigens noch in seinen besten Jahren, und
hatte sich vermuthlich durch einen falschen Begriff von Würde zu einem so abgeschmackt-
feierlichen Betragen verleiten lassen. Seine
Unterthanen bezeigten ihm indeß große Ehrerbietung. Alle Eingebohrne, die vor ihm vorbey giengen, warfen sich auf die Erde, küßten seine Füsse, und setzten solche auf ihre
Köpfe.

Was von den beyden Inseln, E-uwa
und Tonga-Tabu gesagt worden, gilt auch
von

von jenen, die in der dortigen Gegend etwas weiter gegen Westen liegen; denn die zuverläßigen Beschreibungen, die Schouten, le Maire und Tasman von den letztern hinterlaßen haben, stimmen mit den Beschreibungen von jenen sehr genau überein. Die Bewohner jener Westlichen sind ebenfalls zum Handel durchgehends geneigt und haben von jeher die Fremden willig aufgenommen. Dis bewog Cook diese Eilande zusammengenommen, die freundschaftlichen Inseln zu nennen, obgleich frühere Seefahrer ihnen einzeln, zum Theil sehr harte Namen gegeben hatten.

Einen sonderbaren Gebrauch bemerkte man bey den Einwohnern dieser Inseln. Den mehresten fehlte der kleine Finger, oder gar beyde, und zwar ohne Unterschied des Rangs, Alters oder Geschlechts. Unsere Reisenden bemüheten sich dismal vergebens, die Ursache dieser Verstümmelung zu erfahren. Erst bey seiner dritten Reise in die Südsee erfuhr sie Cook. Dort soll denn überhaupt umständlicher von den Bewohnern der freundschaftlichen Inseln gehandelt werden.

Ueber ein Monath hatten die Europäer bereits auf diesen und den Societätsinseln zugebracht, vier Wintermonate hindurch die Südsee in den mittlern Breiten durchkreuzt, und zwischen den Wendezirkeln einen Strich von

von mehr als 40 Graden untersucht. Der Sommer, als die tauglichste Jahrszeit, den südlicheren Theil dieses Weltmeeres zu untersuchen, nahte nunmehr heran. Mit einem hinlänglichen Vorrath von Lebensmitteln versehen, verlies daher Cook in der Mitte des Oktobers die freundschaftlichen Inseln und eilte wieder nach Neuseeland, um daselbst das leichtere oder Sommer = Takelwerk abzunehmen, und stärkeres aufzusetzen, welches den Stürmen und aller übrigen strengen Witterung jener, auch im Sommer äusserst rauhen Himmelsgegend hinlänglichen Widerstand leisten konnte.

Schon am 21sten Okt. erblickte man die Berggipfel Neuseelands und die Hütten der Einwohner, die wie Adlersnester oben auf den Klippen erbaut waren. Gleich am andern Tage fanden sich drey Canots mit Eingebohrnen bey dem Schiffe ein. In einem derselben befand sich ein vornehmer Mann, der sogleich ohne Bedenken aufs Verdeck kam. Er war groß, von mittlerm Alter, und hatte auch gute Kleidung vom dasigen Flachs. Sein Haar war nach der Landesart im feinsten Geschmack auf dem Scheitel aufgebunden, mit Oel eingeschmiert, und mit Federn besteckt. In beyden Ohrläppchen hatte er Stücke von Albatrosfellen und sein Gesicht war über und über mit krummen Linien punctirt. Man
machte

machte ihm verschiedene Geschenke. Seinen
Dank dafür zu beweisen, beraubte er sich seiner neuen, mit Papageyfedern und weissem
Hundshaare gezierten Streitaxt. Beym Abschied gab ihm Cook noch etliche grosse Nägel, worüber er ungleich mehr Freude bezeigte, als über alles andere. Sehnlich blickte er nach der Oefnung, aus der sein Geber
sie genommen hatte. Auch für dis Geschenk
wollte er seine Erkenntlichkeit nicht schuldig
bleiben, sondern gab, sammt einigen seiner
Begleiter einen Hlwa oder Kriegstanz zum
Besten, der aus Stampfen mit den Füssen,
drohender Schwenkung der Keule und Speere, schrecklichen Verzerrungen des Gesichts,
Ausstreckung der Zunge und wildem heulenden
Geschrey bestund, wobey jedoch durchgehends
ein gewisser Tact beobachtet ward.

Die Winde waren indessen beyden Schiffen sehr zuwider und am 25sten Okt. wurde
der Sturm so heftig, daß alle Segel bis auf
eins musten eingenommen werden. Ungeachtet
sie sich ziemlich dicht an der Küste hielten,
woselbst sie von den hohen Bergen hätten
Schutz haben sollen, so rollten die Wellen
gleichwohl so lang und stiegen so entsetzlich
hoch, daß sie beym Brechen durch den Sturm
völlig zu Dunst zerstäubt wurden. Dieser
Wasserstaub breitete sich über die ganze Oberfläche der See aus, und da kein Wölfchen

M   am

am Himmel zu sehen war, die Sonne vielmehr helle und klar schien, so gab die schäu-
mende See einen überaus blendenden Anblick.
Endlich ward der Wind so wütend, daß er
vollends das einzige Segel zerriß, welches
man noch aufgespannt zu laſſen gewagt hatte.
Nun war das Schiff ein vollkommnes Spiel
der Wellen; dieſe schleuderten es bald da bald
dorthin, schlugen oft mit entſetzlicher Gewalt
über dem Verdeck zuſammen und zerſchmetter-
ten alles, was ihnen im Wege war. Tau und
Takelwerk litt; die Stricke, womit Kiſten und
Kaſten feſtgebunden waren, riſſen, und nun
kam zu der Gefahr, mit dem Schiff unterzu-
gehen, noch die, im Schiffe von dem Geräthe, das in der gröſten Verwirrung gegen
einander ſtürzte, erſchlagen zu werden. So
wild es aber auch mit den Elementen über
einander gieng, so ſchwebte doch noch immer
hie und da ein ſchwarzer Sturmvogel über
der brauſenden aufgewühlten Fläche der See
hin, und wuſte ſich hinter den hohen Wellen
ſehr künſtlich gegen den Sturm zu ſchirmen.
Der Anblick des Oceans war fürchterlich und
prächtig zugleich. Bald überſah man von der
Spitze einer breiten ſchweren Welle die uner-
meßliche Fläche des Meeres in unzählbare
tiefe Furchen aufgeriſſen. Bald zog die Erhö-
heten eine brechende Welle mit ſich in ein
ſchroffes fürchterliches Thal hinab, indeß der
Wind von jener Seite einen neuen Waſſer-

berg

berg mit schäumender Spitze herbeyführte,
und das Schiff damit zu bedecken drohte.
Die Annäherung der Nacht vermehrte natürlicher Weise das Schrecken. In des Capitains Cajüte mußten die Fenster ausgenommen,
und anstatt derselben Bretterschieber eingesetzt
werden, damit die Wellen nicht durchbrachen.
Diese Veränderung bewirkte eine ganz unerwartete, ebenfalls fürchterliche Erscheinung.
Ein Scorpion, der sich zwischen dem Holz-
werk eines Fensters verborgen gehalten hatte,
kroch gravitätisch aus seinem Lager hervor.
Vermuthlich war er auf einer der leztern Inseln unter einem Bündel Früchte oder Wurzel-
werk mit an Bord gekommen und hatte sodenn
hier seine Residenz aufgeschlagen. — In den
andern Cajüten waren die Betten durchaus
naß; unter diesen Umständen, wozu noch das
fürchterliche Brausen der Wellen, das Kna-
cken des Holzwerks und das heftige Schwan-
ken des Schiffs kam, war freylich für diese
Nacht an keinen Schlaf zu denken. Und um
das Maas der Schrecken voll zu machen, so
schienen die Matrosen mit ihrem entsetzlichen
Fluchen und Schwören öfters selbst Wind und
Wellen überschreyen zu wollen, und vermale-
beyten dabey, ohne die geringste Veranlassung, jedes Glied des Leibes in so mannichfaltigen und sonderbar zusammengesezten Aus-
drücken, daß es über alle Beschreibung geht.
Nachts um 2 Uhr wurde es endlich mit ein-

M 2   mal

mal gänzlich windstille: aber nun schleuderten
die einmal in Bewegung gesezten Wellen das
Schiff erst recht umher; nach einer Stunde
erhub sich endlich ein frischer günstiger Wind,
mit dem das Schiff der Küste, von der es durch
den Sturm weit weg war geschleudert worden,
wieder zusegelte. Allein die Stürme begannen am
folgenden Tage bey Cooks Strasse aufs neue,
und dadurch geschah es denn, daß die Adventure abermals von der Resolution getrennt wurde. Sie hatte sich ungleich weiter
vom Lande befunden, folglich konnte auch der
Sturm seine Gewalt ungleich stärker gegen sie,
als gegen die näher bey der Küste befindliche Resolution auslassen. Noch eine geraume Zeit wurde leztere in der einsamen stürmischen See herumgeworfen und Schlaf kam dabey nie in die Augen der müden Europäer.
Schon gaben diese die Hofnung auf, je an
dieser Küste landen zu können, als sie endlich
doch am 1sten Nov. kämpfend mit den Elementen in Cooks Strasse einliefen und beym
Cap Tera Witti ankerten. So kahl und öde
auch die Gegend aussah, so war sie doch ziemlich bewohnt. Denn es fanden sich bald mehrere Eingebohrne bey dem Schiffe 'ein. Sie
sahen aber sehr dürftig und schmuzig aus, und
rochen so übel, daß man sie schon von weitem wittern konnte. Sie brachten Fischangeln
und gedörrte Krebsschwänze zum Verkauf,
wovon man ihnen auch welche abnahm.

Nach

Nach einigen Tagen lief die Resolution wieder in Ship-Cove ein, von welchem Orte sie vor ungefähr 5 Monathen abgesegelt war. Die Einwohner kamen sogleich eiligst herbey und bezeugten über die Wiederkunft ihrer Gäste eine grosse Freude. Die hier zurückgelassenen Ziegen waren in Cooks Abwesenheit gefangen, geschlachtet und gegessen worden, und auch die Schweine hatte man einzeln da und dorthin zerstreuet: auch die europäischen Gewächse waren größtentheils verheert, doch stunden einige davon noch sehr schön und waren ein Beweiß von der Gelindigkeit des Winters in diesem Theile von Neuseeland.

Da es Cook so sehr darum zu thun war, das Land mit nützlichen Thieren und Gewächsen zu besetzen, so war sein erstes, das er bey seiner Ankunft an der Neuseeländischen Küste that, daß er einem Befehlshaber, der in einem Canot zu ihm ans Schiff hingerudert war, zween Eber, zwo Sauen, vier Hennen und zween Hähne, nebst einem beträchtlichen Vorrath nützlicher Sämereyen, als Waitzen, Bohnen, Erbsen, Kohl, Rüben, Zwiebeln, Möhren, Peterfilie und Yoms, übergab. Der Neuseeländer versprach auch dem Capitain, acht auf diese Dinge zu haben und besonders die Thiere nicht zu tödten. Auch gab Cook den Einwohnern um Ship-Cove einen Eber, ein

junges

junges Mutterschwein, zween Hähne und zwo Hennen, die er von den Societätsinseln mitgebracht hatte.

Es wurden nunmehr sogleich Anstalten getroffen, um alles in Ordnung zu bringen, was zu der beschwerlichen Farth gegen den Südpol erfodert ward. Das Schiff lag zunächst an der Gegend, wo man die Wasserfässer füllen wollte. Diese stahlen die Einwohner einst nächtlicher Weile, und machten sich eiligst mit davon, so daß am folgenden Morgen keiner mehr von ihnen zu sehen war, ungeachtet sie sich den Abend vorher in grosser Menge dem Schiffe gegen über gelagert, Hütten aufgerichtet, Feuer angezündet und sich ein Abendbrod von Fischen zurecht gemacht hatten. Erst nach drey Tagen kamen wieder einige Familien zum Vorschein und brachten grüne nephritische Steine, die zu Meiseln und Aexten geschliffen waren, zum Verkauf. Einige Indianer kamen denn auch an Bord. Da gerade ein kleiner Junge mit dabey war, so beschenkte ihn Cook in seiner Cajüte mit einem Hembe. Kaum hatte man dem Knaben diesen neuen Staat angezogen, so kam er für Freuden ganz ausser sich und lies sich schlechterdings nicht mehr in der Cajüte halten. Indem er nun auf dem Verdeck vor seinen Landsleuten paradiren wollte, kam er in die Nähe eines alten Ziegenbocks, der zum grossen

sen Mißvergnügen der Neuseeländer, die sich
vor ihm fürchteten, ebenfalls auf dem Verdecke seinen Stand hatte. Dieser schien über
die lächerliche Gestalt des armen Khoaah, so
hieß der Knabe, der sich in dem weitläuftigem
Hembe nicht finden konnte, und doch, mit so
vielem Wohlgefallem über sich selbst, so pos-
sierlich herumgaukelte, böse zu werden; denn
er sprang ihm ganz ergrimmt in den Weg,
hob sich auf seine Hinterfüsse, zielte und stieß
den armen Jungen mit solcher Gewalt zu Boden, daß dieser alle viere von sich streckte. Vom
Schreck betäubt, oder vielleicht besorgt an seinem neuen Staate etwas zu verderben, wagte
er es nicht, sich wieder aufzuraffen, sondern
begnügte sich aus Leibeskräften zu schreyen;
dadurch aber machte er seinen langbärtigen
Widersacher nun erst recht böse, so daß dieser
von neuem Miene machte, ihm eins zu verse-
tzen. Zum Glück liefen jedoch einige Engländer dazwischen und stifteten Frieden. Man
half dem Knaben wieder auf die Beine; allein
Hemb, Gesicht und Hände waren eins so
schmutzig, als das andere. Heulend kam er
nun in die Cajüte zurück, wo er von seinem
Vater die übrigen Stöffe wollends bekam, die
der Bock ihm zu geben verhindert worden war.
Endlich legten sich hier abermals ein paar
Engländer ins Mittel. Das Hemb wrrde
wieder rein gemacht, und er selbst über und
über gewaschen, welches ihm vielleicht sein Le-

M 4   belang

belang nicht wiederfahren war. Nunmehr war
alles wieder gut, der Vater aber, der für einen neuen Unstern nicht sicher seyn mochte,
rollte das Hemd sorgfältig zusammen, nahm
sein eignes Kleid ab, machte aus beyden einen
Bündel, worinn er alle Geschenke zusammen-
packte, die er und sein Sohn auf dem Schiffe erhalten hatte, und machte sich hierauf
mit seinem Sohne und den andern Indianern,
die mit ihm an Bord gekommen waren, sogleich davon. Nach und nach fanden sich denn
auch die übrigen Indianer wieder bey dem
Schiffe ein und versorgten ihre Gäste reichlich mit Fischen. Unter den Indianerinnen,
die sich hiebey auch mit einfanden, war nur
eine einzige, die etwas erträgliche und sanfte
Gesichtszüge hatte. Dieses Mädchen ward
von ihren Eltern einem jungen Engländer,
der sich durch seine Theilnahme an den jedes-
maligen Schicksalen der Wilden hier durchgän-
gige Zueignung erworben, ordentlich zur Frau
überlassen. Sie war auch ihrem Manne so
treu und ergeben, als ob er ein Neuseeländer gewesen wäre, und wies jede Versuchung
mit dem Ausdruck zurück: ich bin verheyra-
thet. Aber freylich war diese Eheperiode von
kurzer Dauer.

Weil es Capit. Cook so viel daran gelegen war, das Land mehr mit vierfüssigen
und andern Thieren zu versehen, so fuhr er,

kurz vor seiner Abreise, ganz in der Stille in eine entlegene Gegend, und setzte tief im Walde einen Eber nebst drey Sauen, drey Hähne und zwo Hennen in die Wildniß aus. Man lies ihnen auf 10 oder 12 Tage Futter zurück, damit sie nicht, ihrer Nahrung, wegen, den Strand herabkommen und von den Indianern entdeckt werden möchten. Nach seiner Zurückkunft kamen 8. Canots Indianer von einer Schlacht zurück, die sie den benach= barten Insulanern geliefert hatten; sie brach= ten von ihren erschlagenen Feinden den Leich= nam eines Jünglings mit, den sie rein auf= zehrten. Noch einige Tage darauf fanden die Engländer Spuren von diesem unnatürlichen Mahl, und um sich vollkommen zu überzeugen, daß die Neuseeländer ihre erlegten Feinde auf= essen, schnitten sie einige Stücke von dem zer= stümmelten Kopf ab, der sich noch vorfand, und reichten sie den Wilden hin, die sie denn auch, nachdem sie vorher ein wenig über das Feuer gehalten worden waren, in Gegenwart der ganzen Schiffsgesellschaft mit der größten Gierigkeit verschlangen. Wie sehr dieser An= blick auf die Europäer möge gewirkt haben, und besonders auf den ebenfalls mit anwesen= den, weichherzigen Maheine, läßt sich leicht denken.

Als nunmehr das Schiff wieder in den Stand gesetzt war, der rauhen Witterung der

süd=

füdlicheren Seegegenden Troß bieten zu könnten, so verlies man gegen Ende des Novem-
bers Neuseeland wieder. Vorher lies Cook
noch eine Flasche mit einem Brief an Capit.
Furneaur unter einem, in dieser Absicht durch
eine Innschrift kenntlich gemachten Baume ver-
graben, im Fall er etwa über kurz oder lang
noch hier landen sollte. Auch hatte er, während der Farth an den Küsten Neuseelands,
von Zeit zu Zeit Canonenschüsse thun lassen,
um die Adventure, wenn sie etwa in einer
andern Gegend des Landes vor Anker liegen
sollte, wieder zu sich zu rufen; allein alles For-
schen und Lauschen blieb vergeblich; er mußte
dismal ganz alleine und zwar dismal unter
viel grössern Bedenklichkeiten, als bey der vorigen Fahrt, dem kalten Südpol entgegen
fahren. Die Ausdehnung des noch unberühr-
ten südlichen Eismeers war fürwahr noch ungeheuer, und würde jeden andern als Cook
zurückgeschreckt haben. Mit welchem Ungemach der Seefahrer in jenen hohen, südlichen
Breiten zu kämpfen habe, wie ungestümm die
See, wie trübe und kalt die Luft, wie zahlreich und gefährlich die schwimmenden Eisberge und festen Eisfelder dort wären, das alles
hätte seine erste Fahrt vom Cap aus ihn schön
gelehrt. Doch eben die Erfahrung von über-
standenen Mühseligkeiten war für ihn ein Antrieb mehr, die Vollendung eines Reiseplans
zu wagen, der beynahe schon zur Hälfte ge-

diehen

diehen war. Ueber. Londons Antipoden hinaus, gieng also die zweyte Sommerfahrt dem Südpol entgegen: allein um keine beträchtliche Meeresgegend unerforscht zu lassen, machte Cook, nachdem er mehr als 500. Seemeilen in der Nähe des antarctischen Kreises fortgesegelt war, eine bogenförmige Exkursion gegen Norden, bis zum 50sten Grad südlicher Breite und kehrte erst alsdenn zur Untersuchung des Süden mit dem festen Entschlusse zurück, nun noch einmal so weit als möglich vorzudringen. Das Eis, welches bisher seinem unbezwingbaren Forschungsgeiste bald im 55sten, bald im 64sten, bald erst im 67sten Grade der Breite eine Mauer entgegengestellt hatte, schien diesmal den Vorsatz des Entdeckers weit mehr zu begünstigen. Er erreichte den 62sten Grad, ohne eine Eisscholle anzutreffen, und überschritt den 70sten, ohne ein Hinderniß vor sich zu sehen. Schon schmeichelte man sich mit der Hofnung, eben so weit gegen Süden zu kommen, wie andere Seefahrer gegen Norden, als endlich am 30sten Jan. 1774. ein Eisfeld von unabsehlicher Grösse dieser südlichen Fahrt in der Breite von 71 Graden 10. Minuten das Ziel steckte.

Wirft man hier einen Blick auf die Länge des bisher zurückgelegten Weges zurück, so muß man in der That über eine Reise erstaunen, die man beynahe für keine wirkliche Be-

Begebenheit halten möchte. Ohne die vielen
Abweichungen von der geraden Route, oder
auch den Weg von Neuseeland nach O. Ta=
hiti und wieder zurück, der allein mehr als
dritthalbtausend Seemeilen beträgt, in Anschlag
zu bringen, so war bisher in 18 Monaten
mehr als zwey Drittel von der ganzen Erde
umschifft, und fast überall bis zum 60sten Gra=
de, ja oft weit jenseits desselben, vergebens
das Südland gesucht worden. Es ist wahr,
der Mangel des Landes trug zur Beschleuni=
gung dieser ungeheuern Fahrt nicht wenig bey;
allein es gehörte wahrlich Cooks ganze Festig=
keit des Charakters dazu, um sie unter den
Umständen, worinn unsere Reisenden sich be=
fanden, so sehr in die Länge zu ziehen. Denn
zu geschweigen, daß die Schiffarth in hohen
Breiten, selbst der nordlichen Halbkugel, we=
gen der veränderlichen und ungestümmen Win=
de, an sich schon höchst beschwerlich ist, so
ward hier die Gefahr noch durch eine Menge
zusammentreffender Schwierigkeiten vermehrt.
Insgemein wechselten Nebel und Stürme mit=
einander ab; oft stürmte es auch sogar bey
finsterm Nebelwetter; oft sah man die Sonne
zu 14 Tagen und 3 Wochen nicht. Umringt
von unzähligen Eismassen, die wie schwim=
mende Inseln aus dem Meer hervorragten,
und nur desto gefährlicher waren, weil sie
ihre Stelle verändern konnten, sah man sie
oft nicht eher, als bis es zu spät war, das

Schiff

Schiff umzulenken; und wie oft mag man nicht,
ohne es zu wissen, in der Dunkelheit dem Untergange nur eben entronnen seyn! Wie oft
wurde nicht neben dem Schiffe das Brausen
der Woge, die sich an Eisfelsen brach, mit
Schrecken gehört, ohne daß das Auge den nahen Gegenstand der allgemeinen Besorgnisse
erreichen konnte! Es war der Sommer, den
man in dieser beeißten Weltgegend verlebte;
aber ein Sommer, wo es als eine Seltenheit
angezeichnet ward, wenn das Thermometer
einen Grad über dem Gefrierpunkt stand!
Bey weitem die längste Zeit blieb es unter diesem Punkte; das Tau- und Takelwerk des
Schiffs war mit Eiszapfen behangen, mit Rin-
den von Eis überzogen, und wehe den Händen, welche daran arbeiten mußten! Der
Vorrath von frischem Wasser konnte nicht anders als mit Treibeis ersetzt werden, und das
Aufnehmen desselben aus eiskaltem Seewasser
gieng nicht leicht ohne erfrorne und blutige
Hände ab; Schnee und Schloßen und Hagel-
wetter wechselten mit kalten Regenschauern ab.
Während eines heftigen Sturms schlug einst
Abends um 9 Uhr eine berghohe Welle mitten
über das Schiff und füllete die Verdecke mit
einer Fluth von Wasser. Es stürzte durch alle
Oefnungen über die Mannschaft herein, löschte
die Lichter aus und ließ sie einige Augenblicke
ungewiß, ob sie nicht schon ganz überschwemmt
wären und in den Abgrund sänken. Bey diesem

sem Wüthen des Oceans, den die Keckheit
einer Handvoll Abentheuer gleichsam aufgebracht
zu' haben schien, beherrschte finstere Melan-
cholie und Todenstille die Gesellschaft. Die
Stunden des Schlafes wurden ihr durch die
naffen Betten, die Stunden des Effens durch
den Anblick fast ungenießbarer Speisen verhaßt.
Die äufferst rauhe Witterung, die das Schiff
in seinen Segeln und Stricken so heftig angriff, daß sie vor der Zeit morsch wurden und
zerriffen, äufferte denn enblich auch bey der
unabläffigen Anstrengung und einer vier monatlichen Schiffskost von veraltetem Pöckelfleisch und schimmlichten Zwieback seine nach-
theilige Wirkung auf die sonst eiserne Gesundheit der Mannschaft. Cook hatte zwar das
Glück, durch sorgfältige Anwendung der be-
währtesten Vorkehrungsmittel den Ausbruch
des Scharbocks unter seinen Leuten zu verhüten; allein Entkräftung war bey einem so langwierigen Mangel an Erfrischungen unvermeid-
lich. Er selbst, von Jugend auf zu dieser
harten Lebensart gewöhnt, erlag enblich unter
dem so vielfältig auf ihn losstürmenden Ungemach. Die eigentliche Ursache seiner Krankheit war der unerschütterliche, edle Vorsatz,
als Anführer einer Entdeckungsreise durch sein
Beyspiel auch im Genuß derselben Speisen den
Muth und Eifer seines Volks aufrecht zu erhalten. Er wollte durchaus nicht beffer speisen, als der letzte seines Schiffsvolks. Er
nahm

nahm daher nie Federvieh mit auf die Reise, oder er hatte dessen so wenig, daß es nicht verdient, genannt zu werden. Er aß beständig das harte zähe Pöckelfleisch mit weg; allein zuletzt hielt es sein Magen nicht mehr aus: er bekam heftige Verstopfungen und ein Gallenfieber. Lange verschwieg er sein Uebel vor den Leuten, und suchte sich durch fasten zu heilen; allein das half nichts, er wurde immer schwächer, und konnte endlich nicht mehr aus dem Bette seyn. Es war ein rührender Anblick zu sehen, wie alles trauerte, so bald der Mann lag, der sich durch seine Erfahrung und Vorsicht im Seewesen, seine beständige Vorsorge und durchaus einförmiges Betragen gegen sein Schiffsvolk in eine Art von väterlichem Credit gesetzt hatte. Selbst die Ursache der Krankheit vermehrte den Antheil, den jeder an derselben nahm. Man konnte auf jedem Gesicht Besorgniß und Aengstlichkeit lesen, so lange er in Gefahr war. Er hatte große Schmerzen, keine Oefnung und keine Kräfte mehr, und endlich stellte sich sogar ein gefährlicher Schlucken ein, der 24 Stunden dauerte, aber endlich doch durch warme Bäder überwunden wurde. Nachdem er sich wieder etwas zu bessern anfieng, hatte man nichts, das seinem Magen hätte bekommen und Nahrung und Kräfte geben können. Endlich wurde auf der Fahrt nach den Marquesas - Eilanden ein treuer O. Tahit. Hund von Dr.

For-

Forster, der ebenfalls mit unter die Kränk-
sten auf diesem südlichen Zuge gehört hatte,
aufgegeben und geschlachtet, um dem kranken
Cook stärkende Brühen daraus zu bereiten,
mit deren Hülfe man ihn auch wirklich so lange hin hielt, bis man Inseln erreichte und
wieder neue Erfrischungen bekam. Den Umständen also, daß ein einziger Hund im ganzen Schiffe noch am Leben war, daß derselbe
dem Capitain aufgeopfert wurde, daß man
auf der vorigen Reise gelernt hatte, daß die
Hunde von den Südsee-Inseln eine gute,
nahrhafte und wohlschmeckende Speise geben,
hatte diesmal das Schiffsvolk das Leben seines
vortreflichen Capitains zu danken. Lieutenant
Cooper führte indeß, während Cooks Krank-
seyn, das Commando des Schiffs, und zwar
zu Cooks grosser Zufriedenheit.

Indem nun Cook in der Südsee zum
zweytenmale sich den Wendezirkeln näherte,
kam er am 11ten März zu der, von dem
holländischen Admiral Roggewein 1722. entdeckten Paschen- oder Oster-Insel, Walhu
von den Eingebohrnen genannt. Die dasigen
Einwohner betrugen sich sehr freundschaftlich.
Sie hatten der grossen Entfernung ungeachtet
mit den Tahitiern in ihren Leibern, Gesichts-
bildung, Sprache, Kleidung und Gebräuchen
viel Aehnlichkeit; doch waren sie minder schön.
Man konnte es übrigens diesen Leuten gleich
anse-

ansehen, daß ihr Land viel armseliger seyn
müsse, als die Societäts- und freundschaftlichen Inseln. Da sie sich nun noch dazu
wenig aus Corallen machten, so ist leicht abzusehen, daß der Handel um Lebensmittel hier
sehr schlecht müsse von statten gegangen seyn:
alles, was man erhalten konnte, bestand in
etlichen Körben Kartoffeln, etwas Zuckerrohr,
einigen Klumpen Pisangs und einigen nach
tahitischer Art mit heissen Steinen unter der
Erde gar gemachten Hünern. Die Kartoffeln
waren goldgelb, so süß als gelbe Rüben,
nahrhaft und sehr antiscorbutisch. Der Saft
aller dasigen Gewächse schien durch die Hitze
und Trockenheit des Bodens ungemein concen-
trirt zu seyn, und so ersetzte denn also die
Vorsehung hier den Abgang der Quantität
durch die heilsamere Qualität. Da die Insulaner sahen, daß den Europäern besonders
um Erdäpfel zu thun war, so bestahlen sie
untereinander ihre Felder selbst. Auch sie liefen gerne davon, so bald ein Handel abge-
schlossen war; oft schon dann, wenn sie ihre
Drangabe noch nicht ausgeliefert hatten. Nach
europäischen Kleidungsstücken, so wie nach anderm europäischen Gute, waren sie ebenfalls
sehr lüstern; sie hatten verschiedene derselben
an, die sie von 1770. hier gewesenen Spaniern erhalten hatten. Das dasige, in Ver-
hältniß zu den Männern sehr geringzählige
Frauenzimmer scheint der Ausschweifung sich

N selbst

selbst zu opfern. Bey einer kleinen Excursion, die einige vom Schiffe durch das Land machten, zeichnete sich ein Indianer durch folgende, von besonderer Herzensgüte zeugende Handlung aus. Er kam, nebst seinem Weibe, unsern Reisenden aus einer nahgelegenen Hütte entgegen, jedes mit einem grossen Beutel von zierlich gearbeiteten Matten, worinnen sie warme Kartoffeln hatten. Sie stellten sich damit an die Seite des Fußsteigs, den die Fremdlinge passiren mußten. Als diese näher kamen, gab der Mann einem jeden von ihnen einige Kartoffeln, und nachdem er dem ganzen Haufen davon ausgetheilt und noch übrig hatte, lief er mit der grösten Geschwindigkeit zu den vörderften im Zuge, um auch den Ueberreft gar unter sie zu vertheilen.

Bey einem Ruheplatz ersah sich ein Insulaner die Gelegenheit, mit einem Pflanzensack, nebst einigen Nägeln, davon zu laufen; allein er freute sich seiner Beute nicht lange; ein Lieutenant traf ihn mit einer Ladung Hagel so nachdrücklich, daß er nicht nur den Beutel eilends von sich warf, sondern kurz darauf selbst niederstürzte.

Als bey den weitern Wanderungen die Insulaner sahen, daß die Europäer mühsame Wege auf Berghöhen passiren wollten, blieben sie zurück, ausser einem alten Manne und cinem

einem kleinen Jungen. Als der Alte merkte,
daß der ältere Hr. Forster zum Gehen zu
schwach wurde, bot er ihm die Hand und
gieng neben ihm auf den losen Steinen an der
Aussenseite des Fußsteigs, und half ihm so mit
grosser Geschicklichkeit eine lange Strecke ge-
mächlicher fort; der kleine Junge aber lief
voraus und räumte die Steine aus dem Wege, die im Fußsteige lagen. — Diese Insulaner zeigten überhaupt in ihrem Character
etwas überaus sanftes und gutherziges. Zwar
erwiesen sie sich dann und wann etwas scheu;
allein war es Wunder bey den traurigen Er-
fahrungen, die sie von der Wirkung des europäischen Gewehrs theils itzt, theils bey der
Anwesenheit der Spanier und Holländer gemacht hatten? Bey Roggeweins Anwesenheit
soll einst sogar aus blosem Muthwillen unter
sie gefeuert worden seyn.

Da nun Cook auf der dürren Osterinsel
wenig Erfrischungen und nur schlechtes Wasser
angetroffen hatte, so eilte er nach bessern Gegenden und gelangte am 6ten April 1774.
zu den von dem Spanier Mendanna 1595.
entdeckten Inseln, die derselbe las Marquesas de Mendoza genennt hatte, und die einzeln von den Spaniern Dominika, St. Pedro und St. Christina genennt wurden. Cook
sah noch eine kleine Insel mehr, die er Hoods-
eyland nannte.

Von

Von dem Orte, wo Cook das Eis zum lezten mal verließ, bis zu diesen Inseln beträgt die Entfernung 61. Grade der Breite. Des Umwegs über Ostereiland ungeachtet, legte er diesen Weg von mehr als anderthalbtausend Seemeilen in zwey Monathen zurück, und befand sich dadurch plötzlich aus einem Extrem ins andere, von antarktischer Kälte in die stärkste Hitze versetzt. Der Einfluß der erquickenden Landluft, die Früchte und Wurzeln des heissen Erdstrichs, und das frische Fleisch, welches er hier und besonders nachmals auf O. Tahiti von den Einwohnern erhandelte, waren mehr als hinreichend, ihm und seiner ganzen Reisegesellschaft neue Kräfte und unternehmenden Eifer zu schenken.

Dominika (Hiewara in der Landessprache) ist eine kleine bergichte Insel. St. Pedro (Onateyo) hat ebenfalls einen geringen Umfang, ist aber von minderer Höhe und scheint weniger Fruchtbarkeit und Einwohner zu haben, als die Insel St. Christina oder Waitahu. Bey dieser leztern legte Cook im Haven Madre de Dios, sein Schiff vor Anker, das aber bey der Einfahrt in denselben beynahe gestrandet wäre. Hier fanden sich sogleich mehrere Einwohner in ihren Canots bey dem Schiffe ein, und eröfneten, nachdem der Freundschaftsbund nach O. Tahitischer Sitte geschlossen war, einen sehr lebhaften Handel.

Sie

Sie waren wohlgebildet, groß, von gelblichter oder hellbrauner Farbe und über und über punctirt. Vorzüglich befanden sich unter den jungen Leuten, die noch nicht tátowirt waren, welche von so ausnehmend schöner Gestalt, daß sie füglich neben die Meisterstücke der alten Kunst hätten gestellt werden können, ohne bey der Vergleichung im geringsten zu verlieren. Hier war in allem die Aehnlichkeit mit den O-Tahitiern noch auffallender.

Die Ehrlichkeit, womit sie bey ihrem Handel zu Werk giengen, übertraf anfangs fast die der Europäer. Doch fiengen auch sie in der Folge an, es ihren südlichern Landsleuten nachzumachen und die Nägel zu nehmen, ohne etwas dagegen zu geben. Dis begann kaum, so ließ Cook sie durch einen Schuß schrecken, und bestürzt gaben sie hin, was sie zu geben hatten. Als der Capitain ein Boot besteigen wollte, bemerkte ein Insulaner, daß die grosse eiserne Stange, woran das Tau zum Aus- und Einsteigen befestiget ist, los war. Schnell erhaschte er sie, sprang mit seiner Beute über Bord, und schwamm, ihrer Schwere ohngeachtet, mit grosser Leichtigkeit nach seinem Boote, um sie da in Sicherheit zu bringen. So bald Cook dis erfuhr, befahl er sogleich eine Muskete über den Kerl hinzufeuern; indeß er selbst mit dem Boote sich der Stange wieder zu be-

N 3 mäch-

mächtigen suchen wollte. Der Schuß geschah,
aber der Wilde gerieth dadurch nicht aus seiner Fassung, sondern sah ganz unbesorgt um
sich her. Man that einen zweyten Schreck-
schuß, allein mit eben so wenig Erfolg. Ein
Officier, der in diesem Augenblick auf das
Verdeck kam, ward über die Verwegenheit
des Indianers so aufgebracht, daß er nach
einem Gewehre griff und den Unglücklichen auf
der Stelle niederschoß. So bald er fiel,
warf sein erschrockner Gefährte die Stange in
die See und der Capitain kam nun in aller
Absicht zu spät. Mit Betrübniß sah er, wie
der andere Wilde das Blut seines erschossenen
Cameraden aus dem Canot in die See schöpfte und hierauf mit den übrigen Canots dem
Strande zueilte. Die Wilden verließen nun
alle die See und schleppten den Getödteten
ins Holz. Gleich darauf wurde getrommelt
und man sah eine Menge Indianer, mit Speeren und Keulen bewafnet, umherlaufen und
ahndete nichts Gutes aus dem Tode eines
Mannes, der eigentlich nicht einmal wuste,
was er entwendet hatte. Maheines Thränen
bey diesem mörderischen Ausbruch des Jähzorns
musten wahrlich sehr beschämende Vorwürfe
für die mächtigen Europäer seyn. — Da
nun Cook das Volk unmöglich entbehren konnte, so begab er sich mit einer ausgesuchten
Anzahl Seesoldaten und Matrosen ans Land
und brachte mit Liebe die bewafneten Wilden
bald

balb so weit, daß sie thaten, was er haben wollte,
und sogar den unnatürlichen Satz zu glauben
schienen, ihr Landsmann habe sein Schicksal
verdient. In dieser Ueberzeugung führten die
treuherzigen Leute die Fremdlinge sogleich an
eine gute Wasserstelle, und gaben ihnen auch
aufs neue eine Menge Lebensmittel gegen ge-
ringfügiges Eisenwerk. Ein paar Tage darauf führten die Insulaner einige englische Officiers bey ihren Besuchen auch in die Hütte
des erschossenen Mannes. Sie war, so wie
die übrigen Hütten der Einwohner, in Vergleichung mit den Wohnungen auf den Societätsinseln, von geringer Bedeutung. Ein
paar Schweine und des Getödteten Erbe,
sein funfzehnjähriger Sohn befanden sich darinnen. Als man diesen fragte: wo denn seine weiblichen Angehörigen wären, gab er zu
verstehen, daß sie auf den Bergen noch den
Toben beweinten und betrauerten.

Indessen hätten sich die Engländer einen
angenehmern Erfrischungsort kaum wünschen
können, als sie an dieser Insel fanden. Wälder von Brodfrucht - und andern Bäumen;
Pisangpflanzungen im angenehmsten Zustande;
Cocospalmen auf Höhen und in Tiefen; Früchte, Schweine und Hüner, zur Stärkung der
hier wieder auflebenden Kranken; Wasser rein
und frisch, wie das Wasser der Bergquellen ꝛc.
— Alles, was sie brauchten, fanden sie hier
im Ueberfluß.

So-

Sobald der vorige Unglücksfall allmählig wieder vergessen zu werden anfieng, begannen die guten Leute ihre Maufereyen aufs neue, doch gaben sie izt sogleich alles wieder heraus, sobald darauf inquirirt wurde. Oft führten sie auch den Matrosen zu gefallen, einen Tanz auf, ganz im Tahitischen Geschmack. Als einmals Cook einen Matrosen, den er in seiner Pflicht zu saumselig fand, einige Schläge gab, staunten die Indianer und rufen aus: Tape a hai te teina, d. i. er schlägt seinen Bruder. Sie hielten also wohl nicht nur die Europäer alle für Brüder, sondern mochten auch sich untereinander selbst durchgängig für Brüder einer Familie ansehen.

Nach einem viertägigen Aufenthalt verließ Cook die Marquisen-Eylande wieder und steuerte nach dem Archipelagus der flachen Inseln, der von je her als eine sehr gefährliche Gegend der Südsee angesehen worden ist. Bey einer dieser Inseln, Tiukea von den Einwohnern genannt, landete Cook am 17ten April, und fand bald, daß diß) nach Byrons Beschreibung, eine der König Georgs Inseln sey. Die vielen Cocosbäume, womit sie besetzt war, gaben ihr ein angenehmes Ansehen. Die Einwohner, die einst von Byrons Leuten viel hatten leiden müssen, schienen sich dißmal auf Krieg und Frieden bereit zu halten; sie kamen in der einen Hand mit

Waf-

fen, in der andern mit Cocosnüssen. So
bald man ihnen für diese Nägel abreichte,
entsanken die Waffen den grossen, starken
schwarzbraunen Leuten, und so fort behandel-
ten sie die Engländer als Freunde. Die
dunklere Farbe ihrer Haut kommt vermuthlich
daher, weil sie des Fischfangs wegen, wovon
sie fast einzig und allein leben, immer der
Sonne und der Witterung ausgesetzt sind und
beynahe ganz nakt gehen. Als ein Sinnbild
ihrer Nahrung, hatten die meisten auf der
Brust, auf dem Bauche und auf den Händen
Figuren einpunctirt, die Fische vorstellten.
Cook hielt sich indessen nicht lange bey ihnen
auf, sondern segelte gerade nach O-Tahiti
zu, um auf dieser Königinn der tropischen
Inseln vollends zu ersetzen, was ihm und seiner Mannschaft zu ihrer völligen Wiederher-
stellung noch gebrach. Unterwegs entdeckte er
noch einige neue Inseln, und nannte sie Pal-
liserseylande.

Noch im April kam Cook zu O-Tahiti
vor Anker. Kaum hatten die Insulaner das
Schiff vom Land aus gesehen, so kamen auch
schon mehrere herbeygerudert. Einige junge
Leute stiegen sogleich an Bord und machten
mit Maheine, der sich, wie man leicht denken kann, nicht wenig auf die Wiederkunft
nach seinen vaterländischen Inseln gefreuet
hatte, Bekanntschaft. Sie beschenkten ihn mit

N 5   ihren

ihren Oberkleidern, und er sie mit ein paar
rothen Federn. Es währte nicht lange, so
sammelte sich eine ganze Flotte von Canots um
das Schiff an, die die erquickendsten Lebensmittel um die billigsten Preise herbeybrachten.
Die Insel fand man dismal in dem blühend-
sten Zustand. Niemand befand sich besser hiebey, als Maheine, der wie neu gebohren
schien, seitdem er auf vaterländischen Boden
wieder frey aufathmen und die Bequemlichkei-
ten des Lebens wieder genießen konnte, deren
er so lange hatte entbehren müssen. Hätte
er sich nur im Genusse der Freuden etwas mehr
zu mäßigen gewußt! — Naturforscher, Astronomen, Kranke, Matrosen — alles ließ sich
itzt wieder wohl seyn, jeder nach seiner Weise.
Furneaux hatte dem Könige bey der vorigen
Anwesenheit zwo Ziegen geschenkt; diese befanden sich bereits mit zwey Jungen vermehrt
und hatten ein seidenartiges Haar bekommen.

Der Luxus war indessen auf O-Tahiti
schon sehr gestiegen. Schon wollte man keine
Beile mehr, sondern rothe Federn, um die
man die besten Schweine und allerley Kost-
barkeiten gerne hingab.

Als Cook sich einst im Haven bey Batavia befand, hätte der Blitz sein Schiff zu
Grunde gerichtet, wenn ihn nicht eine noch zu
rechter Zeit ausgehängte electrische Stange gerettet

rettet hätte. Auch dismal hatte er bey einem
hier ausgebrochenen, fürchterlichen Gewitter
ihr seine Rettung zu danken. Ein neuer Beweis von dem Nutzen der Gewitterableiter!

Bey Cooks dismaliger Anwesenheit gieng
es sehr kriegerisch auf O-Tahiti zu. Es
wurde eine ansehnliche Flotte ausgerüstet,
welche aus 160. grossen, doppelten Kriegs-
Canots und aus 170. kleinern doppelten Canots, die vermuthlich zum Transport der Lebensmittel und anderer Kriegsbedürfnisse bestimmt waren, bestund, worauf sich in allem
gegen acht tausend Mann befinden mochten.
Der Anblick dieser Flotte setzte unsere Reisenden nicht wenig in Erstaunen, weil er in
der That alles, was man sich bisher von der
Macht und dem Reichthum dieser Insel vorgestellt hatte, bey weitem übertraf. Die Expedition sollte auf die benachbarte Insel Eimeo losgehen, wo ein Vasall sich empört
hatte. Cook erbot sich, wiewohl nur im Scher-
ze, sie dabey mit seinem Canonenfeuer zu un-
terstützen; sie wollten aber von diesem Anerbieten keinen Gebrauch machen.

Maheine hatte die nach ausländischen
Waaren ohnedis sehr lüsterne Völkchen so gie-
rig darnach gemacht, daß es wie blind war
und nicht einmal gewahr wurde, wenn ihm
die englischen Matrosen, die tahitischen Matten

ten für ausländische, z. B. von Tongatabu,
verkauften. Was jener Mann zeigte, wollte
man auch haben; was er sagte, auch hören.
Doch überstiegen seine Nachrichten, z. B. vom
steinernen und weissen Regen, vom weissen
Land und vom immerwährenden Tage (so
nannte er die Hagelschauer, Schneegestöber,
Eisinseln und den halbjährigen Tag um die
Pole, welches alles ihm auf seiner Reise nach
dem Südpol ganz unerwartete Erscheinungen
gewesen waren) so sehr ihrer aller Glaubwür-
digkeit, daß oft erst die Bestätigung auf dem
Schiffe muste eingeholt werden. Daß es auf
Neuseeland Menschenfresser gäbe, fand eher
Glauben; doch konnten sie nicht anders, als
mit Furcht und Grausen davon reden hören.

Auch bismal konnten die Tahitier ihrem
Drange nach Europäischen Natur- und Kunst-
sachen nicht widerstehen. Hievon indessen für
bismal nur ein einziges Beyspiel und dann
alle Diebsgriffe bey diesem Volke zugedeckt.

Eine Prinzessin der Insel von ungefähr
27 Jahren, die bey den Insulanern in grosser
Achtung stand, begleitete gewöhnlich den König, ihren Bruder, auf das Schiff, und erhandelte, ihres Standes ungeachtet, auch von
den Matrosen, rothe Federn. Einstens hatte
sie die Erlaubniß, in der Cajüte den Eisen-
vorrath und andere Handelsartikel durchzu-
sehen.

sehen. Zufälliger Weise wurde der Capitain
abgerufen. Kaum hatte sich dieser entfernt,
so flüsterte sie ihrem Bruder etwas ins Ohr.
Dieser ließ sichs alsdenn angelegen seyn, des
ältern Hrn. Forsters Aufmerksamkeit durch allerley Fragen an sich zu ziehen. Dieser merkte, worauf es abgesehen war. Da nun die
gute Prinzeßin meinte, daß man ihr nicht
auf die Finger sähe, so nahm sie ganz be-
hende ein paar Sparrennägel und verbarg
solche in den Falten ihrer Kleidung. Als der
Capitain wieder hereintrat, erzählte ihm zwar
Forster den schlauen Streich, den Ihro Durch-
laucht indessen zu spielen geruhet hatten; allein sie hielten es beyde fürs beste, sich anzustellen, als ob man nichts gemerkt hätte.
Da dieser Person noch nie etwas war abge-
schlagen worden, so war es allerdings selt-
sam genug, daß sie darauf verfiel, etwas zu
entwenden, was sie auf eine weit anständigere
Weise hätte erlangen können: vielleicht fand
sie aber deshalb ein besonderes Wohlgefallen
an gestohlnen Sachen, weil sie diese blos ihrer eigenen Geschicklichkeit zu verdanken zu
haben glaubte; ein Wohlgefallen, das uns
freylich selbst in der Indianerin schändlich dün-
ken muß. Andere entwendete Sachen wurden
immer sogleich wieder herausgegeben, so bald
man Miene machte, englischer Seits Represa-
salien zu gebrauchen.

Eines

Eines Tages ward ein Tahitier, der bey
den Zelten ein Wasserfaß stehlen wollte, ertappt und an Bord des Schiffs gefangen
gesetzt. In diesem Zustande sah ihn der
König Otuh, der mit Tohah, dem Admiral
der vorhin erwähnten Flotte, und einigen andern Befehlshabern eben an Bord gekommen
war. Als ihm Cook das Vergehen ihres Landes-
manns bekannt gemacht hatte, bat Otuh, man
möchte ihn in Freyheit setzen. Allein dis schlug
ihm der Kapitain ab und führte ihm zu Ge-
müthe, daß, da er seine Leute jedesmal bestra-
fe, wenn sie nur irgend etwas gegen die Tahitier zu schulden kommen liessen, es nicht mehr
als billig sey, daß er den gegenwärtigen Verbrecher ebenfalls abstrafen lasse. Da Cook
wuste, daß ihn Otuh nicht bestrafen würde,
so entschloß er sich, es selbst zu thun. Zu
dem Ende ließ er den Tahitier ans Ufer zu
den Zelten bringen, und als er mit dem König und den übrigen Tahitiern hier gleichfalls
angelangt war, lies er die Wache unter das
Gewehr treten, und den Verbrecher an einen
Pfahl binden. Otuh bat nun, nebst seiner
Schwester, aufs neue um die Loslassung des
Schuldigen; allein vergebens. Cook beschwer-
te sich bey ihm über das Betragen dieses Menschen, und der Indianer überhaupt; sagte ihm,
daß weder er, noch irgend einer von der
Schiffsgesellschaft, nur das geringste von ihrem
Eigenthume nähmen, ohne vorher dafür zu
be-

bezahlen; zählte hieben die verschiedenen Arti-
kel auf, die die Engländer für dis und jenes
immer dagegen gegeben; und bestund darauf,
daß es schändlich von ihnen sey, ihre Freunde
zu bestehlen. Er fügte noch hinzu, daß die
Bestrafung dieses Schuldigen ein Mittel wäre,
vielen von Otuh's Leuten das Leben zu erhalten, indem sie dadurch von ähnlichen Vergehungen abgeschreckt würden, und auf diese Art
nicht in Gefahr kämen, todtgeschossen zu werden, welches über lang oder kurz, wenn sie
sich ferner über Diebereyen betreten ließen,
gewiß geschehen würde. Mit diesen Gründen
schien der König zufrieden zu seyn, und bat
blos, man möchte den Menschen nicht umbrin-
gen. Cook ließ hierauf die anwesende Menge
etwas zurück treten, und dem Dieb vier und
zwanzig tüchtige Hiebe abzählen. Dieser hielt
seine Strafe sehr standhaft aus und ward sodenn in Freyheit gesetzt. Den andern dabey
versammelten Indianern aber jagte diese Exeku-
tion ein solches Schrecken ein, daß sie anfiengen,
davon zu laufen. Tohah aber rief sie zurück
und zeigte ihnen in einer ziemlich langen Anrede, daß die gegenwärtige Bestrafung des
Diebstahls billig und nothwendig sey und schärf-
te ihnen ein, daß sie sich in Zukunft für dergleichen Vergehungen hüten möchten. Um einen noch tiefern Eindruck auf die Einwohner
zu machen, ließ Cook seine Seesoldaten aufmarschiren, und, nach mancherley Manövres,
etli-

etlichemale feuern. Da diese gut exercirt waren, so kann man sich leicht vorstellen, in
welchem Erstaunen sich die Indianer, besonders
diejenigen, die dergleichen vorher noch nie gesehen hatten, die ganze Zeit über mögen befunden haben.

Cook hörte indessen während seines dismaligen Aufenthaltes zu O - Tahiti nicht auf,
sich den Regenten des Landes gefällig zu machen. Zu dem Ende ließ er eines Tags seine
scharf geladenen Canonen abfeuern, so, daß
die Kugeln und Kartetschen über das Rief
ins Meer schlugen, welches für einige tausend
Zuschauer ein angenehmes und bewunderns-
würdiges Schauspiel war. Bey Einbruch der
Nacht ließ er Raketen und Luftkugeln steigen,
worüber sie noch mehr erstaunten. Sie hielten die Engländer nun für ganz ausserordent-
liche Leute, und wußten gar nicht, was sie
dazu sagen sollten, daß diese Blitze und Sterne nach Belieben hervorbringen könnten. Diesen Feuerwerken gaben sie den hochtönenden
Namen: Hiwa Bretanni, das Brittische
Fest.

Nun wurden wieder Anstalten zur Abreise
gemacht. Schon donnerten die Kanonen den
unschuldigen, sanften O - Tahitiern das letzte
Lebewohl zu, als einer der Seeleute Gelegenheit fand, sich vom Schiff zu entfernen,
und

und unter die Tahitischen Canots in der Absicht zu mischen, auf der Insel zu bleiben. Allein Cook, der ihm sein Gesuch vielleicht selbst gewährt haben würde, wenn er sich bey Zeiten damit an ihn gewendet hätte, lies ihn wieder zurück bringen und zur Strafe für diesen Versuch 14 Tage lang in Ketten legen. Wenn man freylich den grossen Unterschied zwischen der Lebensart eines gemeinen Matrosen an Bord des Schiffs und zwischen dem Zustand, in dem sich die Bewohner dieser Insel befinden, erwägt, so kann man diesem Flüchtling seinen Versuch im Grunde so sehr nicht verdenken. Doch war es vielleicht sein Glück, daß er ihm nicht gelang.

Ein rascher Wind führte die Engländer schnell von O Tahiti weg. Noch hiengen ihre Blicke an den schönen Aussichten dieser Insel, als sich auf dem Verdeck ein unerwarteter Anblick zeigte. Es stund nemlich eines der schönsten Mädchen vor ihnen, das der Entschluß, auf die Insel Ulietea, ihrem Vaterlande, von wannen sie ein Liebhaber ihren noch am Leben befindlichen Eltern nach Tahiti entführet hatte, mit zurück zu segeln, bisher auf dem Schiff verborgen gehalten hatte. Man machte ihr auch hierinn nicht die geringste Schwierigkeit. Sie hatte Officiers Kleidung angezogen, und gefiel sich in dieser Tracht so wohl, daß sie solche gar nicht wieder ablegen woll-

O

wollte; sie trug auch kein Bedenken, in Gesellschaft der Officiers zu speisen, und lachte
über das Vorurtheil ihrer Landsmänninnen,
das diese abhielt, ein gleiches zu thun. Sie
zeigte überhaupt viel gesunde Vernunft und
gefiel schon durch ihre natürliche Lebhaftigkeit
und Freundlichkeit. Nächst ihr gieng auch
Maheine nebst seinem Bedienten und noch zwo
andern Personen von Bolabola in dem festen
Vertrauen mit, daß sie alle so gut aufgehoben
seyn würden, als es bisher Maheine gewesen war.

Nachdem Cook die ganze Nacht hindurch
gesegelt war, lag am Morgen, es war nach
der Mitte des Mais, schon die Insel Huaheine vor ihnen. Der Empfang war hier wie
gewöhnlich. Da das Schiff kaum 50 Schritte weit vom Ufer vor Anker lag, so konnte
man am Abend mit Vergnügen sehen, wie die
Indianer in den nächsten Hütten um ihre Lichter, die aus öhlichten, auf einen dünnen Stock
gespießten Nüssen bestehen, vertraulich umher
saßen und plauderten.

Die Engländer wurden öfters auf dieser
Insel, wenn sie ohne Begleitung giengen, von
den Einwohnern angefallen und bald ihrer Kleidungsstücke, bald andern Geräthes, das sie
bey sich hatten, beraubt, und nicht selten dabey gemißhandelt. Ueberhaupt waren diese Insulaner

sulaner etwas kecker, als die übrigen, wozu
vermuthlich der Umstand nicht wenig beytrug,
daß der damalige Regent, Orih, nicht nur
eines sehr schläfrigen Temperaments, sondern
auch eines sehr eingeschränkten Verstandes und
ein besonderer Liebhaber vom Soff war. Doch
betrug er sich wieder sehr freundschaftlich gegen Cook. Beym Abschied verließ er das
Schiff unter allen am letzten, und als ihm
Cook sagte, daß sie einander schwerlich je wieder sehen würden, sprach er weinend: „Laßt
eure Söhne kommen, wir wollen sie gut behandeln.„

Die Bewohner von Huaheine müssen sich
übrigens, da ihr Land sehr bergicht ist, ungleich saurer um ihre Nahrungsmittel werden
lassen, als die Tahitier; daher waren auch
jene weniger für den Luxus mit rothen Federn, sondern geizten bestomehr nach Eisenwaaren; hievon gaben sie sowohl bey ihrem
Handel, als bey ihren Extragriffen Proben
in Menge.

Eine Gesellschaft von Subalternofficiers
war eines Tages aufs Vogelschießen ausgegangen, und hatte einen Seesoldaten mitgenommen, um sich etliche Beile und anderes Eisenwerk nachtragen zu lassen. Unterwegs versag-
ten ihnen die Flinten einigemale. In der Hofnung, daß solche immer versagen würden, faß-

te ein nachschleichender Indianer den Muth, den Beutel mit dem Eisenwerk zu erbeuten und zu entfliehen. Dis gelang ihm zwar; allein am folgenden Tage trafen obige Herren ihren Beutemacher unter den Zuschauern bey einem Hiwa an. Er gestand sein Vergehen ohne Umstände, versprach aber zugleich, das Entwendete treulich durch Brustschilde zu ersehen, und wirklich hielt er auch redlich Wort. Ein anderer entwendete ein Pulverhorn; allein er wurde ertappt, und bekam eine volle Ladung Schläge. Selbst die neu mit angekommene Tahitierinn wurde einst einsam überfallen, um ihre europäischen Kleider herzugeben. Doch trafen sie auch noch Drangsale anderer Art. Denn als sie einst einem Hiwa beywohnte, hatte sie die Kränkung, daß ihre ganze Geschichte den Stoff des Spiels und Tanzes abgeben muste. Das weichherzige Mädchen fühlte das Beissende der Satyre so tief, daß sie in die wehmüthigsten Thränen ausbrach und von den Engländern kaum dahin vermocht werden konnte, bis zu Ende der Vorstellung auszuhalten.

Ein andermal wurden wieder Gewaltthätigkeiten an ein paar englischen Officieren ausgeübt, die ebenfalls alleine aufs Vogelschiessen ausgegangen waren, und die Indianer durch ihr Betragen vorher freylich genug gereizt hatten. Um den Einwohnern einen kleinen Schrecken

cken einzujagen und ähnliche Gewaltthätigkeiten in Zukunft zu verhüten, stellte Cook an der Spitze von 48. Mann einen feyerlichen Marsch durch einen Theil der Insel an. Ob sich nun gleich einige Indianer deshalb in der Ferne zu einer Gegenwehr rüsteten, so lief doch die Expedition ohne Blutvergiessen ab, und Cook gab endlich seinen Operationsplan unter dem Vorgeben auf, daß der Feind zum Verfolgen diesmal zu weit entfernt sey. Am Strande aber ließ er seine Mannschaft Pelotonweise in die See feuern, wobey die Indianer nicht wenig erstaunten, als sie ein ununterbrochnes Schiessen hörten, und im Wasser sahen, daß die Flinten so weit reichten; eine Erfahrung, die sie Cook so leichte in dem rinnenden Blute ihrer Landsleute hätte machen lassen können, wenn er nicht menschlicher als seine Leute, von denen einige ganz unzufrieden waren, daß es hiebey nicht zum Todschlagen gekommen, gewesen wäre.

Am 24sten May ankerte Cook schon bey Ulietea. Auch hier blieben die Engländer nicht unbestohlen; sie verloren mancherley Dinge, die jedoch bey geringem Nachforschen sogleich wieder herausgegeben wurden.

Auf dieser Insel hatte denn auch Mahelne sein Eigenthum; um die Engländer davon zu überzeugen, lud er einige Officiers zu

O 3   sich

sich und bewirthete sie recht stattlich mit einem nach dasiger Art zubereitetem Schweine.

Nach diesem Schmause erfuhr Cook, daß zwey Schiffe bey Huaheine vor Anker lägen; nach dem Berichte der Insulaner muste er glauben, daß dis englische Schiffe wären; allein erst nach seiner Zurückkunft nach Europa hörte er, daß um jene Zeit auch ein französischer Seeofficier, St. Denis, mit zwey Schiffen in der Südsee gewesen sey, den die Indianer leicht mit einem englischen Seefahrer verwechselt haben konnten.

Am 4ten Junius stürzten die Ullietaner haufenweise herbey, um Eisenwerk zu erhandeln, weil sie gemerkt hatten, daß Cook nun nicht mehr lange bleiben würde. Sie gaben dabey so wohlfeil, als nur je Südindier gegeben hatten.

Noch vor der Abreise hatte Cook Gelegenheit mit einem dasigen Priester, Tutawal, zu sprechen und von ihm verschiedenes, das die Religion und Priesterschaft auf jenen Inseln betrift, zu erfahren. Mit Wehmuth hörte er, daß hier Menschenopfer und Kindermord (und zwar letzterer besonders unter einer gewissen Kriegerklasse, den unehelich lebenden Errioys) etwas ganz gewöhnliches wären.

An

An gedachtem 4ten Jun. verließ Cook die Insel Ulietea und mit ihr die ganze Gruppe der Societätsinseln, um sogleich nach den freundschaftlichen hinzusteuern. Die Abschiedsbesuche waren rührend, für niemand aber empfindlicher als für Maheine, der nun zum letztenmal mit den Seinigen an Bord gekommen war. Er lief von einer Cajüte zur andern, und umarmte jeden seiner bisherigen Freunde, ohne ein Wort reden zu können. Als das Schiff endlich anfieng zu segeln, muste er sich von allen losreissen und in sein Boot hinabsteigen, wo er aber, da alle seine Landsleute sich bereits niedergesetzt hatten, noch immer aufrecht stehen blieb, und den Absegelnden mit unverwandten Augen nachsah; endlich aber ließ er das Haupt sinken und hüllete das Gesicht in seine Kleidung. Sie waren schon weit über den Felsenrief hinaus, als er die Hände noch immer nach ihnen ausstreckte. Nur die Furcht, nie in sein Vaterland wieder zurückkehren zu können, war vermögend gewesen, ihn von seinen europäischen Freunden zu trennen. Als Oreo, König von Ulietea, sehr in Cook drang, wieder zu kommen, gab ihm dieser bisweilen Antworten, die noch Hofnung hiezu übrig liessen. Diese Antworten pflegte denn Maheine immer begierig aufzufangen und Cook bey Seite zu nehmen, um ihn nachmals zu fragen. Auch die Europäer waren über die Trennung von ihrem jungen indianischen Freund

ge-

gerührt. Er besaß viele natürliche Fähigkei-
ten, war gelehrig und hatte einen offenen,
sanften Carakter. Nur Schade, daß er mit
der Religion, Staatsverfassung, Sitten und
Gebräuchen, und Volkssagen seiner Landsleute, und der benachbarten Eylande gänzlich
unbekannt, und daher über diese Punkte nichts
wesentliches von ihm zu lernen war. Indessen wäre er doch in jeder Rücksicht ein besseres Muster von jenem Volke gewesen, als sein
Landsmann Omai.

Die Gutherzigkeit, welche der ehrliche
Maheine bey jeder Gelegenheit bewies, ist
überhaupt ein ziemlich richtiger Maasstab,
nach welchem sich der Character dieser Insulaner im ganzen beurtheilen läßt. Oft sahen
die Engländer, daß eine Menge derselben sich
in eine einzige Brodfrucht, oder in ein paar
Cocosnüsse theilten, und daß alle mit den geringsten Portionen zufrieden waren, damit nur
keiner leer ausgehen möchte. Selbst mit ihren fremden Gästen giengen sie auf das lieb-
reichste um. Gewöhnlich trugen sie die Fremdlinge ans Land von den Booten aus, und
von jenem in diese, damit sie ihre Füsse nicht
naß machen sollten. Oft vertraten sie die
Stelle der Hünerhunde, und holten die geschossenen Vögel aus dem Wasser; oft trugen
sie gutwillig eingekaufte Lasten von Seltenheiten nach; oft liessen sie es nicht blos dabey
bewen-

bewenden, ihre Gäste stattlich zu bewirthen, sondern es muste ihnen beym frohen Schmause auch noch angenehme Kühlung durch Baumblätter und buschigte Zweige zugewehet werden. Was übrigens ihren Tugenden, als Gutmüthigkeit, Uneigennützigkeit und Gastfreyheit einen doppelten Werth giebt, ist dieses, daß sie selbst sich derselben nicht einmal bewußt zu seyn schienen, und es gleichsam den Fremdlingen, die sie besuchten, überliessen, aus dankbarer Erkenntlichkeit ihren Tugenden Denkmäler zu stiften. —

Nunmehr hatte sich die Mannschaft wieder so gut erholt, daß Cook bey seiner Abfarth von Ulietea keinen einzigen Kranken hatte. Allein es währte nicht lange, so muste er schon wieder die Hälfte seiner Matrosen dem Arzte überlassen. Dißmal aber litten sie weder vom Scorbut, noch von Gallenkrankheiten, sondern sie büßten für die Ausschweifungen, denen sie sich auf den Societätsinseln nach Matrosenart überlassen hatten.

Auf der Fahrt nach den freundschaftlichen Inseln wurden verschiedene kleine, angenehme Inseln entdeckt, unter andern am 16ten Junius Palmerston Eyland, das aus mehrern kleinen Eylanden bestund, die aber durch Riefe untereinander zusammenhiengen, und vorzüglich mit Cocospalmen besetzt waren.

O 5

Am

Am 20ſten Jun. entdeckte man Savage-
Eyland, wo ſich aber die Einwohner bey der
Landuug der Engländer ſehr feindſelig betrugen.
Sie ſchoſſen mit Bögen und warfen mit Steinen ſo nachdrücklich auf die engliſchen Officiers, daß dieſe, beſonders Cook und Forſter,
denen die Gewehre verſagten, Gefahr liefen,
verwundet zu werden, und nur ein fortgeſetz-
tes Peloton-Feuer konnte die ſtandhaften Ver-
theidiger ihres Vaterlands unter gräßlichem
Geheul wieder zurück in ihre angenehmen Wälder nöthigen. Die Engländer aber begaben
ſich wieder auf das Schiff, und wollten keinen
Verſuch mehr machen, mit den Inſulanern
in Umgang zu kommen, die weder durch ange-
botene Geſchenke, noch durch die erſten blutigen Wirkungen der Waffen hatten können
gewonnen werden.

Von ihnen kam Cook ſchon am 24ſten
Jun. zu der 1640. von Tasman entdeckten Inſel Rotterdam, oder A-Namoka, die ſchon
zu den freundſchaftlichen Inſeln gehört. Und
wirklich ſtach auch das freundſchaftliche Betragen dieſer Inſulaner gar ſehr mit der Begeg-
nung ab, die er auf Savage-Eyland erfahren hatte. Eine Menge Kähne, mit erquickenden Früchten des Landes befrachtet,
kamen ſogleich herbeygerudert. Indem aber
Cook den Anker auswerfen ließ, erhaſchte ein
Indianer das Senkblei und riß es mit einem
Stück

Stück der daran befindlichen Leine ab. Man bat ihn, es wieder heraus zu geben, er hörte aber nicht auf den Capitain, der ihn durch gütliches Zureden zu gewinnen suchte. Es ward also eine Kugel durch seine Kanot geschossen; allein er ließ sich das nicht anfechten, sondern ruderte ganz gelassen auf die andere Seite des Schiffs; da nun auch wiederholte Bitten nicht fruchten wollten, so wurde die Forderung durch eine Ladung Hagel unterstützt; wodurch er folgsam wurde, nach dem Vordertheil des Schiffs ruderte und daselbst die Leine und das Bley wieder anknüpfte. Seine Landsleute warfen ihn aber zur Strafe noch obendrein aus dem Canot, so daß er sich mit Schwimmen ans Land retten muste und nie an den Vortheilen des Handels Theil nehmen durfte.

Die Cultur und Produkte des Landes, Gebäude, Sitten und Kleider der Insulaner waren fast durchgängig denen zu Tongatabu gleich. Zum Beweis, wie freundschaftlich diese Leute sich betrugen, nur folgendes: Gewöhnlich machten sie, wenn sie einen Europäer sahen, eine Verbeugung mit dem Kopfe und sagten dabey: Lelei woa, d. i. gut Freund! Bald kletterten sie für die Engländer auf die höchsten Bäume, um Blüthen für sie herabzupflücken, bald wadeten sie ins Wasser, um die geschossenen Vögel herauszuholen; bald trugen sie

sie Pflanzen, aus den entferntesten Gegenden
zusammen, und bald dienten sie da und dort
zu Wegweisern und Lastträgern. Bey alledem
muste doch der Wundarzt des Schiffs, Patten, der auf einer kleinen Exkursion in das
Land sich von seinen Begleitern, die indessen
wieder auf das Schiff zurück gegangen waren,
verirrt hatte, alle diese Dienste theuer bezahlen. Als er nemlich endlich an den Marktplatz kam und keine Engländer mehr daselbst
antraf, stieg er am Ufer auf eine Felsenklippe,
wo man ihn vom Schiffe aus sehen konnte,
daher er auch zu demselben hin um ein Boot
winkte. Der Indianer, der auf der Jagd sein
Begleiter gewesen war und ihm seine Enten
nachtrug, wollte indeß einige derselben von sich
werfen, nahm sie aber sogleich wieder auf,
als er bemerkte, daß Patten sich darnach um-
sahe. Nunmehr drängten die Indianer sich
immer dichter auf ihn los und einige drohten
ihm mit ihren Speeren, doch hielt sie der Anblick seiner Flinte noch einigermaßen in Re-
spekt. Um nun durch List zu erlangen, was
durch Gewalt nicht thunlich schien, schickten
sie einige Weiber ab, die ihn zerstreuen sollten; seine Lage war aber zu bedenklich, als
daß er sich durch ihr unanständiges Betragen
hätte sollen aus der Fassung bringen lassen.
Indeß sah Patten ein indianisches Canot herbey kommen; er bot sogleich seinen letzten Nagel dafür, wenn ihn der Eigenthümer an das
Schiff

Schiff führen würde. Schon wollte er ins
Canot treten, als man ihm seine Vogelflinte
aus den Händen riß, die Enten selbst bis auf
drey Stück abnahm und das Canot fortschick-
te. Es blieb ihm also nun nichts übrig, als
wieder nach seiner Felsenklippe umzukehren.
Da ihn aber die Indianer nun gänzlich wehr-
los sahen, so hielten sie auch nicht länger zurück, sondern fiengen sogleich an, ihn bey
den Kleidern zu zupfen, und ehe er sichs versah, war Halstuch und Schnupftuch weg. Schon
sollte die Reihe auch an den Stock kommen,
und einige von den Räubern drohten ihm aufs
neue mit ihren Waffen. In der größten Angst
griff Patten in allen Taschen nach einem Messer oder sonst einem Vertheidigungsinstrument
herum, fand aber nichts, als ein elendes
Zahnstocher-Etui. Dis machte er auf, und
hielt es sogleich als ein Terzerol dem ganzen
Trupp entgegen. Kaum sahen die Indianer
dis neue, ihnen ganz unbekannte Ding, so
zogen sie sich auch sogleich um einige Schritte
zurück. So oft sie nun wieder heran drangen,
setzte ers ihnen mit neuen Drohungen entgegen. Allein in die Länge würde dis Mordge-
wehr doch nicht wirksam genug gewesen seyn,
wenn sich nicht endlich eine jugendliche edle
Frauensperson seiner angenommen hätte. Schon
fieng er, ganz ermattet, und ohne Hofnung,
vom Schiffe bald Hülfe zu bekommen, an,
sein Leben aufzugeben, als diese aus dem Ge-
                                          dränge

dränge voll Unschuld und Mitleid zu ihm trat
und ihn mit einer erquickenden Pompelmuse *)
labte; indem er die Frucht noch verzehrte,
stiessen die Boote vom Schiff ab und schnell
stäubten die Indianer auseinander; nur Pari-
ni, so nannte sich das schöne gutherzige Mädchen nach Pattens Namen, blieb nebst ihrem
Vater, unbesorgt, in völligem Bewußtseyn ihres rechtschaffenen Betragens, so lange gegenwärtig, bis ihr geängsteter Freund sich bey
seinen Landsleuten wieder in Sicherheit befand.

Gleich nach diesem Vorfall entdeckte man
15. flache Eylande in der Ferne, auf deren
einem man auch einen Vulkan wüthen sah.
Man blieb aber noch immer auf A. Namo-
ka und die Naturforscher botanisirten daselbst
immer glücklicher. Indem sie nun ganz damit
beschäftigt waren, glaubten sie drey Canonenschüsse zu hören; nach wenig Minuten kam
auch wirklich einer der Mitreisenden und hinterbrachte, daß jene Schüsse wirkliche Signale
gewesen wären, wodurch man sie habe auf
das Schiff zurückrufen wollen, weil ein Streit-
handel

*) Pompelmuse — eine Art Citronen, die hier so
groß als ein Kindskopf und von treflichem Geschmack waren. Ihr Baum ist überaus schattich,
und der Geruch ihrer Blüthen erquickend. In
Westindien sind sie unter dem Namen Shaddocks
bekannt; zu Batavia aber und in den Ostindischen Inseln nennt man sie Pompelmusen.

handel mit den Einwohnern entstanden sey.
Der Capitain stund auch schon an der Spitze
eines Commando Seesoldaten, in der Nachbarschaft und zween von den Eingebohrnen,
die sich seitwärts niedergehuckt hatten, riefen
den Botanikern ganz schüchtern einmal über
das andere zu: Woa, d. i. Freund! Die
Veranlassung zu diesem fürchterlichen Aufzuge
gab ein entwendetes Handbeil. Um dis wieder zu erlangen, lies Cook sogleich einige,
den benachbarten Insulanern zugehörige Canots
in Beschlag nehmen. So befremdend nun
auch das Verfahren der Engländer diesen unschuldigen Leuten vorkommen muste, so hatte
es doch den Nutzen, daß die andern Indier
eine Flinte, die sie auch entwendet hatten,
sogleich wieder herbeyschaften. Ein Boot
wurde also wieder losgegeben; allein das andere blieb, des Beils wegen, noch immer
konfiszirt. Da nun der Eigenthümer desselben
sich keines Vergehens bewußt war, so machte
er Miene, sein angefochtenes Eigenthum zu
vertheidigen, ergriff einen Speer und zielte
nach Cook. Dieser legte aber sein Gewehr
an, gebot dem Indianer, den Wurfspieß von
sich zu werfen, und schoß ihm, weil er nicht
gleich Lust dazu bezeigte, ohne Umstände eine
Ladung Hagel durch die Faust und das dicke
Bein, so daß der arme unschuldige Mann,
wegen der geringen Entfernung des Schusses,
vor Schmerz zu Boden stürzte. Cook lies
sie

sie noch aufferdem durch Canonen schrecken;
allein, in vollem Vertrauen auf ihre Unschuld
flohen die Indianer nicht, wie man erwartet
hatte, sondern blieben theils auf dem Strande, theils ruderten sie sogar in ihren Canots
nach, wie vor, um das Schiff herum. (Einer
davon betrug sich, während der Canonade,
ganz besonders stoisch. Er befand sich in seinem kleinen Canot gerade an der Seite des
Schiffs, wo 6 Fuß hoch über ihm die Canonen losgefeuert wurden und schöpfte Wasser
aus seinem Canot. Man hätte also denken
sollen, das plötzliche Krachen des Geschützes
würde ihn äufferst erschreckt, ja betäubt haben; allein nichts weniger; er sah nicht einmal darnach in die Höhe, sondern schöpfte
ganz gelassen fort, um desto eher seinen Handel wieder fortsetzen zu können.) Endlich wurde denn auch das Beil wieder ausgeliefert,
nebst einer Patrontasche und der Flinte, die
Patten war geraubt worden; zugleich wurde
der Verwundete auf einem Brett von zween
seiner Landsleute herbeygetragen. Patten ver-
band ihn; sobald er aber mit der Bandage
fertig war, schlugen die Eingebohrnen noch
Pisangsblätter darüber, und so wurde er denn
ihrer eigenen Curmethode vollends überlassen.
Indessen waren die Indianer alle wieder herbeygekommen und bald wurde, besonders durch
die eifrige Verwendung des dasigen Zimmer-
mers, das gute Vernehmen zwischen den Engländern

ländern und ihren Landsleuten vollkommen wieder hergestellt. Nur mit Blicken gaben jene zu verstehen, daß Cook doch etwas zu hart mit dem blutigen Manne verfahren sey — und sogleich reichten sie jedem Engländer mit liebkosenden Geberden wieder Pompelmuse zur Labung dar. Um die Sache vollends wieder gut zu machen, wurden eine Menge Corallen unter die Leute ausgetheilt, und so kehrte man alsdenn, nach gegenseitigen Freundschafts-versicherungen, wieder nach dem Schiffe zurück. Auch schenkte ihnen Cook noch vor seiner Abreise zwey Paar Hunde, deren er mehrere von den SocietätsInseln mitgebracht hatte, und woran diese Insulaner ein besonderes Wohlgefallen äusserten. Vielleicht, daß nachmals diese nützliche Thierart hiedurch auch hier zu Lande einheimisch geworden.

Nach einem Aufenthalt von etlichen Tagen verlies Cook die Insel U-Namoka wieder, die zwar nicht über 15 Meilen im Umkreise hält, aber ungemein volkreich, fruchtbar und angenehm ist, und überhaupt die ansehnlichste unter den umliegenden Inseln zu seyn scheint.

Zwischen dem 170sten und 180sten Grad westl. Länge (von Greenwich) und innerhalb des 10ten bis zum 22° südl. Br. sollen, nach dem Berichte älterer Reisenden, noch eine

P   Menge

Menge Inseln liegen, die, so viel man bis itzt von ihnen weiß, allesamt von einerley Art von Leuten bewohnt zu seyn scheinen, welche denselben Dialect der Südsee reden, alle in gleichem Grade gesellig und alle zum Handel geneigt sind. Diese Eylande könnte man also insgesammt zu den sogenannten freundschaft= lichen Inseln rechnen. Sie sind durchgehends sehr stark bewohnt; man hat daher die Zahl der Bewohner von jener Inselgruppe auf 200,000. angegeben, welches allerdings eine grosse Zahl, aber doch nicht übertrieben ist. Diese Insulaner haben es in den Küsten wei= ter gebracht, als die andern bekannten Völker der Südsee. Die Schnitzkunst und andere nützliche Handarbeiten, nebst einer wohlklin= genden Musik, machen ihren vornehmsten Zeit= vertreib aus.

Cook passirte hierauf die Insel Tofua, wo man aber, weil kein Ankergrund zu fin= den war, nur von ferne den Dampf, der aus einem Vulkan aufstieg, beobachten konnte.

Vom ersten bis 18ten Jul. entdeckte Cook noch verschiedne, bisher unbekannte Eylande, die aber meist unzugänglich, obgleich bewohnt waren; eins derselben nannte er Turtle= Eyland.

Am 18ten Jul. erreichte unser Seefah= rer das von Bougainville also benannte, Au=
rora=

roraeyland. Diese Insel besteht aus einem
schmalen langen Berge, der ziemlich hoch und
oberhalb scharf ist. Die grüne Waldung, mit
der sie überdeckt war, gaben ihr ein angenehmes Ansehen. Sie mag ungefähr 36. Meilen lang, aber nirgends mehr als 5. Meilen
breit seyn. — Pfingsteyland, auf eben diesem Striche, etwa 4. Meilen weiter gegen
Süden, scheint fast eben so lang, aber nur
etwas breiter zu seyn. — Die Insel der
Aussätzigen, wo diese Krankheit stark herr-
schen soll, ist ebenfalls so gros, als Aurora-
eyland und liegt unter gleichen Graden. Von
hier an kam Cook zu einem neuen Eyland
nach dem andern. An einem davon, Mallikollo in der Landessprache, lief er endlich in
eine Bay ein, die er Port-Sandwich nannte. Die Einwohner dieses Eylandes betrugen
sich ungemein freundschaftlich, winkten den
Engländern mit grünen Zweigen und wiederholten ohne Unterlaß das Wort: Tomarró
(vielleicht was das Tahitische: Tayo!) Doch
schienen sie sich auf Krieg und Frieden bereit
gehalten zu haben. Die Sprache und Bildung
dieser Leute wich von den übrigen Südseein-
sulanern sehr ab. Sie waren schlank, nicht
gros und übel gebaut. Arme und Beine waren sehr dünn und lang, die Farbe schwarz-
braun, und die Haare schwarz und wollenartig
gekräuselt. Sie hatten flache, breite Nasen,
hervorstehende Backenknochen, und kurze, platt

P 2   te

te Stirnen. Um den Unterleib hatten sie einen Strick sehr fest gebunden. Gesicht und
Brust war bey manchem geschwärzt; tättowirt
aber war keiner. Sobald man einem ins Gesicht sah, plauderte er ohne Ende fort, fletsch-
te auch wohl aus Freundlichkeit die Zähne dazu und bekam also durch sein Betragen sowohl
als durch seine körperliche Bildung so ziemlich
das Ansehen eines Pavians. Sie hatten sich
Abends am Ufer ein Feuer angezündet und
ruderten mit Bränden dem Schiffe zu. Da
aber die Schwätzer hier kein Gehör fanden,
so begaben sie sich gegen Mitternacht wieder
an ihre Feuer, und sangen, trommelten und
tanzten die ganze Nacht durch. Gleich mit
Tagesanbruch fanden sie sich mit einem Freudengeschrey nach dem andern wieder bey dem
Schiff ein, und stiegen ganz unbewafnet und
haftig darinn herum. Hier lernten sie die
Europäer als das verständigste Volk kennen,
das ihnen bis itzt noch in der Südsee vorge-
kommen war, denn sie begriffen die Zeichen
so schnell und richtig, als ob man schon, wer
weiß wie lange mit ihnen umgegangen wäre.
Wenn sie über etwas ihre Verwunderung aus-
drückten, so gaben sie einen zischenden Laut
von sich, wie Gänse, wenn sie böse gemacht
werden. Was sie sahen, wollten sie auch haben, doch verdroß sie nie eine abschlägige
Antwort. Die kleinen Spiegel dünkten ihnen
die wichtigsten Geschenke, denn es war doch
gar

gar was angenehmes, sich selbst in diesen klei=
nen Figuren zu sehen, zumal da auch sie,
obschon durchaus nakt, ihren Putz haben.
Man war eben in voller Unterredung, und,
wie es schien, von Seiten der Indianer äus=
serst vergnügt, als ein Officier in die Cajüte
trat und dem Capitain berichtete, daß einer
von den Indianern verlangt habe, in das
Schiff gelassen zu werden; dis sey ihm aber
verweigert worden, weil es schon gedrängt
voll gewesen; der Indianer habe darauf seinen
Pfeil gegen den Matrosen, der ihn zurückge=
stossen, gerichtet. Noch erzählte der Officier,
so sprang einer der anwesenden Insulaner, als
hätte er etwas davon verstanden, aus dem
Cajütenfenster und schwamm zu seinem aufge=
brachten Landsmann, um ihn zu befänftigen.
Der Capitain gieng unterdessen mit einer ge=
ladenen Flinte auf das Verdeck, und schlug
auf den Indianer an, der, wider den Willen
seiner Landsleute, noch immer nach den Ma=
trosen zielte. Sobald er aber merkte, daß
der Capitain ihn auf dem Korne habe, richte=
te er seinen Pfeil gegen diesen. Nun riefen
die Indianer, die um das Schiff waren, de=
nen in der Cajüte zu, und da diese von der
Widersetzlichkeit ihres Landsmanns die schlimm=
sten Folgen besorgen mochten, so stürzten sie
sich, einer nach dem andern, zum Cajütenfen=
ster heraus, ungeachtet man alles anwendete,
ihre Besorgnisse zu stillen. Indessen feuerte

P 3   der

der Capitain auf den Kerl eine Ladung Hagel ab und traf ihn mit etlichen Körnern. Der Indianer ließ sich aber dadurch nicht abschrecken, sondern legte seinen Pfeil, der nur eine hölzerne Spitze hatte, ganz bedächtlich auf die Seite, und suchte einen hervor, der vergiftet zu seyn schien. Als er nun auch mit diesem zu zielen anfieng, schoß ihm ein Lieutenant das Gesicht so voll Hagel, daß er mit einmal alle Lust, weiter zu fechten, verlohr, und hurtig ans Land zurückruderte. An seiner Statt schoß nun ein anderer einen Pfeil aufs Verdeck, der aber im Tauwerk des mittelsten Mastes stecken blieb. Auf diesen feuerte man eine Kugel ab, die jedoch zum Glück nicht traf. Dis war aber die Losung zur allgemeinen Flucht; hiebey zeichnete sich besonders ein Indianer, der auf dem Mastkorbe von alle dem nichts besorgt hatte, und nun schon herabkletterte, durch seine unbeschreibliche Geschwindigkeit aus. Um das Schrecken der Indianer zu vergrößern und von der Europäer Macht eine Probe zu geben, wurde noch eine Kanonenkugel über die ohnehin schon Erschrocknen abgefeuert, die unter den Bäumen des Landes wüthete, wodurch denn das Entsetzen natürlich aufs höchste stieg. Viele sprangen vor Angst aus ihren Canots in die See, und glaubten schwimmend sicherer zu seyn. Als sie das Ufer erreicht hatten, trommelten sie aller Orten und Enden, liefen eiligst hin und her, buckten sich trupp-

truppweife unter das Buſchwerk zuſammen und
betrugen ſich ganz wie Leute, die aus der reg-
ſten Freude in die gröſte Beſtürzung gerathen,
wobey guter Rath theuer zu ſeyn pflegt; indem ſie ſich ſo berathſchlagten, was bey ſo
critiſchen Zeitläuften zu thun ſey, ſetzten ſich
die Europäer, die den armen Leuten einen ſo
groſſen Schrecken eingejagt hatten, ganz ruhig zum Frühſtück. Nach wenig Stunden lieſſen ſich ſchon wieder einige Canots um das
Schiff herum ſehen. Cook lies ihnen durch
grüne Zweige winken und einige Geſchenke
herabreichen, mit denen ſie dem Lande wieder
zuruderten. Cook, ſamt einem Detaſchement
Seeſoldaten folgte ihnen. Er fand 300. Indianer in den Waffen: ein Mann von gröſſe-
rer Statur, als die übrigen, gab ſeinen Bogen und Köcher einem andern, kam dann unbewafnet an den Strand hinab und reichte
Cook zum Zeichen der Freundſchaft die Hand.
Darauf lies er ein Ferken herbeybringen und
überreichte auch bis dem Capitain, und ſo
war mit einem Male der Friede wieder be-
feſtiget.

Man ſuchte engliſcher Seits vergeblich
dieſen Inſulanern ihre Waffen feil zu machen, bis man ihnen endlich Schnupftücher,
tahitiſches Zeug und engliſchen Fries anbot.
Gegen dieſe Koſtbarkeiten gaben ſie ſogar ihre
giftigen Pfeile hin, aber mit der Warnung,

P 4   die

die Spitzen derselben ja nicht an den Fingern zu probiren, weil die mindeste Berührung derselben den Tod bewirke. Wenn man zum Schein dann und wann eine solche Berührung versuchen wollte, zogen sie aus gutherziger Besorglichkeit jedesmal dem Verwegenen den Arm zurück, als ob sie ihn von einer unausbleiblichen Gefahr retten müßten.

Bisher hatte man immer nur Männer auf dieser Insel gesehen, nun kamen auch Weiber zum Vorschein; sie waren aber klein und häßlich und bey den Männern sehr wenig geachtet.

Zum Verkauf frischer Lebensmittel wollten sich indessen die Mallikollesen nicht verstehen; man muste sich daher, da jene auf dem Schiff nun sehr zusammenzugehen anfiengen, einstweilen mit Fischen behelfen, bis man wieder neuen Vorrath einnehmen konnte. Zu dem Ende begaben sich die Matrosen nächtlicher Weile auf den Fischfang und waren auch so glücklich, einen grossen Hay, einen Saugefisch und zween grosse Seebraschen zu fangen; diese Fische waren hinreichend, die gesammte Mannschaft wieder einmal zu laben. Cook hielt sich aber nun nicht länger bey Mallikollo auf, sondern segelte auf die nahe Insel Ambrym hin, die ebenfalls sehr beträchtlich ist und 20 Seemeilen im Umkreise hat.

Doch

Doch vorher noch ein paar Worte von Mallikollo, so viel nemlich Cook und seine Begleiter bey ihrem kurzen Aufenthalt auf dieser Insel erfahren konnten. Sie ist ungefähr 20 Seemeilen lang, bergicht und sehr waldicht und noch wenig angebaut. Das Erdreich ist so ergiebig, als auf den Societätsinseln, nur schien hier das Wasser seltener zu seyn. Bäume und Pflanzen sind hier in vorzüglicher Menge vorhanden; besonders giebt es hier eine Menge Brodfrucht- und Cocosnußbäume, Pisangs, Arumwurzeln und Orangen. Das Schlachtvieh besteht in Schweinen und Hünern; Cook lies auch hier ein paar Hunde zurück. Die Mallikollesen bezeigten über dis Geschenk überaus viel Freude, ungeachtet ihnen diese Thiere ganz fremd waren, so, daß sie noch keinen Namen dafür in ihrer Sprache hatten. So sehr diese Insulaner in ihrer Gestalt von den übrigen Insulanern abwichen, so sehr wichen sie auch in ihrer Sprache von ihnen ab. Unter ungefähr 80 Wörtern, die Hr. Forster sammelte, befand sich nur eines, das mit der übrigen Südseesprache einige Aehnlichkeit hatte. Doch sprachen sie die meisten englischen Worte sehr fertig nach. Die Volksmenge wird auf 50,000. angegeben; eine für die Grösse und Fruchtbarkeit der Insel noch sehr geringe Zahl.

Noch verdient bemerkt zu werden, daß sich diese Insulaner bey ihrem Handel mit den

P 5

Euro-

Europäern überaus ehrlich aufführten. Als
die Letztern das Eyland verliessen, strengten
diejenigen Insulaner, die ihre Drangabe noch
nicht ausgeliefert hatten, alle Kräfte an, um
dieselben in dieser Absicht noch zu erreichen,
ob sie gleich ganz ungestraft, vielleicht auch
ganz unbemerkt hätten zurückbleiben können.
Vorzüglich zeichnete sich hiebey ein Indianer
aus, der der Resolution eine geraume Zeit
nachruderte und sie nicht eher erreichte, als
bis man europäischer Seits schon fast ganz
vergessen hatte, daß er noch etwas schuldig
geblieben sey. Als er endlich an das Schiff
gekommen war, hielt er das, was ihm war
abgekauft worden, in die Höhe, und da sich
verschiedene von dem Schiffsvolke erboten,
es ihm abzukaufen, so bestund er darauf, es
derjenigen Person einzuhändigen, an die er es
vorher schon verkauft hatte. Da ihn diese
nicht mehr kannte, so wollte sie ihm etwas
dagegen geben, allein er wollte das nicht,
sondern zeigte vor, was er schon dafür erhalten, und ruderte, sobald er seine Schuld
getilgt, wieder ans Land zurück.

Auf Ambeym hatte man schon von ferne
einen feuerspeyenden Berg wahrgenommen.
Dicht an diesem Eilande fand man noch 2.
andere Inseln, Apih, von gleicher Grösse und
Pa · uhm, von kaum 5 Meilen im Umfange.
Während des Aufenthaltes bey diesen Eilande

creig-

ereignete ſich folgender ſchreckliche Zufall. Der
gröſte Theil der Mannſchaft hatte ſich eine
Mahlzeit von zween friſchen, rothen Seebra-
ſchen bereitet. Allein wenig Stunden nach
dem Genuſſe zeigten ſich die heftigſten Symptomen einer Vergiftung. Hitze, Kopfweh,
Erbrechen, Ermüdung, Betäubung, erfolgte
bey allen. Die Speicheldrüſen liefen an und
gaben eine Menge Schleim von ſich, in den
Gedärmen wütheten Krämpfe, und einige
Thiere, die etwas vom Eingeweide verzehrt
hatten, ein Schwein und ein Papagay ſtarben
dahin, indeß ein Hund ſeinen Tod zu erheu-
len ſchien. Ein Glück war es, daß damals
gerade der Wundarzt an einem andern Tiſche
gegeſſen hatte, und alſo den Verwundeten den
nöthigen Beyſtand zu leiſten im Stande war.
Allein ſeine Hülfe vermochte nicht ſo viel, daß
er das Uebel ſchnell hätte heben können. Wo-
chenlang dauerte der Schwindel, das Glieder-
reiſſen und der Speichelfluß. Endlich ſchälte
ſich die Haut vom ganzen Körper, auf den
Händen kamen Geſchwüre zum Vorſchein, und
allmählich ſchwand denn auch wieder die Todes-
furcht, obgleich jeder Patient einem Skelet
ähnlicher ſah, als einem Menſchen. Dieſer
Seebraſche hatte ſich vermuthlich von einer
giftigen Pflanze oder Thier mit genährt, welches in den Oſt-Weſtindiſchen Gewäſſern häufig geſchiehet.

Cook

Cook fuhr indeſſen, dieſes traurigen Vorfalls ungeachtet, doch fort, hier ſeine neue Entdeckungen zu verfolgen. Täglich fand er neue Inſeln, die zwar von verſchiedener Gröſſe waren, aber doch alle bewohnt und Mallikollo ähnlich zu ſeyn ſchienen. Daß ſich Cook bey dieſen Ländern öfters in gefahrvolle Klippen wagen und die Rettung vom Untergange, bey ſeinem weiſen Benehmen, der Vorſehung anheim ſtellen muſte, iſt um ſo leichter zu vermuthen, wenn man bedenkt, wie nahe er ſich immer, um die Pflicht eines ächten Entdeckers zu erfüllen, an die Küſte hinmachte, wie oft plötzlich ein Sturm, eine verborgene Klippe, ein reiſſender Seeſtrom, ſeine Farth hemmen und ſein Schiff vernichten konnte.

Cook nannte die bisher um Mallikollo entdeckten drey kleinern Inſeln Three - hills - Island (Drey - Hügel - Eiland) Two - Hills - Island (Zween - Hügel - Eiland) und Sheperbs - Eiland; die erſte davon mochte etwa 5 Seemeilen im Umkreiſe haben. Drey andere beträchtlichere nannte er Sandwichs - Hinchingbrook - und Montague - Eiland; die erſte von dieſen letztern iſt die gröſte von allen dreyen und ſcheint zu einer Kolonie aus Europa vorzüglich bequem zu ſeyn. Alle drey ſind bewohnt und die kleinſte mag etwa 9 Meilen im Umkreiſe haben.

Ohn-

Ohngefehr 14 Seemeilen von der Insel Sandwich sah man schon wieder eine neue, (Irromanga, wie man auf der folgenden Insel, Tanna, erfuhr) vor sich. Cook begab sich hier mit zwey wohlbemanneten Booten aus Land, um irgend einen bequemen Platz zum Wasserfüllen aufzusuchen; denn an frischem Wasser fehlte es schon lange. Man sah bald eine Menge Einwohner. Als Cook hinter eine Landspitze gekommen war, wo man ihn vom Schiff aus nicht mehr sehen konnte, geschah, ehe man sichs versah, ein Schuß, bald mehrere und immer mehrere. Man sandte daher eiligst den beyden Booten vom Schiffe aus ein drittes zu Hülfe, und feuerte auch einige Kanonenkugeln gegen die Landspitze hin, die denn die Indianer schnell auseinander jagten. Einige trugen zugleich einen Toden mit weg. Der Zwist begann also. Als Cook hinter jener Landspitze landen wollte, fand er etliche hundert bewafnete Einwohner vor sich. Sie waren von nußbrauner Farbe, beträchtlich größer als die Mallikolleser und schöner, aber mit eben solchen Mönchsstricken, wie jene umbunden. Cook vertheilte Geschenke unter sie, und äusserte sein Wassergesuch. Man brachte ihm sogleich etwas weniges an Wasser und andern Lebensmitteln, suchte aber auf alle Weise zu verhindern, daß er selbst nicht weiter auf der Insel vorrücken möchte. Da nun die Zahl der um Cook versammelten Indier mit jedem Augen-

genblick zunahm, so hielt der Capitain für
dienlich, sich wieder einzuschiffen. Allein, ehe
noch das Boot vom Lande stoßen konnte, drangen die Indianer ein und bemächtigten sich
zweyer Ruder und anderer Dinge. Da ihr
Befehlshaber dabey eine Art Kommando aus-
zuüben schien, so wollte Cook Feuer auf ihn
geben; allein sein Gewehr versagte und nun
regnete es Pfeile in das Boot, so daß auch ein
Matrose in die Backe verwundet wurde. Cook
ließ also seine Mannschaft, aus Nothwehr,
feuern: ob nun gleich auch bey dieser die Gewehre nur sparsam losgiengen, so wurden
doch durch die ersten Schüsse zween Wilde
dicht am Boote erlegt, andere verwundet und
erst nach geraumen Widerstande verkrochen sie
sich vor der Canonade ins Gebüsch.

Diese Insulaner waren an Gestalt und
Sprache von den Mallikollesen verschieden. Sie
waren von mittler Statur, wohl gestaltet und
hatten ganz erträgliche Gesichtszüge. Ihre
Farbe war sehr dunkel, und ihre Gesichter
schwarz oder roth bemahlt. Sie hatten krau-
ses und etwas wollichtes Haar. Die wenigen
Weiber, die sich sehen ließen, waren häßlich,
und trugen eine Art Rock, von Palmblättern
oder einem ähnlichen Gewächs verfertigt, die
Männer hingegen giengen, wie die auf Mallikollo, fast ganz nackt.

Da

Da noch andere sehr beträchtliche Inseln umher lagen, so segelte Cook darauf zu und legte sich vor einer derselben, Tanna, vor Anker. Sogleich lägerten sich Canots mit mehr als 200 Mann um dasselbe her, aber durchaus bewafnet, wie auf der vorigen Insel. Sie schienen anfangs unschlüssig zu seyn, ob sie die Fremdlinge für Freunde oder Feinde halten sollten. Endlich kamen sie ganz unbesorgt dicht an das Schiff hinan. Ein alter Mann machte sich sogleich an ein Stück Pöckelfleisch, das am Hintertheil des Schiffs zum Wässern in einem Netz ausgehängt war. Sobald man ihn aber ernstlich davon abmahnte, lies er es unversehrt; ein anderer aber drohete nun mit seinem Speer und ein dritter zielte mit einem Pfeil nach den auf dem Verdeck befindlichen Engländern. Cook hielt diesen Augenblick für den schicklichsten, auch diesem Volke seine Uebermacht ein für allemal in die Ohren zu donnern; er lies also eine Kanone abfeuern, und — in demselben Augenblick sprangen die zwey hundert Indianer aus ihren Canots mit einmal in die See; nur ein einziger, wohlgebildeter Mann blieb stehen, und lachte mit einer Art von Verachtung über seine furchtsamen Landsleute. Das Schrecken gieng indessen bald vorüber, sie schwangen sich wieder in ihre Kähne, sprachen sehr laut untereinander und schienen über ihre eigene Furcht zu lachen. Doch hielten sie sich in einiger Entfernung und betrach-

trachteten den auf der See schwimmenden Buoy
oder Ankerwächter mit gierigen Blicken. Ein
alter Kahlkopf konnte sich endlich nicht länger
erwehren, einen Versuch darauf zu wagen; er
kam herbeygerudert und wollte ihn fortschlep-
pen; als das nicht gehen wollte, versuchte
ers, ihn von dem Strick loszuknüpfen. Cook
winkte ihm, davon zu bleiben, er kehrte sich
aber im geringsten nicht daran. Der Capitain
schoß also mit Schroot nach ihm; so bald er
sich verwundet fühlte, warf er den Buoy sogleich ins Wasser. Kaum aber war der erste
Schmerz verbissen, so kehrte er zurück, um
in der Unternehmung fortzufahren. Nun ward
eine Flintenkugel dicht vor ihm in das Wasser
geschossen, worauf er den Buoy abermals fahren ließ und mit einer Cocosnuß zum Geschenk
ans Schiff kam. — Ein anderer wagte einen
ähnlichen Versuch auf den Buoy des zweyten
Ankers, er wurde aber nebst seinen Landsleuten mit Musketons - und Canonenschüssen davon gescheucht, wobey jedoch niemand beschä-
diget wurde. Endlich hielten an der Küste etwa 150 Wilde, in der einen Hand ihre Waffen, und in der andern grüne Palmzweige als
Kriegs - und Friedenszeichen empor. Die letztern wurden von den Engländern mit Geschenken erwiedert, und somit war der Friede geschlossen und die Insulaner ließen es geschehen,
daß die Fremdlinge Holz fälleten und Wasser
einnahmen. Allein schon am folgenden Tage
                                        gab

gab es wieder kriegerische Auftritte. Cook ließ nemlich einem Insulaner ein Stück tahitischen Zeugs vom Schiff herab, um dem Vergleich zufolge eine Kriegskeule dagegen in Empfang zu nehmen; allein der Indianer machte zwar den Zeug los, behielt aber seine Keule zurück. Der Capitain schoß ihm, nach vergeblichen Vorstellungen, eine Ladung Schroot ins Gesicht, worauf er ans Land ruderte. In der Gegend, wo er ans Land stieg, entstand alsbald ein grosser Zusammenlauf. Nichtsdestoweniger hies Cook alle Seesoldaten und eine Parthey Matrosen in zween Booten unter seiner Anführung landen. Sobald die Wilden diese kommen sahen, stellten sie sich in zween Haufen, die zusammen etwa 900 Mann ausmachen mochten, zu beyden Seiten des Wasserplatzes. Alle schienen zum Kampfe bereit zu seyn, wenigstens waren sie alle bewafnet. Als die Engländer noch 20 Schritte vom Ufer waren, gab Cook den Einwohnern zu verstehen, sie sollten die Waffen niederlegen und sich zurückziehen; allein sie achteten auf diese Forderung nicht, und vielleicht kam es ihnen unbillig und lächerlich vor, daß eine Handvoll Fremde sichs beygehen ließ, ihnen in ihrem eigenen Lande Gesetze vorzuschreiben. Cook wagte sich auch wirklich nicht in ihre Mitte, weil er weder das Leben der Seinigen, noch der Indianer ohne Noth aufs Spiel setzen wollte. Um sie etwas zu erschrecken, ließ er eine Flin-

Q   tenkugel

tenkugel über ihre Köpfe hinfeuern. Der un‹
vermuthete Knall brachte auch wirklich den
ganzen Haufen in Bewegung; sobald aber das
erste Erstaunen vorüber war, blieben sie fast
alle wieder stehen. Einer, der dicht ans Ufer
kam, hatte sogar die Verwegenheit, den Eng‹
ländern einen gewissen Theil seines Körpers
zu zeigen, und mit der Hand darauf zu klat‹
schen, welches unter allen Südseevölkern das
gewöhnliche Zeichen zur Herausforderung ist.
Dieses Grossprechers wegen ließ der Capitain
noch einen Flintenschuß in die Luft thun, und
da man bis auf dem Schiffe für ein Signal
hielt, so ward auf einmal alles grobe Geschütz
auf die Insel abgefeuert. Die Kugeln pfiffen
über die Indianer weg und rissen die Köpfe
von den Bäumen, und in wenig Minuten war
die Küste von allen Feinden gesäubert. Nur
ein kleiner Alter, nebst zween seiner Freunde,
blieb stehen, weil dieser vor und bey diesem
Handel immer den redlichen Friedensstifter ge‹
macht hatte.

Gleich in den ersten Tagen ihres Auf‹
enthaltes auf dieser Insel hatten die Engländer
Gelegenheit, jenes furchtbare und prachtvolle
Phänomen, einen brennenden Vulkan ganz
in der Nähe zu betrachten. Wie viel Ver‹
gnügen ihnen, besonders den Naturforschern,
diese Erscheinung, zumal, wenn bey Nacht
gesehen, gemacht haben müsse, läßt sich leicht
denken.

Die

Die Tanneser sind Leute vom Mittel-
schlag und proportionirlich gebaut; ihre grof-
sen, schwarzen Augen und ihre breiten Nasen
geben ihnen ein männliches Ansehen, bey dem
aber immer eine offene Gutmüthigkeit durch-
schimmert. Ihre Leibesfarbe ist dunkelbraun
und zum Theil schwärzlicht und ihr Haar schwarz,
sehr dick und straubigt und mehrentheils kraus.
Sie gehen fast ganz nackt, tragen aber nach
dem allgemeinen Hange des menschlichen Geschlechts, an verschiedenen Theilen ihres Leibes, z. B. in den Ohren, an der Nase und
am Hals, mancherley Zierrathen. Auch um-
binden sie ihren Leib, wie die Mallikollosen,
mit denen sie aber übrigens, was äusserliches
Ansehen betrift, so wie mit den Bewohnern
der freundschaftlichen Inseln, nichts, als das
Haar gemein haben; doch reden sie die Sprache der letztern; ausserdem aber haben sie eine
eigene Landessprache, die auch auf Tanna und
Irromanga gesprochen wird, sonst aber mit
keiner, die unsere Reisenden bisher angetroffen, einige Aehnlichkeit hat. Auf Schminke
und allerley in die Haut eingeritzte Figuren
thun sie sich ebenfalls viel zu gute. Das
seltsamste ist ihre Frisur. Sie machen sich
nemlich einige hundert kleine Zöpfchen, die
kaum so stark als eine Taubenfeder-Spule und
nicht über 3 bis 4 Zoll lang sind; diese stehen
daher gemeiniglich, wie die Borsten eines Sta-
chelschweins, aufrecht und auseinander in die

Q 2   Höhe

Höhe. Ist aber das Haar nur ganz kurz und
wollicht, so wird es auf dem Scheitel zusammengebunden. Auch den Bart flechten manche
in einen Zopf. Ihre Waffen sind wie auf
Mallikollo; ausser den dort gewöhnlichen bedienen sie sich auch noch der Schleudern und
dreyspitziger, mit Widerhaken versehener Pfeile. Ihre Hütten sind eigentlich nur grosse
Dächer, die auf der Erde ruhen, und oberhalb schreg zusammenstossen. An beyden Enden stehen sie offen. Die grösten sind ohngefähr 10. Fuß hoch und unten am Boden
eben so viel breit. Die Länge hingegen erstreckt sich zuweilen auf 40. Fuß. Innerhalb
derselben war an mehrern Stellen Feuer an-
gemacht, so, daß das ganze Dach vom Ruß
glänzte.

Die Insulaner schienen nun nicht mehr
sonderliche Lust zu haben, mit den Frembling-
gen anzubinden; sie liessen daher diese nicht
nur ruhig von Zeit zu Zeit landen und Wasser schöpfen, sondern gestatteten auch, daß sie
im Lande botanisiren giengen und die Sterne
beobachteten, nur durften sie dabey ihren Hütten nicht zu nahe kommen. Doch waren sie
nicht so ungastfreundschaftlich, daß sie den
Engländern nicht dann und wann eine Art
Feigenblätter, die, in Pisanglaub gewickelt,
mittelst heisser Steine unter der Erde gedämpft
waren, und ungefähr wie Spinat schmeckten,
zum

zum Essen vorsetzten. Es waren mehrentheils
Weiber und Kinder, die sie mit dergleichen
Leckerbissen beschenkten. Anfangs hatten diese
sich gar nicht herzugewagt, und auch itzt kamen sie nur schüchtern zum Vorschein. Sobald
ein Engländer sie nur scharf ins Auge faßte,
so wurden sie schon flüchtig, worüber denn die
Männer jedesmal eine grosse Freude hatten.

Wenn die Europäer den Weibern ein
Geschenk gaben, so nahmen es diese, man weiß
nicht warum, nie mit blosen Händen, sondern
mittelst eines grünen Blattes.

Eines Tags versteckten sich einige Jungens hinter ein Dickigt und warfen zwey oder
drey Steine nach den Engländern, die eben
Holz fälleten. Sogleich liessen die Unteroffi-
ciere, die eben damals den Dienst hatten, auf
diese armen muthwilligen Kleinen feuern. Cook,
der sich gerade am Ufer befand, eilte sogleich
auf den gehörten Schuß herbey, und als er
von der Sache unterrichtet war, bezeigte er
grosses Misfallen über den leichtsinnigen Gebrauch, den seine Leute von ihren Feuergewehren gemacht hatten. Er ergriff auch die
gehörigen Maasregeln, um einem solchen Betragen für die Zukunft zuvorzukommen.

Der Indianer, der wie oben erzählt worden,
der einzige gewesen, der bey Abfeuerung einer

Q 3

Canone

Canone in seinem Canot stehen blieb, indeß alle
übrigen für Schrecken in die See sprangen,
und deffen Namen Janokko war, stattete nach=
mals einen Besuch bey Cook auf dem Schiffe
ab, und bewies sich hier als ein fröhlicher,
munterer und scharfsinniger Mann. Von sei=
nem Scharffinn nur eine Probe. Forster und
Cook hatten aus der dasigen Sprache, jeder
einen ganz verschiedenen Ausdruck aufgezeichnet,
die beyde so viel als Himmel bedeuten soll=
ten. Um nun zu erfahren, welches eigentlich
die wahre Bedeutung sey, wanden sie sich an
Janokko. Dieser war wegen der Erklärung
keinen Augenblick verlegen, sondern streckte so=
gleich seine rechte Hand aus und legte ihr das
eine Wort bey; darnach bewegte er, unter=
halb der erstern, die andere hin und her,
nannte sie mit dem zweyten streitigen Worte,
und gab dabey zu verstehen, die oberste Hand
bedeute eigentlich den Himmel, die andere
hingegen die Wolken, die darunter wegzie=
hen. — Er blieb auch mit bey Tische, hatte
aber schon am ersten Bissen von gepökelten
Schweinenfleisch genug, so wie am ersten Glas
Wein. Er betrug sich übrigens während dem
Essen überaus artig und anständig, auffer daß
er den Rohrstab, den er wie seine mehresten
Landsleute im Haar stecken hatte, um sich des=
selben von Zeit zu Zeit als einer Kraznadel
gegen das Ungeziefer auf dem Kopf zu bedie=
nen, auch anstatt einer Gabel brauchte, und
dann

dann wieder damit krazte. Da er nach der Landesmode auf das zierlichste a la Stachelschwein frisirt und der Kopf mit Oel und allerley Farben beschmiert war, so muste es freylich der übrigen Tischgesellschaft sehr eckelhaft vorkommen, den Rohrstecken bald auf dem Teller, bald in dem Haar herumfahren zu sehen. Dem ehrlichen Janokko mochte es aber freylich wohl nicht einkommen, daß so etwas unschicklich seyn könnte. Zum Abschiedsgeschenke bekam er ein paar Hunde und ein Beil nebst andern Kleinigkeiten; über diese Geschenke, besonders über die beyden erstern, kam er für Freuden beynahe ganz ausser sich. Sonderbar war es, daß diese Insulaner, so bald sie sich über etwas wunderten, oder erschracken, oder etwas verabscheueten, oder haben wollten, immer das Wort: Hibau hören liessen. Geberde, Ton und die Art, womit es ausgesprochen wurde (bald gedehnt, bald gestossen, bald etliche male hintereinander) bestimmte die jedesmalige verschiedene Bedeutung dieses Ausrufungswortes.

Eine Parthie Engländer, die ihrer Geschäfte wegen, schon am frühesten Morgen sich ans Land begeben hatten, bemerkten eine Menge Weiber mit Bündeln beladen, neben denen die unbeladenen Männer einhergiengen, tief ins Land wandern. Wahrscheinlich hatten also die Insulaner, die anfangs nicht wußten,

ob

ob sich die Engländer als Freunde oder Fein‐
de betragen würden, sich aus der Ferne bey
diesem Haven versammelt, um ihr Vaterland
mit vereinten Kräften zu vertheidigen; kehr‐
ten aber nunmehr wieder in ihre' ursprüngli‐
che Wohnsitze zurück, als sie sich hinlänglich
überzeugt hatten, daß die Absichten der letz‐
tern so feindselig nicht gewesen wären.

Bey einer botanischen Wanderung waren
die Europäer einsmals schon ziemlich tief ins
Land gekommen, als plötzlich der Schall von
etlichen grossen Trompetenmuscheln ertönte. Da
dis Instrument in der Südsee vorzüglich zum
Lermblasen gebraucht wird, so schienen die In‐
dianer durch diese europäischen Wanderer in
Allarm gesetzt zu seyn. Die Letztern traueten
also dem Landfrieden nicht länger, sondern kehr‐
ten unverzüglich zurück; liessen sich aber da‐
durch nicht abschrecken, schon Nachmittags wie‐
der eine neue Ausflucht zu wagen. Unterwe‐
ges sprachen einige Indianer mit ihnen, ein
anderer aber huckte sich hinter einem Baume
nieder, spannte seinen Bogen und richtete ei‐
nen Pfeil auf die Europäer. Dis wurden die‐
se nicht so bald gewahr, als einer von ihnen
sogleich mit der Flinte nach ihm zielte, wor‐
auf der Indianer den Bogen schnell von sich
warf und ganz demüthig zu jenen hinkroch.
Indem nun die Europäer sich immer tiefer ins
Land wagten, traten ihnen auf einmal gegen

20 Indianer in den Weg und baten sie umzukeh=
ren, weil ausserdem ihre Landsleute sie ohnfehl=
bar todschlagen und aufessen würden. Da aber
jene sich stellten, als ob sie dis alles nicht ver=
standen hätten, so gaben sie sich die ersinn=
lichste Mühe, deutlicher zu werden. Sie deu=
teten durch Zeichen sehr verständlich an, daß
sie einen Menschen zuerst todschlügen, hierauf
die Glieder einzeln ablöseten, und dann das
Fleisch von den Knochen schabten. Endlich setz=
ten sie sogar die Zähne an ihre Arme, da=
mit den Europäern ja kein Zweifel übrig blei=
ben möchte, daß sie Menschenfleisch äßen. Der=
gleichen Drohungen wiederholten die Indianer
oft, und immer nur alsdenn, wenn sie merk=
ten, daß die Fremdlinge ihren Hütten zu nahe
kommen, oder in ihre geheiligten Oerter und
umzäunte Plantagen eindringen wollten. Nur
unter dem Vorwande, daß sie jagen wollten,
durften sie hie und da einige Schritte weiter
thun, die ihnen aber auch immer reichlich ver=
gütet wurden. Einst fanden sie eine ganze
Gegend durchgehends mit Feigenbäumen be=
setzt, die wegen ihrer eßbaren Blätter und
Früchte ordentlich angepflanzt werden. Einige
davon hielten ohnweit der Wurzel wenigstens
drey Ellen im Durchmesser, und breiteten ihre
Aeste wohl 40 Ellen weit nach allen Seiten
aus. Unter solchen stattlichen Bäumen, zum
Theil noch in ihrem schönsten Wuchs, auf de=
nen ganze Schwärme grosser und kleiner Vö=

Q 5

gel

gel zu sehen und zu hören waren, saßen öfters kleine Familien bey einem Feuer, an welchem sie Yams und Pisangs brateten.

Die Kinder auf der Insel Tanna bewiesen noch mehr Zutrauen zu den Europäern,
als die Eltern. Jungen von 6 bis 14 Jahren, die anfänglich immer in einiger Entfernung geblieben waren, kamen unvermerkt näher, ließen sich bey der Hand ergreifen und
hatten unaussprechliches Vergnügen, wenn sie
sich von den Europäern mit Namen rufen hörten. Sie liefen überall um die Engländer
her, wenn diese kleine Exkursionen in das
Land machten, theils um sie schießen zu sehen,
theils auch um sich ihnen durch Kräutersuchen
und andere Liebesdienste gefällig zu machen.
So waren sie, z. B. sehr geschäftig, wohlschmeckende Nüsse, vom Catappa-Baum, ohngefehr noch einmal so groß als ein Mandel-
kern, auf grünen Blättern herbey zu bringen,
oder auch Feigen und andere Früchte, ohne
alle Kennzeichen von habsüchtiger Wiederver-
geltung. Oft liefen sie vor den Europäern
her und ließen ihre Geschicklichkeit in mancherley Kriegsübungen sehen; denn sie wußten nicht
nur mit der Schleuder, sondern auch mit dem
Wurfspieße sehr gut umzugehen, weil sie schon
im fünften Jahre sich in den Waffen üben.

Auf dieser Insel sahen die Naturforscher
an verschiedenen Stellen heiße Schwefeldäm-
pfe

pfe und heiſſe Quellen, die von dem hier befindlichen Vulkan, der bisweilen mit groſſem Getö-
ſe Feuer, Dampf und groſſe Steine ausſtieß;
ihren Urſprung haben. Sie fanden zugleich
auch hier die Bemerkung beſtätiget, daß die
Gegenden, die ſich zunächſt um Vulkane befinden, immer die fruchtbarſten zu ſeyn pflegen. Die Societätsinſeln, die Marqueſas-
und einige freundſchaftliche Eylande, woſelbſt
Spuren von ehemaligen Vulkanen, ingleichen
Ambrym und Tanna, wo noch wirklich bren-
nende Berge vorhanden ſind, alle dieſe Inſeln
haben einen fetten fruchtbaren Boden, darinn
die Pflanzen zu einem königlichen Wuchs und zu
den glänzendſten Farben gelangen. Der herrlichen Gegenden um den Veſuv und Aetna
und anderer nicht zu gedenken.

Von den muſikaliſchen Talenten der Tanneſen erhielt man auf folgende Art Nachricht.
Der jüngere Hr. Forſter ſang zufälliger Weiſe ein Liedchen für ſich, indeß er nach Pflanzen ſuchte; ſchnell verſammelten ſich die Indianer um ihn her, und beſtürmten ihn ſo
lange mit Bitten, bis er und ſeine Begleiter,
einer nach dem andern, ihre Lieder der Fröhlichkeit abgeſungen hatten. Ein ſchwediſches
Volkslied, das Sparrmann abſang, gefiel ihnen am meiſten. Die Reihe des Singens kam
endlich auch an die Indianer; auch bey dieſen
ſang einer nach dem andern, und zwar weit
me-

melodischer, und mit mehr Mannichfaltigkeit
der Töne, als je die O = Tahitier gesungen
hatten. Ernsthaft waren ihre Melodien, wie
ihr Charakter. Man sah auch bey ihnen eine
Art Pan = Flöte, die aus acht Rohrpfeifen
bestand, wovon immer eine kleiner war als die
andere.

Vierzehn Tage hatten die Europäer be=
reits auf Tanna zugebracht. So mißtrauisch
und unfreundschaftlich sich auch anfangs die
Einwohner bezeigt hatten, so gesellig und gast=
freundschaftlich wurden sie nun, da sie sahen,
daß ihre Gäste keine feindselige Absichten auf
ihr Land gehabt hatten. Sie gestatteten ih=
nen sogar allmählich, ihre schattenreichen Woh=
nungen zu besuchen, und ließen sie, wie Mit=
glieder ihrer Familien, in ihre Mitte sitzen.
Vergnügt über diese erwünschte Veränderung
und über den Anblick der vor ihnen liegenden
schönen Landschaft, schlichen sich noch in den
letzten Stunden der Anwesenheit des Schiffs
ein paar der edelsten von der Reisegesellschaft
durch das Land dahin, und siehe da! — plötz=
lich winken ihnen im Gebüsch zerstreute, zum
theil sehr ängstlich aussehende Männer und
Weiber, an den Strand zurückzueilen. Kaum
waren sie aus dem Walde, so klärte sich das
Räthsel auf: Zween Männer saßen im Grase
und hielten einen dritten todt in ihren Armen.
Sie zeigten den Fremdlingen eine Wunde,
die

die er mit einer Flintenkugel in die Seite bekommen hatte, und sagten dabey mit dem rüh-
rendsten Blick: markom, d. i. er ist umge-
bracht! — Daß auf diese Art jene angenehme Gedankenreihe, bey den Europäern sehr
unangenehm unterbrochen worden sey, bedarf
wohl keines Erinnerns. Die Veranlassung
zum Tode dieses Mannes war folgende: Man
hatte auch auf dieser Insel eine Schildwache
ausgestellt, die den Platz, den die Matrosen
und andere zu ihren Geschäften brauchten, von
Indianern rein halten mußten, obwohl die
Matrosen diese Scheidelinie ohne Bedenken
überschreiten und sich nach Belieben unter die
Wilden mischen durften. Einer von den Indianern, der vielleicht noch nie an diesem
Platze gewesen war, versuchte es, über die
Grenzlinie gehen zu wollen. Die Schildwache
aber nahm ihn beym Arm und stieß ihn zurück.
Dieser hingegen glaubte mit Recht, daß ihm
auf seiner eigenen Insel ein Fremder nichts
vorzuschreiben habe, und versuchte es daher
von neuem, über den Platz wegzugehen, vielleicht blos, um zu zeigen, daß er gehen könne, wo es ihm beliebte. Allein die Schildwache stieß ihn zum zweytenmal und zwar mit
solchem Ungestümme zurück, daß wohl ein
minder jähzorniger Mann, als ein Wilder,
dem zumal die Bedeutung einer Schildwache,
aus europäischen Kriegsgesetzen nicht bekannt
seyn konnte, dadurch hätte aufgebracht werden
müs-

müssen. Kein Wunder also, daß er, um
seine gekränkte Freyheit zu vertheidigen, einen
Pfeil auf den Bogen legte, und damit nach
dem, der ihn angegriffen, zielte. Dis ward
der Soldat nicht sobald gewahr, als er sein
Gewehr anlegte und Feuer gab. Zum größten
Unglück aber traf er nicht den selbst, der den
Bogen gespannt hatte, sondern einen andern,
ganz unschuldigen Indianer, der neben ihm
gestanden war, und bald darauf an der em-
pfangenen Wunde verstarb. Die andern In-
bianer geriethen hierüber in die größte Verlegenheit, und liefen theils davon, theils blieben sie stehen; keiner aber machte auch nur
Miene, ihren getödteten Landsmann an Fremblingen zu rächen, mit denen sie einmal Gast-
freundschaft gepflogen hatten. Verschiedene von
der Reisgesellschaft befanden sich in diesem kri-
tischen Zeitpunkte da und dort einzeln, mitten
unter diesen Leuten tiefer im Lande, und es
wurde ihnen, obgleich die blutige That schon
landeskundig war, doch kein Haar gekrümmet.
Desto mehr wollte ihnen Cook Genugthuung
verschaffen; er schickte deswegen den Soldaten
sogleich geschlossen an Bord, in der Absicht, ihn mit
exemplarischer Strafe zu belegen, weil er seinem
ausdrücklichen Verbote, den Indianern hart zu
begegnen, so muthwillig zuwider gehandelt hatte. Allein der Officier, der gerade damals
am Strande das Commando gehabt, nahm
sich des Kerls an und sagte, er hätte jenen
Be-

Befehl des Capitains seinen Leuten nicht bekannt gemacht, im Gegentheil ihnen eingeschärft, daß sie die Wilden, wenn sie sich im geringsten beygehen liessen, zu drohen, ohne Umstände niederschiessen sollten.   Auf dis Geständniß konnte man dem Soldaten nichts weiter anhaben, und der Officier, der mit solcher barbarischen Grausamkeit so subordinationswidrig gehandelt hatte, blieb aus besondern Gründen für dismal ungestraft.

Nach einem Aufenthalt von 16 Tagen verließ Cook Tanna wieder.   Diese Insel liegt unter dem 19ten Gr. 30 Sec. Süderbreite, und 169° 38' westl. Länge.   Sie hat nicht über 24 Seemeilen im Umfange, und höchstens 20,000 Einwohner, welches freylich für ein so mildes Land von solchem Umfange eine geringe Anzahl ist.   Sonderbar ist es übrigens, daß diese von der Natur so reichlich ausgestattete Insel, bey einem innerhalb des Wendekreises dennoch so gemäsigtem Klima, von einem weit minder gesitteten Volke bewohnt wird, als die Societäts- und freundschaftlichen Inseln, ohnerachtet diese beynahe unter derselben Breite, nur etwas weiter nach Osten, liegen.

Cook umschifte hierauf den allhier befindlichen Haufen von Inseln ganz.   Er bestand aus 10. grossen und einer Menge kleinerer
Eylan-

Eylande, die von allen im Südmeer bekannten
am weitesten gegen Westen liegen, bisher aber
ihrem eigentlichen Umfange und Zusammenhange
nach, noch von keinem Seefahrer untersucht
worden waren. Diese zwischen dem vierzehn-
ten und zwanzigsten Grade der Breite liegenden Inseln, hatten insgesammt ein fruchtbares
Ansehen. Cook nahm ihre Häven und ihre
ganze Lage mit der ihm eigenen Genauigkeit
auf, und nannte sie, in Beziehung auf die an
der westlichen Küste von Schottland befindlichen Hebridischen Inseln, die Neuen Hebriden. Das beträchtlichste dieser Eylande ist
Tierra del Espiritu Santo, einst von Quiros entdeckt und also benannt. Auch Bougainville war unverhoft darauf gekommen, doch
nicht um es genauer zu erforschen, sondern
um ihm einen neuen Namen zu geben. Die
südwestliche Spitze dieses Landes liegt im 15.
Gr. 35. Min. südl. Br. und 167. Gr. östl.
Länge. Quiros gab damals vor, daß grosser Reichthum an Silber und Perlen, in diesem Lande zu finden sey; jetzt aber bedarf es
wohl bey Königen und Fürsten dergleichen An-
lockungen nicht mehr, um Reisen in der rühm-
lichen Absicht zu veranstalten, den Fortgang
der Wissenschaften und dem allgemeinen Vortheil des menschlichen Geschlechts dadurch zu
befördern. Die natürlichen Produkte der neuen
Hebriden sind schon allein werth, von neuem
und zwar genauer als diesmal untersucht zu
werden;

werden; denn da Cook sich in allem nur 46. Tage bey ihnen aufhielt, so ist leicht abzusehen, daß in einem so kurzen Zeitraume freylich manches nur obenhin untersucht werden konnte.

Nunmehr richtete Cook seinen Lauf gen Süden, um die Südsee in ihrer grösten Breite, nemlich bis zur Spitze von Amerika hin, zu durchkreutzen. Kaum hatte er drey Tage lang diesen Lauf gehalten, so gerieth er am 4ten Sept. an eine ganz neue und nie zuvor gesehene grosse Insel, die den Namen Neucaledonien erhielt. (Bougainville war zwar schon vor Cook bey dieser Insel vorbeygesegelt, und hatte auch aus verschiedenen Anzeigen die Nachbarschaft einer Küste in dieser Meeresgegend vermuthet; wirklich gesehen aber hat er sie nicht.)

Eingetretener Windstille halber konnte man sich der Küste nur äuserst langsam nähern, doch sah man bald an mehrern Orten Rauch aufsteigen und schloß hieraus, daß das Land bewohnt seyn müsse. Wirklich kamen auch noch selbigen Tag, ehe es finster ward, drey Canots mit Segeln von dem Lande auf das Schiff zu. Die Einwohner hatten dis, der Ferne wegen, vielleicht für ein Canot, mithin auch für ungleich näher gehalten; doch schien es, daß sie ihren Irrthum bald gewahr wurden,

R   den,

den, wenigstens kehrten sie nicht lange nachher wiederum zurück.

Am Morgen des folgenden Tages erhob
sich ein frischer Wind: mit diesem näherte man
sich der Küste und sah, daß der Rief, der
das Brechen der See schon von weitem ange-
kündiget hatte, mit dem Ufer parallel lief und
ungefähr drey gute Seemeilen davon entfernt
war. Innerhalb des Riefs segelten verschiedene Canots herum, deren jedes zwey Segel,
eines hinter dem andern aufgerichtet, führte.
Die Mannschaft dieser Fahrzeuge beschäftigte
sich mit Fischfangen. Nicht lange darauf stiessen noch etliche Canots vom Lande, und fuhren, über den Rief, nach dem Schiffe hin.
So bald sie nahe genug waren, rief man ihnen von da aus zu, sie gaften aber die Fremdlinge blos eine Weile an, und segelten alsdann ganz gleichgültig wieder zurück. Unterdessen war eine Oefnung im Rief entdeckt und
zu Sondirung desselben zwey Boote in See
gesetzt worden. Es währte nicht lange, so
gab die darauf befindliche Mannschaft ein Zeichen, daß sie eine sichere Einfahrt in den Rief
gefunden hätten; zugleich sah man vom Schiff
aus, daß sie sich mit einem wohlbemannten
Canot ganz vertraut unterhielten. Das Schiff
folgte ihnen also, und gelangte durch einen,
ungefähr eine Meile breiten Canal, innerhalb
des Riefs, woselbst die See ganz ruhig war.

Zu

Zu beyden Seiten der Einfahrt, vornemlich
an der engsten Seite, hielten etliche Canots,
aus welchen die Indianer mit einem freundschaftlichen, freimüthigen Wesen denen auf
dem Schiffe zuwinkten, daß sie ja recht in
der Mitte der Durchfahrt bleiben möchten.
Die Boote ruderten indessen noch weiter voraus, und zeigten, bey jedesmaligem Bleywurf,
die Tiefe durch Signale an. Das Land schien
unfruchtbar und mit einem weißlichten Grase
bedeckt. Buschwerk war nirgends zu sehen,
aber auf den Bergen standen hie und da einzelne Bäume, die mehrentheils weisse Rinde
und viel Aehnlichkeit mit unsern Weiden hatten. Als man mit dem Schiffe näher kam,
sah man vor sich am Fuß der Gebürge eine
schmale Ebene, mit grünen, schattichten Bäumen und Büschen bekränzt, unter denen sich
hin und wieder eine Cocospalme und ein Pisang erhob. Auch bekam man einige Häuser,
oder vielmehr Hütten, zu Gesicht, die kegelförmig, fast wie grosse Bienenkörbe gestaltet
waren, und statt der Thüre, blos eine Oeffnung hatten. Sie sahen den Hütten der Einwohner auf den Cocos- und Hoorn-Eylanden,
so wie sie in le Maires und Schoutens Rei-
sebeschreibungen abgebildet sind, vollkommen
ähnlich.

Indessen kam Lieutenant Pickersgill im
Boote zurück, und erzählte, daß sich die

Mann-

Mannschaft des indianischen Canots nicht nur
sehr freundschaftlich gegen ihn betragen, sondern auch einen ihrer Landsleute, den sie Teabuma nannten, als ihren Eriki oder König
vorgestellt hätten. Diesem schenkte er etliche
Medaillen nebst andern Kleinigkeiten, und vertheilte den Rest seines Vorraths unter die
Uebrigen, die aber alles sogleich dem Teabuma überlieferten. Er brachte auch einige Fische mit zurück, die er von diesen Leuten zum
Gegengeschenk bekommen hatte, sie waren aber
schon in Fäulniß übergegangen und nicht zu
genießen.

Im Haven lag ein kleines Eyland, mit
Riefs und Untiefen umgeben, in dessen Nachbarschaft man auf gutem Grunde ankerte.
Sobald dis geschehen war, drängten sich ungefähr 20. Canots ans Schiff, deren jedes
zwey Segel führte, und aus zweyen, vermittelst einer Plattform von Brettern zusam-
mengefügten Kähnen bestand. Auf der Plattform lag ein Haufen mit Aschen vermengter
Erde, worauf beständig Feuer unterhalten wurde. Viele von den Insulanern stiegen sogleich
ganz vertraulich an Bord, und einer verkauf-
te eine Yamwurzel gegen ein Stück rothes
Tuch. Bey Tische fanden sich noch mehrere
ein; gepöckeltes Schweinenfleisch wollten sie eben
so wenig anrühren, als Wein trinken; die
Yams hingegen, die man von Tanna mitgebracht

bracht hatte, liessen sie sich ganz wohl schme-
cken Alles rothe fiel ihnen ins Auge; besonders stand ihnen rothes Tuch oder Boy an;
doch erboten sie sich niemals, etwas dagegen
zu geben. Das Wort „Eri„ und noch ein
Paar andere ausgenommen, hatte ihre Sprache gar keine Aehnlichkeit mit irgend einer andern, die man zuvor im Südmeer gehört hatte.
Wenn man bedenkt, daß in allen ostwärts
gelegenen Eylanden dieses Oceans, ingleichen
auf Neuseeland, eine und eben dieselbe Sprache (oder wenigstens Dialecte derselben) gesprochen werden; so kann man sich leicht vorstellen, daß unsere Reisenden die grosse Verschiedenheit der Sprachen, welche sie im westlichen Theil dieses Meeres antrafen, äuserst
befremden muste. Auch die Leute selbst waren
von allen, die sie bisher gesehen hatten, sehr
verschieden; sie waren groß und mehrentheils
von wohlproportionirten Gliedmaffen; ihre Gesichtszüge sanft, Haar und Bärte schwarz und
stark gekräuselt, bey einigen fast wollicht und
die Farbe der Haut am ganzen Körper ins
schwarze fallend, oder dunkel kastanienbraun,
wie bey den Einwohnern der Insel Tanna.

Nachmittags fuhr Cook, unter Bedeckung
12. wohlbewafneter Seesoldaten mit zwey stark-
bemanneten Booten, dem Ufer zu, woselbst ein
Haufen theils wehrloser, theils bewafneter Einwohner versammlet war. Ungeachtet nicht ein

einzi-

einziger Miene machte, sich der Landung zu
widersetzen, so mußten dennoch, Sicherheits
halber, die Seesoldaten förmlich aufmarschiren,
indeß die Fremdlinge die Einwohner baten,
ein wenig Platz zu machen. Diß thaten sie
unverweigerlich, und gleich darauf hielt ein an-
sehnlicher junger Mann, den Pickersgill seinen Begleitern als den König, Teabuma,
zeigte, eine Rede, nachdem zuvor ein anderer,
durch lauten Ausruf, allgemeine Stille geboten hatte. Die Rede schien ernsthaften In-
halts zu seyn, klang aber doch ganz sanft und
ward zuweilen mit lauter Stimme vorgetragen.
Hin und wieder schien es, als ob der Redner
Fragen vorlegte, wenigstens hielt er inne, und
einige alte Männer aus dem Haufen antwor-
teten alsdenn jedesmal. Die ganze Rede dauerte zwo bis drey Minuten. Bald darauf
kam ein anderer angesehener Mann, oder Befehlshaber, der auf eben die Art eine Rede
hielt, und nun mischten sich die Europäer ohne Bedenken unter die versammelten Indianer,
um ihre Waffen und Zierrathen näher in Augenschein zu nehmen. Sie waren durchgehends
von grosser Statur, sonst aber von denen, die
sich zuvor an Bord eingefunden hatten, in keinem wesentlichen Stück unterschieden, ausser
daß manchen die Arme und Füsse ungewöhnlich
dick geschwollen und mit einer Art von Aussatz
behaftet waren. Einige trugen das Haar auf
dem Scheitel zusammengebunden, andere liessen
es

es nur an den Seiten wachsen und hatten das
übrige abgeschnitten. Noch andere sahen wie
Neger aus, wozu ihre platte Nasen und auf-
geworfene Lippen nicht wenig beytrugen. Statt
aller Kleidungsstücke trugen sie blos eine Schnur
um den Leib und eine um den Hals. An letzterer hatten manche kleine kugelrunde Stückchen
eines hellgrünen, nephritischen Steins hängen.
Der Kopfputz bestund bey einigen aus einer
hohen, runden Mütze, von grobem, schwarz
gefärbtem steifen Zeug, die einer Husaren-
mütze nicht unähnlich sah. Die Befehlshaber
hatten die ihrigen mit kleinen, rothen Federn
besetzt.; auch wohl oben mit einem langen Busch
von Hahnenfedern geziert. Zu den Ohrlöchern
pflegen sie, wie die Oster - Eyländer, den
ganzen Knorpel des Ohrläppchens auszuschnei-
den, und das dadurch entstehende Loch sehr
in die Länge zu dehnen. In dasselbe hängen
sie, wie die Tunneser, mehrere Ringe von
Schildkrötenschale. Bisweilen stecken sie auch
ein aufgerolltes Blatt von Zuckerrohr hindurch.
Ihre Waffen bestehen aus Keulen, Speeren
und Schleudern. Bogen und Pfeile sind ihnen
unbekannt.

Die Engländer hatten sich gleich anfangs
durch Zeichen erkundigt, ob frisches Wasser zu
haben wäre? Ein Theil der Indianer zeigte
hierauf gegen Westen, der gröste Haufen aber
nach Osten hin; Cook eilte daher bald wieder

R 4   ins

ins Boot zurück und fuhr oſtwärts am Ufer
hinauf. Dis war in dieſer Gegend allenthalben von Mangle-Bäumen beſchattet, die zum
Theil auf ſumpfigem Boden, zuweilen auch im
Waſſer ſelbſt wuchſen. Die Europäer hatten
kaum den Strand verlaſſen, als die Indianer
ſich ebenfalls verliefen und vermuthlich nach
Hauſe zurückkehrten. Zween derſelben nahmen
ihren Weg längſt dem Strande hin, muſten
aber die äuſerſte Mühe anwenden, um ſich
zwiſchen den dichtverwachſenen Mangle-Bäumen durchzuarbeiten. Da man vom Boote aus
ſah, daß es ihnen ungemein ſauer ward, ruderte man zu ihnen hin, und nahm ſie ins
Boot. Dieſe Erleichterung lieſſen ſie ſich ganz
wohl gefallen. Als man ungefähr 2. Meilen
zurückgelegt hatte, kam man endlich an die
Mündung eines Fluſſes. Man ruderte den
Krümmungen deſſelben eine Weile nach und gelangte dann zu einem Wohnplatz der Indianer.
Etliche derſelben ſtanden auf der einen Seite
des Ufers, und waren Zeugen, wie der jüngere Hr. Forſter eine Ente aus der Luft her-
abſchoß, davon eben ein groſſer Schwarm über
das Boot wegflog. Sie ſchienen ſich zwar
über die Würkung des Feuergewehres aller-
ſeits zu wundern, erſchracken aber nicht im
geringſten darüber. Eben ſo benahmen ſie ſich,
als man im Boote wenig Augenblicke nachher
Gelegenheit fand, von neuem nach Vögeln zu
ſchieſſen. Den Europäern war es dabey überaus

aus angenehm, daß sie ihnen auf eine so schick-
liche und unschuldige Art zeigen konnten, was
für Gewalt das Schiesgewehr ihnen über sie
gebe. Endlich landete man an einer Stelle,
wo der Fluß sehr schmal und das Ufer sehr
niedrig war. Hier wohnten ein paar Familien, die mit Weib und Kindern ganz vertraulich zu den Fremdlingen hinkamen, ohne Argwohn oder Unwillen über einen so ungewöhnlichen Besuch blicken zu lassen. Die Weiber
waren größtentheils kastanienbraun, auch wohl
noch dunkler, so wie Mahogany-Holz, dabey selten von mehr denn mittlerer Statur,
aber durchgehends stark und zum Theil plump
gebaut. Was sie vollends verunstaltete, war
ihre Tracht, die nicht häßlicher und sonderbarer
seyn konnte. Man stelle sich einen kurzen Rock
vor, der aus unzähligen Fäden, oder vielmehr
achtzölligen, an einem langen Strick befestigten Schnüren bestand. Dieser Strick ward
etlichemal um die Hüften gewickelt, so, daß
die kurzen Schnüre schichtenweis über einander zu liegen kamen, folglich, von der Mitte
des Leibes an gleichsam ein dichtes Strohdach
ausmachten, welches aber kaum den dritten
Theil der Lenden, mithin gerade nur so viel
und mehr nicht bedeckte, als nöthig war, um
anzuzeigen, daß es aus Ehrbarkeit geschähe.
Dis Strohdach gab den Frauen, wie man sich
leicht denken kann, eine sehr unförmliche Fi-
gur. Manchmal waren die Schnüre durchge-

hend

henbs, gemeiniglich aber nur die äuferste Schicht derselben, schwarz gefärbt, und die übrigen sahen wie schmutzig gewordenes Stroh aus. — An Zierrathen unterschieden sich die Weiber nicht von den Männern, sondern trugen, wie diese, Ohrenringe und Kügelchen von nephritischem Stein. Einige hatten auch zwischen der Unterlippe und dem Kinn drey schwarze Linien, nach tahitischer Art, in die Haut punctirt. Ihre Gesichtszüge waren grob, drückten aber einen hohen Grad von Gutherzigkeit aus. Die Stirn war mehrentheils hoch. Die Nase unterhalb breit, oberhalb platt, und die Augen klein. Aus den vollen, runden Backen ragten die Knochen unter den Augen ziemlich stark hervor. Das Haar war gekräuselt, und oft, wie auf den Societäts- und freundschaftlichen Eylanden, kurz geschnitten. — Ungefähr 20 Schritte vom Ufer lagen die Wohnhütten dieser Familien auf einer kleinen Anhöhe. Sie waren 10 Fuß hoch, kegelförmig, aber oben nicht zugespitzt. Die innere Anlage, oder was bey unsern Häusern das Zimmerwerk ist, bestand aus senkrecht aufgerichteten Pfählen, die mit geflochtenen Reisern, fast auf die Art wie Hürden, zusammen verbunden, und, vom Fußboden bis an die Decke, ringsum mit Matten verkleidet waren; oben darauf ruhte ein halbrundes Strohdach. Das Tageslicht fiel in diese Wohnungen nicht anders, als durch ein Loch, welches zugleich statt

statt der Thüre diente, aber nur 4 Fuß hoch war, so, daß man sich beym Ein = und Aus= gehen allemal bücken mußte. Innerhalb war die Hütte voller Rauch, und am Eingange lag ein Haufen Asche. Es scheint also, daß die Einwohner, hauptsächlich der Mücken we= gen, die in jeder sumpfigen Gegend häufig seyn müssen, Feuer anzünden. Um die Hütte her standen etliche Cocos = Palmen, die aber keine Früchte hatten, ingleichen Zuckerrohr, Pisang= stämme und Arumwurzeln. An eine solche Mannichfaltigkeit von Früchten, als man bis= her auf den Eylanden des heissen Erdstrichs angetroffen hatte, war hier nicht zu denken; vielmehr erinnerte hier alles an die Armuth der elenden Bewohner von Oster = Eyland, vor welchen die hiesigen wenig vorauszuhaben scheinen. Ein Mann, Namens Hibai, schien der vornehmste oder Vorgesetzte unter den hier versammelten Familien zu seyn. Diesem mach= te man einige Geschenke, und spazierte darauf längst dem Ufer des Flusses hin. Gegen die Berge zu, deren erste Anhöhen ungefähr zwo Meilen weit von hier entfernt waren, hatte das Land eine äuserst öde Gestalt; hin und wieder erblickte man zwar etliche Bäume und kleine angebaute Felder; doch giengen sie in dem darum herliegenden, ungleich grössern, unfruchtbaren und wüsten Raume, der unsern Halben gewissermassen ähnlich sahe, verloren. Nach einigem Verweilen bey diesen guten Leu=

ten

ten kehrte die Gesellschaft in den Böten wieder zum Schiff zurück, völlig überzeugt, daß
der Mangel an Nahrungsmitteln die einzige
Ursache gewesen sey, warum man ihnen keine
mitgetheilt hatte.

Am folgenden Morgen kamen die Indianer in ihren Booten ziemlich früh wieder ans
Schiff. Auf jedem dieser Fahrzeuge brannte
ein Feuer, und zwar um Schaden zu verhüten, auf einem Haufen von Steinen und Asche.
Es waren auch einige Weiber unter dieser Gesellschaft, von welchen jedoch keine an Bord
wollte; die Männer hingegen kamen gröstentheils ohne Einladung herauf und fiengen an,
ihre Waffen gegen Stücken Tahitischen Zeugs
zu vertauschen. Um einen näher gelegenen
Ort zum Anfüllen der Wasserfässer ausfindig
zu machen, schickte der Capitain die Böte von
neuem ans Land. Man stieg an dem nemlichen Orte aus, wo man Tags zuvor gelandet
hatte, und begegnete einigen Einwohnern, die
auf die Nachfrage nach frischem Wasser westwärts deuteten, in welcher Gegend noch niemand nachgesucht hatte. Man eilte daher nach
einer benachbarten Anhöhe, von welcher man
sich weit und breit nach frischem Wasser umsehen konnte. Hier war der Boden felsicht und
eine Menge verdorrtes Gras, mehrentheils
nur dünn und ungefähr drey Fuß hoch aufge-
sproßt. Je 20 bis 30 Schritt weit ausein-

anderr

anber ftunden einzelne Bäume, bie an ber
Wurzel ſchwarz, wie verbrannt ausſahen, ober
wärts aber eine loſe, ſchneeweiſſe Rinde und
lange ſchmale, weidenähnliche Blätter hatten.
Niedriges Geſträuch gabs hier nicht, und bie
Bäume ſtunden ebenfalls ſo zerſtreut, baß bie
Ausſicht durch nichts gehindert wurbe. Was
ben Abgeſchickten an derſelben am meiſten ge
fiel, war eine Reihe ſchattiger Bäume und grü
ner Büſche, bie in einer Linie von ber See
bis an bie Berge reichten, und längſt ben
Ufern eines kleinen Fluſſes ſtunden. Man
gieng eiligſt auf denſelben zu, und fand ſein
Waſſer ohngefähr 200 Schritt weit vom Stran
be ſchon nicht mehr mit Seeſalz vermiſcht,
folglich konnten bie Fäſſer mit geringer Mühe
angefüllt und wieder ans Schiff gebracht wer
ben. Die Ufer des Baches waren von Man
gle = Bäumen beſchattet, hinter denen ein 20.
Fuß breiter Raum andere Baum = und Pflan
zenarten trug. Dieſer ſchmale Strich hatte
eine Schicht guter, kräftiger Pflanzen = Erbe,
und war mit grünem Raſen bewachſen, deſſen
Anblick dem Auge um ſo gröſſeres Vergnügen
gewährte, je mehr derſelbe mit dem dürren
Anſehen der Berge kontraſtirte. Längſt dem
Strande fanden bie Naturforſcher mancherley
neue Pflanzen = und Vögelarten. Doch mehr
Vergnügen als alles bis machte ihnen bie
freundſchaftliche, gutherzige Gemüthsart und
bas friebliche Betragen der Einwohner. Ihre

Anzahl

Anzahl war nur gering und die Wohnungen
lagen sehr zerstreut, doch standen mehrentheils
zwo bis drey bey einander, und zwar geme¦
niglich unter einer Gruppe von hohen Feigen¦
Bäumen, deren Aeste so fest ineinander geschlun¦
gen waren, daß man kaum den Himmel durch
das Laub erblicken konnte. Diese Lage ver¦
schafte den Leuten ausser einem beständig küh¦
len Schatten, auch noch eine andere Annehm¦
lichkeit, nehmlich, daß die Menge von Vö¦
geln, die vor dem brennenden Mittagsstral der
Sonne in den dickbelaubten Gipfeln Schutz such¦
ten, ein beständiges Concert unterhielten; da¦
her fand man denn auch gemeiniglich die Ein¦
wohner am Fuße dieser wohlthätigen Bäume
sitzen, die sich zugleich durch ihre sonderbare
Structur auszeichnen. Das Stamm¦Ende der¦
selben steht nemlich 10, 15 bis 20 Fuß hoch
über der Erde, und ruhet auf langen Wur¦
zeln, die aus gedachter Höhe in schnurgerader
Linie schräg nach dem Boden herabgehen, da¦
bey so rund, als wären sie gedrechselt, und
so elastisch, als eine gespannte Bogensenne sind.
Aus der Rinde dieser Bäume werden vermuthlich
die Stückchen braunen Zeugs verfertiget, wo¦
mit die Männer auf Neucaledonien die Zeu¦
gungstheile verhüllen. Diese Insulaner lehr¦
ten ihre neuen Bekannten eine Menge Wör¦
ter aus ihrer Sprache, sie hat aber mit ir¦
gend einer andern gar keine Aehnlichkeit. Es
läßt sich also auch wohl über die Herkunft
die¦

dieser Leute um so weniger etwas bestimmen.
(Capitain Cook war indessen der Meynung,
die Neucaledonier wären eine Mittelgattung
zwischen den Tannesen und freundschaftlichen
Eyländern, oder zwischen den Tannesen und
Neuseeländern; oder zwischen allen dreyen;
und ihre Sprache gewissermassen eine Mischung von den Sprachen der erstgenannten
Völkerschaften zusammen.) In Betracht des
Characters derselben, zeigte sich bald, daß ihre Güte des Herzens und ihre Friedseligkeit
zum Theil mit natürlicher Trägheit verbunden
war. Wenn die Europäer spazieren giengen,
so folgten sie ihnen selten nach; kamen sie vor
ihren Hütten vorüber ohne zuerst zu reden,
so liessen auch sie es gut seyn, und schienen
sich gar nichts um die Fremdlinge zu kümmern.
Nur die Weiber bezeigten etwas mehr Neugierde und versteckten sich bisweilen ins Gebüsch, um jene von fern her ansichtig zu werden, herankommen aber durften sie nicht anders als in Gesellschaft der Mannspersonen.

Daß die Europäer Vögel schossen, erregte bey den Einwohnern dieser Gegend der
Insel ebenfalls nicht das mindeste Aufsehen
oder Bestürzung. Im Gegentheil, wenn jene
sich ihren Wohnungen näherten, so pflegten
sich die jungen Leute selbst nach Vögeln umzu-
sehen und sie ihnen anzuzeigen. Es schien,
als ob sie zu dieser Jahrszeit wenig Beschäftigung

.tigung hätten, denn das Feld war schon be-
stellt, und Pisangs- und Arumwurzeln für die
künftige Erndte bereits angepflanzt. Eben deshalb mochten sie auch jetzt weniger als zu jeder andern Zeit im Stande seyn, den Europäern Lebensmittel abzulassen, welches sie sonst,
ihrer freundschaftlichen und gutherzigen Gemüthsart nach, wohl gethan haben würden.
Wenigstens wäre es sehr lieblos, wenn man
anderst urtheilen und ihnen allein die Gastfreyheit absprechen wollte, die doch allen übrigen Bewohnern des Südmeeres in so hohem
Grade eigen ist, und um derentwillen sie den
Seefahrenden Fremden so schätzbar sind. Gegen Mittag kehrte man mit einer Bootsladung
frischen Wassers wieder ans Schiff zurück.
Das Wetter war heute so angenehm, daß
mehrere von der Reisegesellschaft bis gegen
Sonnenuntergang auf den benachbarten Hü-
geln herumspazierten. Von den wenigen Einwohnern, die sie in dieser Gegend antrafen,
waren einige so zutraulich, den Europäern ihre Waffen zu verkaufen. Diese suchten ihnen
begreiflich zu machen, daß es ihnen an Lebensmitteln fehle, allein sie waren gegen alle
Winke dieser Art taub, weil sie augenschein-
lich für sich selbst nicht genug hatten. Der
Boden taugt auch in der That hier zu Lande
nur an wenig Orten zum Ackerbau, und lohnt
den Einwohnern ihre Mühe und Arbeit, welche sie
daran verschwenden müssen, immer nur kärglich.

Am

Am 11ten des Morgens, noch ehe die Indianer an Bord kamen, ward ein Boot abgeschickt, um, nach Seemännischem Brauch, einen Reisegefährten zu versenken, der als Schiffsfleischer mitgegangen und Tags vorher an den Folgen eines unglücklichen Falles, den er einige Tage zuvor gethan, verstorben war. Seiner 60 Jahre ungeachtet, war er noch immer arbeitsam und in seinem Berufe unermüdet gewesen und übrigens der dritte Mann, den Cook bisher eingebüßt hatte, indem einer ertrunken und ein anderer an der Wassersucht gestorben war.

Noch selbigen Morgen gieng Cook mit einiger Begleitung ans Land, um die Berge zu besteigen, von welchen der gefundene Bach herabrieselte. Ungeachtet die Anhöhe an manchen Orten sehr steil war, so fand sich doch überall ein bequemer Pfad. Je höher man kam, desto mehr verschiedene Arten von Sträuchen traf man an; gegen den Gipfel hin nahmen die Bäume an Höhe und Stärke merklich ab. Die Gesellschaft war kaum eine Stunde lang Bergauf gegangen, als ihr mehr denn 200. größtentheils wohl bewafnete Einwohner begegneten, die blos um die Fremdlinge zu sehen, aus den innern Gegenden des Landes, jenseits der Berge herkamen. Als sie fanden, daß diese auf demselben Wege fortstiegen, den sie hergekommen waren, kehrten die mehresten

wieder

wieder um und begleiteten dieselben. Unweit
dem Gipfel bemerkte man eine Anzahl in die
Erde gesteckter Pfähle, über welche trockene
Aeste gelegt, und auf diese Büschel von Gras
ausgebreitet waren. Die Einwohner gaben zu
verstehen, daß sie auf diesem Berge ihre
Todten begrüben, und daß die Pfähle zur Bezeichnung der Grabstätten dienten. Unterdessen
war Cook vollends auf den Gipfel des Berges
geklettert, und hatte von da aus nach Süden
hin über das Land weg bis an die See sehen
können. Er fand selbige auf jener Seite
nicht weiter von den Bergen entfernt, als auf
dieser; und eine wasserreiche, zum Theil angebaute Ebene lief dort, so wie disseits, am Fuß
der Berge hin; überhaupt war im Ganzen
kein merklicher Unterschied zwischen der nörd-
und südlichen Seite des Landes zu bemerken.
Die Höhe dieses Standpuncts kam der Aussicht
ungemein zu statten: die schlängelnden Bäche,
die Pflanzungen und zerstreuten Wohnungen auf
der Ebene, die mannichfaltigen Gruppen von
Bäumen und Waldung, samt der verschiedenen
Farbe des grundlosen Meeres, nebst den san-
digen Untiefen desselben, machten, zusammengenommen, eins der schönsten Gemälde aus.
Da die Einwohner bemerkten, daß die Fremdlinge von der Hitze ermüdet und durstig waren,
brachten sie ihnen etwas Zuckerrohr. Aus der
Steinart, die man sowohl am Fusse, als auf
dem Gipfel dieses übrigens nicht sehr hohen
Berges

Berges und auch in andern Gegenden der Insel angetroffen hatte, konnte man schliessen,
daß in diesem Lande manche schätzbare Mine-
ralien vorhanden seyn müssen. Eben dis schien
auch der gänzliche Mangel vulkanischer Produkte anzuzeigen, dergleichen man in allen übrigen Inseln des Südmeers, nur hier nicht,
wahrgenommen hatte.

Bey der Rückkunft zum Schiff fand man
hier eine Menge Indianer versammelt, die
auch den kleinsten Winkel nicht unbesucht liessen und überall Keulen, Speere, nebst mancherley Zierrathen verhandelten. Einer unter
ihnen war von sehr grosser Statur; er maß
wenigstens 6 Fuß 5 Zoll engl. und mit seiner
schwarzen, aufrechtstehenden runden Mütze wohl
noch 8 Zoll mehr. Um diese Mützen pflegen
sie gemeiniglich ihre Schleudern zu wickeln,
so daß die am untern Ende befindliche Quaste
ihnen auf die Schultern herabhängt. Auch
befestigen sie, zum Zierrath, einen Büschel
Farrenkraut, oder, wenn der Staat recht
groß seyn soll, einen Busch Ceylanischer Eu-
lenfedern daran. Des Werths ungeachtet, den
sie auf dergleichen Mützen setzten, gaben sie
doch mehrere derselben gegen Stücke von ta-
hitischem Zeuge hin. Einige der dismal anwesenden Indianer trugen eine ungeheure Menge Ohrgehänge; so zählte man z. B. an einem nicht weniger als 20 Ringe von Schild-

S 2   kröten-

kröten = Schaale, deren jeder einen Zoll im
Durchmesser hielt und einen Viertelzoll dick
war. Unter den Sachen, die heute einge=
tauscht wurden, befand sich auch eine Art
Pfeife, das einzige musicalische Instrument,
das bey diesen Insulanern anzutreffen war.

Die grossen eisernen Nägel fiengen nun
nach gerade an, gangbare Münze zu werden,
ja die Indianer sahen den Werth des Eisens
bald so gut ein, daß sie zu den runden, eiser=
nen Bolzen, woran die Stricke festgemacht
werden, grosse Lust bezeigten; gleichwohl un=
terstand sich keiner, weder diese, noch die ge=
ringste andere Kleinigkeit zu entwenden, son=
dern sie führten sich durchgehends ehrlich auf.
Sie besassen übrigens eine bewundernswürdige
Fertigkeit im Schwimmen. Das Schiff lag
wenigstens eine gute Meile weit vom Ufer,
aber dieser Entfernung ohngeachtet, kamen sie
haufenweise herbeygeschwommen, und ob sie sich
gleich nur einer Hand zum Forthelfen bedien=
ten, so brachten sie doch allerley Handelswaa=
ren, z. B. Wurfspiesse und Keulen, mit sich.
Nur Waffen von Casuarinaholz waren ihnen
zu schwer.

Nachmittags fuhr Cook in Begleitung der
Naturforscher, abermals ans Land. Auf ei=
nem botanischen Spaziergange, den letztere
machten, verlohr sich der jüngere Hr. Forster
von

von seinen Gefährten und gerieth in einen san-
digten Hohlweg, der ihn endlich zu drey bey-
sammenstehenden Hütten führte, die von Cocospalmen beschattet waren. Vor einer dieser
Hütten saß ein Mann von mittlerem Alter, dem
ein Mädchen von 8. bis 10. Jahren ihren
Kopf auf den Schoß gelegt hatte. Bey Forsters Annäherung schien er etwas bestürzt.
Doch erholte er sich bald wieder und fuhr in
seinem Geschäfte fort, welches darinnen bestand,
das Haar des Mädchens mit einem geschärften
Stück schönen, durchsichtigen Quarz zu ver-
schneiden. Einige schwarze Glascorallen, die
ihm Forster schenkte, machten ihm grosse
Freude; dieser gieng darauf, um sie desto weniger zu beunruhigen, nach den übrigen Hütten zu. Sie standen so nahe beysammen, daß
der zwischen inne liegende, zum Theil einge-
zäunte Platz, kaum 10. Fuß ins Gevierte hielt.
In selbigem befanden sich drey Frauenspersonen, eine von mittlerm Alter, die andern etwas jünger, die im Begriff waren, ein Feuer
unter einem grossen irdenen Topfe anzuzün-
den. Sobald sie Forstern gewahr wurden,
winkten sie, er möchte sich entfernen; weil es
diesem aber darum zu thun war, ihre Art zu
kochen etwas näher kennen zu lernen, so
gieng er, ohne auf ihr Winken zu achten,
hinein, und fand den Topf voll trocknen Gra-
ses und grüner Blätter, in welches einige
kleine Yamwurzeln gewickelt waren. Diese

S 3 Wur-

Wurzeln werden alſo in dem Topfe gleichſam
gebacken, ſo wie es bey den Tahltiern unterhalb der Erde, mittelſt geheizter Steine ge-
ſchieht. Sie wollten Forſtern kaum Zeit laſſen, dis zu unterſuchen, ſondern winkten ohne
Aufhören, daß er fort gehen möchte, und zogen, nachdem ſie auf die Hütten gezeigt, die
Finger einige male unter dem Hals hin und
zurück, um, wie es ſchien, zu verſtehen zu
geben, daß ſie ohnfehlbar erſtickt oder erdroſ-
ſelt würden, wenn man ſie mit einem Fremden
allein anträfe. Dieſe Zeichen dünkten jenem
zu beſtimmt und zu ernſthaft, um nicht darauf
zu achten. Er begnügte ſich alſo einen Blick
in die Hütten zu thun, die aber ganz leer
waren, und gieng darauf ins Gehölze zurück,
wo ihm Dr. Sparrmann begegnete. Dieſer
war der Meinung, daß ſich ſein Freund in
der Bedeutung dieſer Zeichen wohl geirrt haben könnte, und daß es der Mühe werth ſey,
ſie nochmals zu unterſuchen. Beyde kehrten deshalb um, und fanden die Weiber noch an
demſelben Orte. Ein kleines Geſchenk von
etlichen Glascorallen machte ihnen zwar groſſe
Freude, doch konnte es ihre Beſorgniß nicht
heben, ſondern ſie wiederholten immer noch
die vorigen Zeichen. Ueberdem ſchien es, als
ob ſie jezt erſt die Fremblinge mit einer recht fle-
hentlichen Miene bäten, ihre Verlegenheit nicht
aufs äuſerſte zu treiben. Dieſe entfernten ſich
daher, und Forſter durfte nun an der Rich-

tigkeit

tigkeit seiner vorigen Erklärung wohl nicht
mehr zweifeln. Mittlerweile hatte sie der
Rest ihrer Gesellschaft eingeholt und klagte über
grossen Durst. Es war nicht rathsam, ihnen
von dem Vorfall mit den Frauensleuten etwas
zu erzählen, weil ihre Neugierde sie leicht zu
einem neuen Versuch hätte reizen, dieser aber
für die armen Weiber sehr unglücklich ausfallen können. Sie führten sie also aus dieser
Gegend weg und zu dem Manne hin, der noch
immer mit dem Haarverschneiden seiner Tochter beschäftigt war. Man gab ihm zu verstehen, daß ihnen allen nach einem Trunke ver-
lange, und dis begriff er nicht nur bald, sondern zeigte auch gleich nach einem Baume hin,
mit dem Andeuten, daß man dort etwas finden würde. Er hatte nemlich 12. grosse Co-
cosnußschaalen mit Wasser angefüllt und solche
an die untern Aeste aufgehangen. Diese Methode, das Wasser in kleinen Vorräthen aufzubewahren, schien, im Ganzen, Mangel an selbigem zu verrathen. Dennoch trug die Gesellschaft kein Bedenken, ihren Durst hier zur
Genüge zu stillen, und belohnte den Indianer
dafür mit einem Stück tahitischen Zeugs, womit er auch vollkommen zufrieden war. - Nun
kehrte man nach dem Wasserplatz zurück. Hier
hatte sich eine Menge Indianer versammelt,
wovon einige für ein Stückchen tahitisches
Zeug die Matrosen aus- und nach dem Boote
zurück, eine gute Strecke weit durchs Wasser

S 4   trugen,

trugen. Es waren auch einige Weiber dabey,
die ohne Furcht vor ihren eifersüchtigen Männern, sich mitten unter die Europäer wagten, und
an den Galanterien der Matrosen Gefallen zu finden schienen. Sie winkten sie gemeiniglich zu
sich ins Gebüsch, wenn aber der glückliche
Liebhaber ihnen dahin folgte, so liefen jene
mit unerreichbarer Behendigkeit davon und
lachten den betrogenen Adonis tapfer aus.
Es hat sich auch wirklich, so lange die Europäer auf der Insel blieben, nicht eine einzige
Frauensperson in die geringste Vertraulichkeit
mit ihnen eingelassen, sondern ihr anscheinend
verliebtes Wesen lief allemal nur auf einen
erlaubten und muntern Scherz hinaus.

Man war noch nicht lange an Bord zurück, als der Schreiber des Capitains einen
Fisch schickte, den ein Indianer so eben mit
dem Speer geschossen und gegen ein Stück tahitisches Zeug verkauft hatte. Da es eine
neue Art war, so machte sich Hr. Forster sogleich darüber her, ihn zu beschreiben und zu
zeichnen. Er gehörte zu dem Geschlechte, das
Linné Tetraodon nennt, und wovon verschiedene Arten für giftig gehalten werden. Man
ließ sich bis gegen den Capitain verlauten, zumal da man sich schon zu seiner häßlichen Gestalt und besonders zu dem dicken Kopf nicht
viel Gutes versehen konnte; der Capitain be-
hauptete aber, er habe eben diese Art auf sei-

ner

ner vorigen Reise an der Küste von Neuholland angetroffen und ohne allen Schaden gegessen. Man freute sich also schon im voraus,
morgen eine frische Mahlzeit davon zu bekommen, und setzte sich am Abend ganz getrost zu
Tische, um vorläufig die Leber zu verzehren.
Sie war groß genug, aber von so öhlichtem
Geschmack, daß Cook und die beyden Hrn.
Forster nur ein paar Bissen davon aßen. Dr.
Sparrmann hingegen wollte sie gar nicht einmal kosten. Gleich nach der Mahlzeit begaben
sie sich zu Bette, um am folgenden Morgen
desto früher wieder ans Land gehen zu können. Allein schon gegen drey Uhr des Morgens weckte den ältern Hrn. Forster eine sehr
unbehagliche Empfindung aus dem Schlafe;
Hände und Füsse waren ihm gleichsam erstarrt,
und als er aufzustehen versuchte, konnte er,
des heftigen Schwindels wegen sich kaum auf
den Füssen halten. Er kroch indeß, so gut
er konnte, fort, um Dr. Sparrmann seine
Ueblichkeit zu klagen, der im Steuerraume
schlief. Capit. Cooks Schlafstelle war von jener nur vermittelst einer dünnen Scheidewand
abgesondert. Auch dieser wachte, und da er
gleiche Zufälle fühlte, so machte er sich ebenfalls aus dem Bette, konnte aber, ohne sich
anzuhalten, auf keinem Fusse stehen. Den
jüngern Herrn Forster hielt der betäubende
Schwindel noch fest im Schlafe. Erst nachdem sein um ihn besorgter Vater ihn mit Ge-

S 5

walt

walt ermuntert hatte, fühlte er, wie übel
ihm zu Muthe war. Die Vergifteten schleppten sich allerseits in die grosse Cajüte, und
liessen den Wundarzt, Patten, holen. Dieser fand sie wirklich in mißlichen Umständen:
todtbloß, äusserst matt, heftige Beklemmung
auf der Brust, und alle Glieder betäubt,
gleichsam ganz ohne Empfindung. Patten ver-
ordnete sogleich Brechmittel und schweistreibende Arzneyen, und hies die Patienten wieder
zu Bette gehen. Um 8. Uhr standen sie auf,
aber noch immer schwindlicht und schwer im
Kopfe. Der jüngere Hr. Forster befand sich
jedoch so weit wieder hergestellt, daß er den
ganzen Vormittag aufbleiben und einige Pflanzen und Vögel zeichnen konnte. Sparrmann
machte indessen eine kleine Ausflucht ins Land.
Am Mittage versuchte der ältere Hr. Forster
in die freye Luft zu gehen und sich mit einigen Indianern zu unterreden, die ans Schiff
gekommen waren. Sobald sie des Fisches ansichtig wurden, der unter dem Verdecke hieng,
gaben sie durch Zeichen zu verstehen, daß er
Schmerzen im Magen hervorbringe; auch legten sie den Kopf mit geschlossenen Augen in
die Hand, um anzuzeigen, daß er Schlaf,
Betäubung und endlich gar den Tod verursa-
che. So sehr diese Aussage mit der gemachten Erfahrung übereinstimmte, so ließ sich
doch allenfalls noch annehmen, daß sie die
Sache nur in der Absicht vergrösserten, um

den

den Europäern den Fisch abzuschwatzen. Diese boten ihnen solchen an, sie weigerten sich aber mit dem äußersten Abscheu, ihn zu nehmen, hielten die Hände vor sich und wandten den Kopf abwärts, ja sie baten sogar, ihn in die See zu werfen. Statt dessen hielt man aber für rathsamer, ihn in Weingeist aufzubewahren.

Gegen Mittag muste es der jüngere Hr. Forster empfindlich büssen, daß er seine Krankheit nicht geachtet und den ganzen Morgen gearbeitet hatte; er ward auf einmal mit einer solchen Ueblichkeit und Betäubung im Kopfe befallen, daß er eilends wieder zu Bette muste. Schweistreibende Mittel verschaften noch die mehreste Erleichterung, doch war das Gift zu bösartig, als daß es sogleich hätte überwältigt werden können. Nicht die Schmerzen, welche sie ausstehen musten, nicht die Besorgniß, was für Folgen dis Gift auf ihre Gesundheit haben würde, sondern das that den edlen, wißbegierigen Männern vorzüglich wehe, daß sie nun ausser Stand wären, dis neue Land weiter zu untersuchen, und die Naturgeschichte desselben näher zu studiren, von deren Wichtigkeit sie bereits einen so viel versprechenden Vorschmack hatten!

Am folgenden Morgen ward Lieutenant Pickersgill mit zwey Booten nach einer westlich

lich gelegenen Insel, Balabia genannt, die ungefähr 8 Seemeilen entfernt war, abgeschickt, um die Lage der Küste zu untersuchen. Man kann sich nicht vorstellen, mit welcher trüben Sehnsucht die beyden kranken Naturforscher diesen Booten vom Schiffe aus nachsahen! Es war ihnen schlechterdings nicht möglich, länger als 5 Minuten hintereinander auf den Füssen zu stehen; sonst hätte sie gewiß nichts hindern sollen, dieser Expedition mit beyzuwohnen.

Das Gift, das den Menschen so übel bekommen war, äusserte sich nun auch an Thieren. Einige Hunde, die man von den Societätsinseln mitgebracht hatte, waren über den Rest der Leber hergefallen, wurden aber sehr krank davon, und litten an eben solchen Symptomen, als jene, welche ehemals auf gleiche Art zu Mallikollo vergiftet wurden. Das einzige Ferken, welches man von Tanna aus mitgenommen hatte, schwoll entsetzlich an, und muste endlich unter den heftigsten Zuckungen das Leben einbüssen, blos, weil es die Eingeweide des Fisches verschluckt hatte.

Die Einwohner, welche an Bord kamen, lernten indeß den Werth des europäischen Eisenwerks immer mehr einsehen, und nahmen gerne Nägel, Messer und Beile an. Teas Buma, der Befehlshaber, sandte Cook ein
Ge-

Geschenk von etwas Zuckerrohr und Yamwurzeln, welches bey der Armseligkeit des Landes
wirklich für ein königliches Geschenk gelten
konnte. Er bekam dafür ein Gegengeschenk
von einem Beile, einem Bohrer und einem
paar tahitischer Hunde, die hier etwas ganz
unbekanntes und neues waren. Die Europäer
versuchten es bey dieser Gelegenheit auf alle
Art und Weise den Namen der grössern Insel
zu erfahren; aber umsonst. Man gab ihnen
immer nur die Namen besonderer Districte
an, z. B. Balabb, Teabuma u. s. w. Jene
liessen es daher bey dem allgemeinen Namen
Neu-Caledonien bewenden, zumal da dieser,
sowohl wegen des gutherzigen Characters der
Einwohner, als auch wegen der Beschaffenheit
des Bodens vollkommen auf dieses Land paßte.

Ungeachtet die Patienten noch sehr schwach
waren, wagten sie sich doch am folgenden Morgen wieder ans Land. Sie stiegen ostwärts
am Wasserplatze aus und durchwanderten einen
Theil der Ebene, wo aber nirgends eine angebaute Stelle, sondern überall nur dünnes
und vertrocknetes Gras zu sehen war. Auf
den vor und zu beyden Seiten liegenden Bergen suchte das Auge eben so vergeblich auch
nur die Spur von einer Hütte. Ueberhaupt
muß die Zahl der Einwohner von Neu-Caledonien im Ganzen nur sehr gering seyn;
denn auf den Bergen kann das Land nicht
gebaut

gebaut werden, und die Ebene ist theils nur
schmal, theils an den mehresten Orten unfruchtbar und wüst.   Unsere Wanderer giengen indessen immer weiter gen Osten und
gelangten endlich an etliche Häusser, die zwischen Sümpfen lagen.   Einige Bewohner derselben kamen mit grosser Gutherzigkeit herbey,
um den Fremblingen die Stellen zu zeigen,
über welche sie, ohne Gefahr zu versinken,
sicher weggehen könnten.   Vor einigen Hütten
sassen die Indianer bey einer kärglichen Mahlzeit von gar gemachten Blättern, indeß andere
den Saft aus der überm Feuer gerösteten
Rinde einer Eibischart saugten.   Die Hrn.
Forster kosteten dis Gericht, fanden es aber
unschmackhaft und widrig, auch kann es nicht
sonderlich nahrhaft seyn.   Die guten Leute
scheinen sich in gewissen Jahrszeiten sehr elend
behelfen zu müssen, und in keiner mag es
kümmerlicher zugehen, als im Frühlinge,
wenn die Wintervorräthe aufgezehrt, die neuen
Früchte hingegen noch nicht zur Reife gekommen sind.   Fische werden alsdenn wohl ihre
einzige Zuflucht seyn, und an diesen kann es
ihnen bey den weitläuftigen Riefs, welche die
Insel rings umher einschliessen, nicht leicht
fehlen.   Können doch selbst, nach Maheines
Aussage, die Einwohner der Societätsinseln,
die doch ungleich besser, als die Neu-Cale-
donier versorgt sind, den Unannehmlichkeiten
eines trocknen oder unfruchtbaren Jahres nicht
im-

immer entgehen, sondern müssen in solchem
Falle einige Monathe hindurch blos mit Far-
renkraut - Wurzeln, Baumrinden und wilden
Früchten vorlieb nehmen.

Bey den erwähnten Hütten gab es eine
beträchtliche Menge zahmer Hüner von grosser
Art und schönem Gefieder; dis waren aber auch
die einzigen Hausthiere, die man bey den
Eingebohrnen bemerkte. Im ganzen genommen, waren die Leute von träger, gleichgül-
tiger Gemüthsart, fast ohne alle Neugierde.
Selten standen sie von ihren Sitzen auf, wenn
die Europäer vor ihnen vorbey giengen, eben
so wenig sprachen sie auch, und wenn es ja
geschah, stets in einem ernsthaften Tone. Nur
allein die Frauenspersonen waren etwas auf-
geräumter, ungeachtet sie, bey ihrer hohen
Abhängigkeit von den Männern, gerade am
wenigsten Ursache dazu zu haben schienen; die
Verheyratheten musten unter andern ihre Kinder in einer Art von Beutel auf dem Rücken
überall mit sich herumtragen, und schon dis allein sah eben nicht sehr erheiternd aus! —
Nach Tische wurden die Untersuchungen längst
dem Ufer wieder fortgesetzt. Auf diesem Spaziergange gerieth man an einen andern dicht
am Wasser gelegenen Haufen von Wohnhütten. Die Indianer hatten daselbst einen ihrer grossen irdenen Töpfe vor sich auf dem
Feuer, worinn Muscheln gar gemacht wurden.
                                          Einer

Einer von ihnen hielt ein Beil von besonderer Gestalt und Arbeit in den Händen.
Es bestand aus einem krummen Ast, oder
Stück Holz, welches einen stumpfen Haken
und einen kurzen Griff hatte. Der Haken war am Ende gespalten, und in die Oefnung ein schwarzer Stein mit einem aus Baumrinde geflochtenen Bande befestigt. Die Insulaner gebrauchen dergleichen Beile zur Bearbeitung des Feldes; die Europäer kauften es
ihnen ab und handelten auch Keulen, Wurf-
riemen und Wurfspiesse ein. Den Gebrauch
der letztern zeigten einige junge Leute bey dieser Gelegenheit durch mehrere Proben mit einer bewundernswürdigen Geschicklichkeit. Bald
darauf kam die Gesellschaft an eine Verzäunung
von Stöcken, welche einen kleinen Hügel oder
Erdhaufen einschloß, der ungefähr 4 Fuß hoch
war. Innerhalb der Verzäunung waren noch
andere Stöcke, einzeln in die Erde geschlagen,
und auf diesen grosse Muschelhörner aufgesteckt.
Bey genauerem Nachfragen brachte man heraus, daß dis die Grabstätte des Befehlshabers dieses Districts sey, und auf den Bergen
fand man noch mehrere Grabstellen. Es scheint
also hier durchgehends eingeführt zu seyn,
daß man die Todten zur Erde bestattet, und
das ist doch wirklich auch vernünftiger, als
daß man sie, wie auf O-Tahiti, über der
Erde liegen läßt, bis das Fleisch ganz wegge-
fault ist. Sollte einmal auf jener glücklichen

Insel

Infel ein ftarkes Sterben einreiffen; so würde diese Gewohnheit sehr üble Folgen haben und schreckliche Epidemien nach sich ziehen. —

Die Schärfe des Gifts hatte das Blut der Patienten gar sehr in Unordnung gebracht, und unter andern eine Mattigkeit im Körper zurückgelassen, die diesen Abend so groß war, daß sie alle Augenblicke niedersitzen mußten, um sich zu erholen. Auch die Schwindlichkeit kam von Zeit zu Zeit wieder, und dann waren sie schlechterdings nicht vermögend, die geringste Untersuchung anzustellen, weil ihnen dergleichen Zufälle nicht nur alle Denkungs- und Erinnerungskraft raubten, sondern ihnen nicht einmal den Gebrauch der äussern Sinne übrig liessen. Und dieser unglückliche Vorfall mußte sich gerade in einem neuentdeckten Lande zutragen, wo sie der vollkommensten Gesundheit und der grösten Aufmerksamkeit bedurft hätten, um sich die wenigen Augenblicke recht zu nutze zu machen, die sie unter einer Nation zubrachten, welche von allen andern, die sie bisher gesehen, so gänzlich verschieden war! Doch hatten sie freylich bey alle dem Ursache, der Vorsehung zu danken, daß sie grösseres Unglück noch so huldvoll verhütet hatte! —

Gegen Abend kamen sie ans Schiff zurück, und bald darauf kehrten auch die Indianer, welche zum Besuch an Bord gekommen

T   waren,

waren, wieder nach dem Lande hin. Die wenigsten hatten Canots; es war den ganzen
Tag über so windig gewesen, daß die mehresten lieber schwimmend ans Schiff kamen,
und auf eben diese Weise verliessen sie es nun
auch. 40. bis 50. stürzten sich zugleich in die
See und schwammen, so hoch auch die Wellen giengen, in kleinen Haufen dem Ufer zu.

Am folgenden Morgen stürmte es dermaf-
sen, daß sich nicht ein einziger Indianer herüber wagte. Die Naturforscher hingegen lief-
sen sich durch den Sturm nicht abhalten, wieder ans Land zu gehen, kamen aber von den
Wellen ziemlich durchnäßt, daselbst an, und
machten eine Exkursion gegen Westen hin.
Sie trafen hier allerhand neue Gattungen von
Vögeln an. Die Nachbarschaft des grossen
unbekannten Neuhollands trägt ohne Zweifel
viel dazu bey, daß auf dieser Insel ein solcher Reichthum von Thieren und Pflanzen vorhanden ist; überhaupt bezeugten Cook und
andere, die bey der vorigen Reise Neuholland besucht hatten, einstimmig, daß gedach-
tes Land in seiner Gebirgsart und Produkten
mit Neucaledonien ungemein viel Aehnlichkeit
habe. Nur darinn soll jenes von diesem verschieden seyn, daß es an mehrern Orten einen
fruchtbaren Boden hat, dessen obere Erdschicht
fett und schwarz ist. Sonst aber zeigte sich,
im Wuchs der Bäume, in dem trocknen,
gleich-

gleichſam verbrannten Anſehen des Landes, nicht die geringſte Verſchiedenheit zwiſchen beyden, auch fehlt es einem wie dem andern an niedern Geſträuch. Die Geſellſchaft hielt ſich bey verſchiedenen Hütten der Indianer auf, die im Schatten einiger Bäume lagen. Die Bewohner derſelben hatten ſich platt auf den Boden niedergeſetzt und waren ganz müſſig. Demungeachtet ſtand, die jungen Leute ausgenommen, der Fremlinge wegen nicht einer auf. Unter andern trafen ſie auch heute einen Mann an, der ganz blonde Haare, eine ausnehmend weiſſe Haut, und das ganze Geſicht voller Blaſen und Flecken hatte. Man hat bekanntlich dergleichen einzelne Menſchen ſchon mehrere unter den Africaniſchen Negern, unter den Americanern, den Bewohnern der Moluckiſchen und der Südſeeinſeln angetroffen, und da man an ihnen mehrentheils eine groſſe Schwäche der Leibesbeſchaffenheit und vornehmlich eine beſondere Blödigkeit der Augen bemerkte, ſo kam man auf die Vermuthung, daß eine ſolche auffallende Abweichung in der Farbe der Haut und der Haare erblich ſeyn, das iſt, von einer Krankheit der Eltern herrühren möchte. Allein bey dem Manne, den man hier antraf, war nicht das geringſte Zeichen einer körperlichen Schwäche und eben ſo wenig etwas mangelhaftes an den Geſichtswerkzeugen zu bemerken. Es muſten alſo ſeine Haut und Haare wohl von einer andern gelindern Urſa-

T 2

che

che entfärbt worden seyn. Um der Seltenheit
willen schnitten die Europäer ihm sowohl als
einem andern gemeinen Indianer eine Haar-
locke ab, die sie auch beyde mit zurückgebracht
haben. Die Indianer schienen diese Opera-
tion gar nicht gut zu heissen, da aber jene
geschwinder damit zu Werke giengen, als sie
es gewahr werden, geschweige denn verhindern
konnten, so liessen sie sich durch einige Geschenke bald wieder zufrieden stellen. Ihre
Unthätigkeit und Gutartigkeit scheint überhaupt,
zumal da, wo es nur Kleinigkeiten betrift,
keinen anhaltenden Unwillen zuzulassen.

Beim weitern Verfolg dieses Spazier-
gangs stieß man auf viele Leute, denen entweder ein Arm oder ein Bein ungeheuer dick
war. Einem waren gar beyde Beine geschwollen. Die Geschwulst war überaus hart, und
die Haut am leidenden Theil bey einigen schup-
picht und fleckigt. Doch schien solchen Kranken die unförmliche Dicke der Arme und Beine weder lästig noch hinderlich zu seyn. Auch
scheinen sie selten Schmerzen davon zu empfinden. Der Aussatz, von welchem, nach der
Meinung der Aerzte, diese Elephantiasis oder
diese ungeheure Geschwulst eine Gattung ist,
scheint heissen und dürren Ländern vorzüglich
eigen zu seyn. Auf der malabarischen Küste,
in Egypten, Palästina und Afrika ist er am
häufigsten, und eben diese Länder sind voll dür-

rer,

rer, heiſſer Sandwüſten. Und iſt auch der
Ausſaß nicht eine nothwendige Folge trockner
Himmelsſtriche, ſo mögen doch Hiße und Dür-
re jene Krankheit wenigſtens befördern und
den Körper dazu diſponiren.

Heute bemerkte man auch wieder ſehr
deutlich, daß die Weiber hier zu Lande von
den Männern faſt noch weniger geachtet werden, als auf Tanna. Sie blieben gemeiniglich in gewiſſer Entfernung von denſelben,
und ſchienen ſtets beſorgt, ihnen ſchon durch
Blicke oder Mienen mißfällig zu werden. Auf
ihnen ruhte die Arbeit für die ganze Familie.
Sie allein waren es, die Brennholz und andere Bedürfniſſe mühſam auf dem Rücken her-
beyſchleppen muſten, indeß ihre fühlloſen Gat-
ten ſie kaum eines Seitenblicks würdigten,
und auch dann unverrückt in ſtarrer Unthätigkeit blieben, wenn ſich die armen Weiber zuweilen der geſellſchaftlichen Fröhlichkeit, die
einen Grundzug ihres Geſchlechts ausmacht,
überlieſſen. —

Der Nachmittag wurde wieder auf dem
Lande zugebracht. Man kam dismal zu einer
Plantage, die alles übertraf, was man bisher in Neu-Caledonien geſehen hatte. Sie
war von beträchtlichem Umfange und enthielt
eine groſſe Mannichfaltigkeit von Pflanzen, die
durchgehends im beſten, blühendſten Zuſtande

T 3

wa-

waren. Förmliche Alleen von Pisangs wechselten mit Yam - und Arumfeldern, mit an-
gepflanztem Zuckerrohr und einer Art von
Yambos - Bäumen ab, welche letztere man
hier gar nicht suchte. Manche Felder waren
durch Fußsteige bequem abgetheilt und überhaupt alles in der schönsten Ordnung. Es
giebt folglich auch unter diesem trägen Volke
einzelne fleißige, arbeitsame Leute. Wie verdient könnten sich Seefahrer um solche einzelne gute Wirthe unter den Wilden machen,
wenn sie ihnen zahme Hausthiere, so wie andere nützliche europäische Produkte und Waaren zuführten, und sie mit dem gehörigen Gebrauch derselben bekannt machten! — Um den
Indianern ein Vergnügen zu machen, schossen
die Europäer nach dem Ziel, wozu jene ihre
Keulen in die Erde steckten. Sie hielten ihre
Gäste für grosse Künstler, ob diese gleich nur
schlechte Schützen waren. Gegen Abend kamen
auch die beyden Boote wieder zurück, mit
welchen Lieutenant Pickersgill war nach Westen, zu Untersuchung einer Insel, abgeschickt
worden. Das wesentliche aus dem Berichte
dieses einsichtsvollen Officiers mag folgendes
seyn:

Auf seiner Fahrt nach Balabia war er
an dem nordwestlichen Ende von Neu-Caledonien ans Land gestiegen, und hatte hier den
Boden mit dem, der dem Ankerplatz gegenüber
lag,

/9j/hal

tag, ziemlich einerley gefunden, doch frucht-
barer, angebauter und mit vielen Cocospalmen besetzt. Die Indianer betrugen sich hier
ebenfalls sehr freundschaftlich und friedfertig.
Zween derselben, welche schon am Schiffe gewesen waren und hörten, daß die Engländer
nach der weiter gegen Norden liegenden Insel
Balabia überstechen wollten, giengen mit dahin. Einer von ihnen, Namens Bubik, war
ein lustiger Kerl und in diesem Betracht von
seinen Landsleuten sehr unterschieden. Anfänglich plauderte er viel mit den Matrosen und
theilte ihnen seinen Namen mit, den sie, nach
ihrer gewöhnlichen Laune, in Bubi (booby
oder Tölpel) verwandelten. Der gute Narr
war hocherfreut, sich also nennen zu hören,
und eben das machte für die Matrosen den
Hauptspaß bey der Sache aus. Als aber nach
einiger Weile die See unruhiger wurde und
die Wellen ins Boot schlugen, ward er mause-
still und kroch in einen Regenmantel, um trocken zu bleiben, und sich gegen den Wind zu
schützen, der ihm auf der bloßen Haut gar
sehr empfindlich zu werden anfieng. Endlich
kam ihm auch der Hunger an, und in Er-
manglung eignen Proviants nahm er mit grosser Dankbarkeit alles an, was ihm die Matrosen zukommen liessen. Alle diese Freude
hätte sich jedoch bald in allgemeines Leid ver-
kehrt. Das Boot ward nemlich leck und ließ
so viel Wasser ein, daß des eifrigsten Ausschö-

pfens

pfens ungeachtet, je länger, je mehr Waffer
eindrang. Schon sah man sich genöthiget,
ein Faß mit frischem Waffer und viele andere
Dinge über Bord zu werfen; aber das wollte
alles nichts helfen, bis endlich, bey Wegräu-
mung einiger Packete, der Leck glücklich entdeckt, so gut sichs thun ließ verstopft und
die Fahrt nach Balabia ohne weitern Anstoß
fortgesetzt wurde. Es war schon ziemlich spät,
als Pickersgill auf dieser Insel landete. Die
Bewohner derselben sind von eben der Art,
als die auf Neu-Caledonia; sie waren auch
eben so gutherzig, als diese, und gaben nicht
nur für etwas Eisen oder tahitisches Zeug ihre
Waffen und Geräthe ohne Umstände weg, sondern verschaften auch den Engländern sogleich
frisches Waffer. Am Abend lagerten sich letztere neben einigen Büschen und zündeten ein
großes Feuer an, bey welchem sie ihre Fische
brateten und verzehrten. Die Indianer leisteten ihnen, seit dem ersten Augenblick der Landung, und noch jetzt, während der Mahlzeit,
in großer Menge Gesellschaft. Sie waren
zum Theil gesprächicher, als die Leute von
Neucaledonien, und erzählten unter andern
von einem großen Lande gegen Norden, welches sie Mingha nannten, deffen Einwohner
sehr kriegerisch und ihre Feinde wären. Auch
zeigten sie auf einen Hügel, mit dem Andeuten, daß unter selbigem einer ihrer Befehlshaber begraben läge, der in einem Gefecht
gegen

gegen die Leute von Mingha geblieben seyn
soll. Ein grosser Rinderknochen, den die
Fremdlinge zu Ende des Abendessens aus ihrem
mitgebrachten Proviant hervorlangten, um den
Rest des daran befindlichen Pöckelfleisches ab-
zunagen, unterbrach diese freundschaftliche Unterredung auf einmal. Die Indianer begannen
bey Erblickung desselben sehr laut und ernstlich
unter einander zu reden und die Engländer
mit Erstaunen und Abscheu anzusehn; endlich
giengen sie gar weg und gaben durch Zeichen
zu verstehen, daß ihre fremden Gäste unfehl-
bar Menschenfresser seyn müsten. Der Officier
suchte diesen häßlichen Argwohn von sich und
seinen Cameraden abzulehnen; allein ans Mangel an Sprachfertigkeit wollte es ihm nicht
gelingen. Da diese Leute noch nie ein vier-
füssiges Thier gesehen hatten, so fragt sich,
ob es überall möglich gewesen wäre, durch
blose Versicherungen ihnen ihren Wahn zu benehmen? Am folgenden Morgen machten sich
die Matrosen an die Ausbesserung des Boots
und liessen ihre nassen Kleider an der Sonne
trocknen. Die Indianer versammelten sich aus
allen Gegenden der Insel in solcher Anzahl um
sie her, daß Pickersgill zur Sicherung der
Kleider für nöthig fand, Linien in den Sand
zu ziehen, die keiner von den Wilden überschreiten sollte. Sie begriffen, was diese Ver-
fügung sagen wollte, und liessen sich solche
ohne Widerrede gefallen. Unter dem ganzen

Hau-

Haufen war nur Einer, der über diese Anstalt mehr Verwunderung, als die übrigen bezeigte, und eben dieser fieng nach einer Weile sehr launigt an, mit einem Stock einen Kreis um sich herzuziehn und unter allerhand possierlichen Grimassen den Anwesenden zu verstehen zu geben, daß sie auch ihm vom Leibe bleiben sollten. Bey der sonst gewöhnlichen Ernsthaftigkeit der Einwohner war dieser humoröse Einfall in der That sehr sonderbar und merkwürdig! Nachdem die Engländer den ganzen Tag mit Ausbesserung des Boots und mit Untersuchung der Insel zugebracht hatten; gieng die Rückreise am folgenden Morgen bey Tagesanbruch vor sich. Zum Unglück war aber die Stopfung des Lecks so schlecht gerathen, daß sie, um das Boot zu erleichtern, schon gegen 6 Uhr Morgens bey der zunächst gelegenen Landspitze von Neucaledonien aussteigen, nur allein die Ruderer im Boote lassen, die übrigen hingegen den ganzen Rückweg, längst der Küste herab, zu Fuß machen musten.

Am folgenden Morgen gieng Cook mit einiger Begleitung nach dem gegen Osten vorhandenen Flusse hin, um seinem Freunde Hibai ein paar Schweine zu schenken, und auf diese Art einem Volke zahmes Schlachtvieh zu verschaffen, dessen Gutartigkeit und friedfertiges Wesen ein solches Geschenk auf alle Weise zu verdienen schien. Man fand diesen Mann
und

und seine Familie in denselben Hütten, wo
man ihn zuerst angetroffen, und nachdem ihm
Cook die Schweine überliefert hatte, ließ sichs
ein jeder von der Gesellschaft, nach dem geringen Maaß seiner Sprachkenntniß angelegen
seyn, dem guten Hibai begreiflich zu machen,
daß die Fortpflanzung dieser Thiere ihm, mit
der Zeit, beständige und reichliche Nahrung
und Unterhalt verschaffen würde, daß sie also
um deswillen am Leben erhalten und sorgfältig verpflegt zu werden verdienten. Er sowohl
als seine Familie, waren beym ersten Anblick
dieser fremden Geschöpfe höchlich erstaunt, bezeigten aber auch so viel Furcht und Abscheu
dafür, daß sie ihre Gäste durch Zeichen baten, solche wieder mit sich zu nehmen. Diese
verdoppelten deshalb ihre Bemühungen, sie eines bessern zu bereden, und bewogen sie auch
endlich, die Thiere bey sich zu behalten. —
Nachdem die Gesellschaft den Hauptendzweck ihres Besuchs erreicht zu haben glaubte, botanisirten sie eine Weile zwischen den Morästen
und Pflanzungen herum, und kamen endlich an
ein einzeln liegendes Haus, das mit einem
Stangenzaun umgeben war, und hinterwärts
eine Reihe von hölzernen Pfeilern hatte. Jeder Pfeiler hielt ohngefähr einen Fuß ins Gevierte, 9 Fuß in der Höhe und der Obertheil
stellte einen unförmlich ausgeschnitzten Men-
schenkopf vor. In diesem einsam gelegenen
Hauße wohnte ein einzelner alter Mann, der
den

den Fremdlingen durch Zeichen zu verstehen gab, diese Pfeiler zeigten seine Grabstelle an! — Von diesem in seiner Art so sonderbaren Orte kamen sie bey einer Plantage vorbey, wo eine Parthey Einwohner, mehrentheils Weiber, beschäftigt waren, ein morastiges Stück Land umzugraben und zu reinigen, vermuthlich um hernach Yam - und Arumwurzeln darauf zu pflanzen. Sie bedienten sich zu dieser Arbeit eines Instruments oder einer Hacke von Holz, die einen langen krummgebogenen, spitzen Schnabel hatte. Eben diß Werkzeug dient ihnen auch als ein Kriegsgewehr. Der hiesige Boden schien so ärmlich zu seyn, daß er mehr Bearbeitung, als irgend ein anderer erfordern muß, um nur einigermaßen fruchtbar zu werden; auch hatte man noch auf keiner andern Insel der Südsee ein ähnliches Umgraben und Umwühlen des Erdreichs zu bemerken Gelegenheit gehabt. Indessen wurden nun auf dem Schiff alle Anstalten zur Abreise gemacht. Nach Tische landete man noch einmal am Wasserplatze; Cook ließ daselbst, dicht an einem Bache, in einem vorzüglich dicken, schattenreichen Baume ohnweit dem Strande, folgende Innschrift einhauen: His Britanic Majesty's Ship Resolution Sept. 1774.

Bey Anbruch des folgenden Morgens ward der Anker gelichtet. Man war bald aus dem

Rief

Rief heraus und steuerte sodenn nordwestwärts
an der Küste herunter. Der Aufenthalt der
Europäer in diesem Haven hatte überhaupt
nur achthalb Tage gedauert, an deren drit-
tem Cook und beede Hrn. Forster bereits vergiftet und dadurch ausser Stand gesetzt wurden, den Rest der Zeit so zu nützen, wie
sie wohl gewünscht hatten. Selbst bey der Abreise waren sie lange noch nicht wieder hergestellt, sondern fühlten noch immer empfindli-
ches Kopfweh und krampfigte Schmerzen am
ganzen Leibe, wobey sich auch ein Ausschlag
an den Lippen einstellte. Ueberhaupt wollten
ihre Kräfte jetzt kaum zu jenen kleinern Be-
schäftigungen hinreichen, die sie in ofner See
gemeiniglich vorzunehmen pflegten, und der
Mangel an guter, frischer Kost war freylich
kein Mittel, ihnen wieder aufzuhelfen.

So entfernte man sich nun von einer Insel, die, im westlichsten Theile des südlichen
Oceans, sich zwischen dem 20sten und 23sten
Grade der Breite, ungefähr 70. bis 80. Seemeilen von Nordwesten nach Südosten, als
ein langer schmaler Streifen Landes, erstreckt,
und kaum 12. Gr. von Neuholland entlegen,
von einer Gattung Menschen bewohnt wird,
die von allen in der Südsee bisher bekannt
gewordenen Nationen ungemein verschieden ist.
Aus der Nachbarschaft von Neuholland hätte
man vermuthen sollen, daß sie mit den dasigen

Ein-

Einwohnern gleiches Ursprungs wären, allein
es findet sich zwischen den Einwohnern dieser
beyden Länder nicht die geringste Aehnlichkeit,
auch sind ihre Sprachen gänzlich von einander
verschieden. Die Zahl der Einwohner von
Neucaledonien muß in Vergleichung der Größ-
se des Landes sehr unbeträchtlich seyn und kann
sich kaum auf 50,000. Seelen belaufen. Wenn
man von den übrigen Südseeinseln, oder auch
nur von den Neuen Hebriden hieher kommt,
ist der Kontrast, sowohl was das Land als
seine Bewohner betrift, überaus auffallend.
Das Betragen der leztern gegen die Europäer
setzte ihre Gemüthsart in ein sehr vortheilhaf-
tes Licht. Sie sind das einzige Volk in der
Südsee, das keine Ursache hat mit Jener Anwesenheit unzufrieden zu seyn. Es ist leider zur Genüge bekannt, wie leicht sich die Seeleute reizen
lassen, Indianern das Leben zu nehmen; bedenkt man nun, daß die hiesigen sich nicht die
geringste Unannehmlichkeit, viel weniger Mord
und Todschlag zugezogen haben, so ist schon
daraus allein abzunehmen, daß sie in sehr hohem Grade sanftmüthig und gutherzig seyn müssen. Die Einfalt, die man in ihrem häusli-
chen Leben wahrnahm, findet wahrscheinlicher-
weise auch bey ihrer politischen Verfassung
statt. Teabuma wurde als Befehlshaber des
Districts angesehen, der dem Ankerplatze gegenüber lag; allein bey der Armseligkeit des Landes konnte er wohl auf keine sonderlichen Vorzüge

züge Anspruch machen, und da noch kein Lu-
rus bekannt ist, so lebt er vermuthlich um
nichts besser als seine übrigen Landsleute. Auch
die äussern Ehrenbezeugungen, die ihm erwiesen werden, können nicht viel zu bedeuten
haben. Indessen mag doch schon der Name,
den sie ihm beylegen, eine Art von Ehrenbezeugung ausmachen, wenigstens scheint das
Wörtchen Tea ein Titel zu seyn, welchen sie,
ohne Unterschied, dem Namen jedes angesehenen Mannes vorsetzen. Wenn z. B. Hibai
dem Capitain eine rechte Ehre anthun wollte,
nannte er ihn Tea-Cook. Die benachbarten
Distrirte haben vermuthlich ihre eigenen Befehlshaber, oder vielmehr, jede Familie macht
einen eigenen kleinen Staat aus, der nach patriarchalischer Weise, durch den Aeltesten regiert
wird, welches in der Kindheit jeder Gesellschaft von Menschen immer der Fall seyn
muß. —

Von ihrer Religion läßt sich gar nichts
sagen. Man bemerkte nicht einmal eine Spur
von einem religiösen Gebrauch bey ihnen,
vielweniger eine förmliche Ceremonie oder andere Aeusserung des Aberglaubens. Vermuthlich steht die Einfalt ihrer Begriffe mit der
Einfalt ihres ganzen Characters in Verhält-
niß. Die Zeit war überhaupt auch zu kurz,
um über diesen Punct etwas umständliches und
gewisses zu erfahren. — Viel und mannichfaltige

faltige Krankheiten sind gemeiniglich nur Folgen der Ausschweifung und Völlerey, die
kann aber bey so armseligen und rohen Menschen, als die hiesigen sind, wohl nicht statt
finden. Die oben erwähnte Elephantkaſis iſt
zwar hier sehr gemein, doch wurde diese Krankheit bey keinem in so hohem Grade angetroffen, daß das Leben des Patienten darüber in
Gefahr gerathen wäre. Graue Haare und
Runzeln, die gewöhnlichen Begleiter des hohen Alters waren hier nichts seltenes, aber
unmöglich war es, sich über einen so abſtrak-
ten Begriff, als das Alter iſt, mit ihnen zu
erklären, und hätte man es gekonnt, so iſt
noch die Frage, ob sie selbſt von der Zahl
ihrer Lebensjahre hätten Rechenschaft geben
können? War man doch nicht einmal im
Stande, sich bey den Tahitiern nach der
Dauer der Lebenszeit zu erkundigen, ungeachtet man von der dortigen Sprache ungleich
mehr, als von der hiesigen wußte, von welcher man nur einzelne Wörter aufgeschnappt
hatte. — Doch weiter in der Erzählung der
Begebenheiten, die sich mit Cook und seinen
Gefährten auf dieser Reise noch vollends zu-
trugen! —

Cook steuerte nunmehr, um die Lage der
Küste zu bestimmen, zwischen Nord und
West, längſt der Felsenriefe herunter, womit Neucaledonien auf dieser Seite umgeben
iſt.

ist. Er entdeckte dabey drey Inseln, denen
er aber des Riefs wegen, das sich an einigen Stellen sehr weit von der Küste entfernte, nicht beykommen konnte. Die gröste davon mochte etwa 7. Seemeilen lang seyn. Am
15ten Sept. wurde das Schiff, vier Meilen
vom Rief, von einer Windstille überfallen,
und die Wellen, welche sehr hoch giengen,
trieben es gerade auf die Felsen hin. Die
Gefahr war so dringend, daß unverzüglich
zwey Boote ausgesetzt wurden und die Matrosen sichs sehr sauer werden lassen musten, das
Schiff an Stricken davon wegzuziehen. Eine
schwache Seeluft, welche gegen Abend eintrat,
gab ihnen Gelegenheit, sich wieder etwas zu
erholen, um Mitternacht aber musten sie aufs
neue an die Arbeit; auch der folgende Morgen war sehr windstill, endlich stellte sich gegen Abend ein frischer Wind ein; da man nun
bisher, am Nord-Ende, umsonst nach einer
Einfahrt in den Rief gesucht hatte, so ließ
Cook das Schiff umwenden, um geraden Weges zurück, und um das südöstliche Ende von
Neu-Caledonien herum zu segeln. Schon am
folgenden Morgen segelte er wieder an dem
District Ballabd vorbey, wo das Schiff vor
Anker gelegen hatte. Der öftern Windstillen
wegen war diese Farth herzlich langweilig und
verdrießlich. Endlich erblickte man am 24sten
das Cap, welches das östliche Ende von Neu-
Caledonien ausmacht. Es liegt im 22° 15′

U   südl.

füdl. Br. und 167. Gr. 15. Min. öftl. Länge;
der nördlichste Theil des Landes, so weit man
nemlich dismal kam, liegt unterm 19. Gr. 37. M.
füdl. Br. und 163. Gr. 40. Min. öftl. Länge.
Cook sah, auch bey dem Süd-Ende von
Neu-Caledonien, verschiedene Inseln, wurde
aber durch die Unbeständigkeit des Windes
gehindert, sie genauer in Augenschein zu nehmen. Sie waren von einem grossen Riese
eingeschlossen; da sich nun in diesem keine Einfahrt zeigte, so muste Cook, damit das Schiff
nicht in Gefahr käme, an die Küste geworfen
zu werden, nach Osten zu steuern. Diese Farth
muste freylich doppelt unangenehm seyn, da
man das Land so nahe hatte und es doch nicht
untersuchen — frische Lebensmittel daselbst
vermuthen und doch keine habhaft werden konnte. Der noch vorhandene Rest von Yamwurzeln war überaus gering, und kam, als eine
Delicatesse, nur auf die Tafeln der Officier,
indeß der gemeine Matrose seit A-Namoka
her keinen frischen Bissen gekostet hatte. Erst
am 26sten Abends wurde der Wind etwas
besser und gestattete, daß man die gröste der
vorliegenden Inseln umsegeln konnte. Sie bestand aus einem, sanft in die Höhe laufenden
Berge, der rings umher von einer Ebene umgeben war, woselbst eine sehr grosse Menge
Bäume stunden, die man anfangs in der Ferne für Basaltsäulen angesehen hatte. Diese
Bäume hatten nemlich auf eine msehr geraden
und

und langen Stamme, nur ganz kurze, dünne
Zweige, die sich in der Ferne nicht wohl unterscheiden ließen. Cook nannte dis Eyland,
das ungefähr 18. Meilen im Umkreise zu haben schien, die Fichten-Insel, in der Vermuthung, daß die säulenförmigen Bäume zu
diesem Geschlechte gehören möchten. Am folgenden Tage kam man bey einer kleinen Insel
vor Anker, die nicht über zwo Meilen im
Umfange haben mochte, sandig und flach, und
ebenfalls mit jenen sonderbaren Bäumen über-
wachsen war. Einigen vom Schiffe gelang
es, in einem Boot durch das Rief, womit
diese kleine Insel umgeben war zu kommen
und aus Land zu steigen. Sie fanden, daß
die schlanken, hohen Bäume, die sie vom
Schiffe aus gesehen hatten, eine Art Cypressen
und wenigstens 90. bis 100. Fuß hoch waren.
Auch fanden sie hier eine Menge anderer Bäume, Gesträuche und Vögel, und besonders eine grosse Menge, zum Theil ganz neuer Pflanzen, weswegen auch Cook dis Inselchen Botany-Eyland nannte. Indem man hier vor
Anker lang, fieng der erste Lieutenant einen
Fisch von eben der Art, womit Cook und die
beyden Hrn. Forster waren vergiftet worden.
Ungeachtet er nun von dem Unheil, welches
der Genuß desselben angerichtet, ein Augen-
zeuge gewesen war, und seine Tischcameraden
ihn überdis noch ernstlich dafür warnten, so
bestund er gleichwohl darauf, sich den Fisch
U 2   zu-

zurichten zu laſſen. Man muſte ihm denſelben
auch wirklich auftragen, und nun ſahen ſeine
Freunde kein ander Mittel, ihn vom Eſſen abzuhalten, als daß ſie ſeinen raſenden Vorſatz lächerlich machten; dis hatte auch endlich einen beſſern
Erfolg, als alles vernünftige Zureden. Ein junger
Hund, der unglücklicherweiſe von den Eingeweiden dieſes Fiſches etwas gefreſſen hatte,
muſte dafür etliche Tage hintereinander ſo un-
erträgliche Qualen ausſtehen, daß, zu Endigung derſelben, ein mitleidiger Matroſe ihn
endlich über Bord warf. Man kann indeſſen
aus dieſem Vorfall abnehmen, wie verhungert
auf friſche Lebensmittel das Schiffsvolk geweſen
ſeyn mußte, da man, einer einzigen Mahlzeit
wegen, die Gefahr nicht achtete, vergiftet zu
werden! Alle Officiere, die zum Theil ſchon
mehr als Einmal die Reiſe um die Welt mit-
gemacht, und viel ausgeſtanden hatten, bezeugten einmüthig, daß die Beſchwerlichkeiten und
Unannehmlichkeiten der vorigen, gegen dieſe
Reiſe für nichts zu rechnen, und ſie der elenden Schiffskoſt nie ſo ſatt geweſen wären,
als jetzt! Capit. Cook hatte einen Vorrath
geräucherter Schinken mit auf die Reiſe genommen; ſie waren aber durch die Länge der
Zeit ſehr ſchlecht und gänzlich abſchmeckend geworden. Das Fett hatte ſich in ranziges
Oel verwandelt und das Salz in groſſen, wein-
ſteinartigen, alkaliſchen Klumpen angeſetzt.
So oft gleichwohl ein ſolcher, halb verweß-
ter,

ter, eckelhafter Schinken auf des Capitains
Tisch getragen ward, (welches wöchentlich nur
Einmal geschahe) sahen alle jüngere Officiers,
die nicht mit an der Capitains . Tafel assen,
diesem Leckerbissen mit sehnsuchtsvollem Appe-
tite nach, und priesen jene Tischgesellschaft
deshalb so glücklich, daß es selbst einem Wilden, geschweige denn ihren lebhafter fühlenden
Cameraden, hätte weh thun mögen! Dem
Sauerkraut, das man an Bord hatte, muß
es allein zugeschrieben werden, daß der Scorbut nicht stärker einriß, doch waren, auch
ohne dis Uebel, die Umstände, worinn unsere
Reisende sich befanden, schon kläglich und be-
dauernswerth genug.   Am Abend, noch ehe
man zwischen den Riesen heraus war, trat
plötzlich eine Windstille ein.   Das Schiff,
welches Fluth und Ströhmung nun gegen die
Klippen trieben, gerieth dadurch, zumal da
mit 150 Faden nirgends Grund zu finden
war, in die größte Gefahr! In dieser Verlegenheit erblickte man, um halb acht Uhr,
gegen Norden eine Feuerkugel, die an Größe
und Glanz der Sonne glich, jedoch von etwas
blässerem Lichte war. Nach wenig Augenblicken borstete sie, und hinterließ viel helle Funken, wovon die größten länglichtrund und, ehe
man sichs versah, unter den Horizont herab-
gesunken waren. Eine bläuliche Flamme folgte und bezeichnete den Lauf dieser Feuerkugel;
auch wollten einige, während ihres Herabfal-

U 3   lens,

lens, ein Zischen gehört haben. Indeß die
Naturforscher über dis sonderbare Phänomen
nachdachten, erscholl bereits unter den Matrosen ein Jauchzen, daß nun bald frischer Wind
entstehen würde, und wirklich giengen auch ihre Prophezeihungen noch dieselbe Nacht in Er-
füllung. Es erhob sich ein starker Wind, der
am folgenden Morgen südlich wurde und mittelst dessen man endlich von Neucaledonien,
der grössesten unter allen bisher zwischen den
Wendekreisen entdeckten Südseeinseln, von
der aber freylich dismal noch vieles unerforscht gelassen werden muste, wegsteuern
konnte.

Schon am 2ten October wurde es wieder windstill. Bey dieser Gelegenheit fieng
man einen Hayfisch, deren sich verschiedene
neben dem Schiffe sehen liessen. In einem
Augenblick war er unter die ganze Mannschaft
vertheilt, und, von so öhlichtem Geschmack
das Fleisch auch seyn mochte, so verzehrte doch
Jeder seinen Antheil mit grossem Appetit.
Wer hätte auch in einer solchen Lage lecker-
haft seyn wollen? Endlich stellte sich, zu Jedermanns Vergnügen, ein frischer Westwind
ein, mit dessen Hülfe man jenseits des Wen-
desteinbocksfreises nach Süd-Süd-Osten
steuern konnte. Am 7ten segelte man mit gutem Winde südwestwärts, weil Cook unmittelbar nach der Westseite von Neuseeland
hinzu-

hinzusteuern gedachte, um nicht nöthig zu haben, Cooks-Strasse zu passiren, welches ihm
im vorigen Jahre so viel Zeit und Mühe gekostet. Tags darauf schwamm eine zahlreiche
Heerde Meerschweine (die Delphine der Alten)
bey dem Schiffe vorbey. Sie gaukelten sehr
munter um dasselbe herum, und sprangen manchmal aus dem Wasser empor. Eins von diesen Thieren wurde mit einem Harpun und 5.
Flintenkugeln erlegt, und am folgenden Morgen unter die Mannschaft vertheilt. Das
Fleisch sah fast ganz schwarz aus, schmeckte aber
doch, als das Fett davon abgeschnitten worden,
so erträglich, als ein Stück trocknes Rindfleisch.
Früh um 8 Uhr erblickte man vom Mastkorbe
aus Land. Es war eine kleine Insel von
mittlerer Höhe, und, so wie Botany-Eyland,
überall mit Cypressen bewachsen. Gleich nach
Tische fuhr man in zween-Booten dem Lande
zu. Das Ufer war sehr steil und dicht mit
Waldung bewachsen, zu welcher Winden- und
Schling-Pflanzen den Zugang erschwerten.
So bald man sich durch diese hindurch gearbeitet hatte und etwas tiefer kam, wurde der
Wald lichter und der Weg bequemer. Der
Boden war überaus fett, und, vielleicht schon
mehrere Jahrhunderte hindurch mit verfau-
lenden Holzspänen und andern Pflanzentheil-
chen gedüngt; auch fanden sich hin und wieder
Spuren von einem ehemals hier befindlichen
Vulkane. In einem solchen Erdreiche muſte

frey-

freylich alles gedeihen! Man fand hier in
großer Vollkommenheit viele, theils schon bekannte, theils ganz neue Pflanzengattungen.
Vorzüglich schön wuchs hier die Neuseeländi-
sche Flachspflanze; sie erreichte eine Höhe
von 9 bis 10 Fuß und hatte auch größere,
hellere Blumen, als in Königin-Charlotten-
Sunde. Ueberhaupt prangten hier die Gewächse mit allen den Vorzügen, die ein mil-
derer Himmelsstrich und ein besseres Erdreich
zu geben pflegen. Unter andern wuchsen auch
die Cypressen, wie man sie auf Neucaledonien
angetroffen, und die Kohlpalmen der Neuen
Hebeidischen Inseln, in größter Vollkommenheit neben einander. Diese zwo Baumarten
waren den Engländern vorzüglich willkommen.
Jene dienten dem Zimmermanne zu allerley
Geräthe und diese gaben ein angenehmes und
schmackhaftes Erfrischungsmittel. Man lies
daher von letztern eine gute Anzahl fällen und
nahm den mittelsten Schossen, oder das Herz
mit ans Schiff. Dis giebt eigentlich dem
Baume seinen Namen, schmeckt aber mehr wie
Mandeln, denn als Kohl. Die Thiere waren
hier mehrentheils von Neuseeländischer Art,
nur, daß die Papagayen ein weit helleres und
glänzenderes Gefieder hatten. Ausserdem fand
sich hier eine Menge kleiner Vögel, die dieser
Insel eigenthümlich und zum Theil sehr schön
von Farbe waren. Der muntere Gesang derselben erheiterte diesen einsamen Ort, dem

nichts

nichts als Grösse fehlt, um für Europäer den
besten Pflanzort in der Südsee abzugeben.
Schade, daß man vergaß, hier ein paar
Schweine auszusetzen! In einer so fruchtbaren Einöde (denn man fand bis etwa zwey
bis drey Meilen lange Inselchen gänzlich un-
bewohnt) hätten sie sich gewiß ungestört fort-
pflanzen und künftigen Seefahrern zu einer
treflichen Erfrischung gereichen können. Cook
nannte diesen angenehmen Flecken Landes, der
verstorbenen Herzogin von Norfolk, (oder
der angesehenen Howardschen Familie) zu
Ehren, Norkolf, Eyland. Es liegt unterm
29 Gr. 2 Min. südl. Br. und 168 Gr. 16 M.
östl. Länge.

Gestärkt durch frische Mahlzeiten von Vögeln, Fischen und den Herzen der Kohlpalmen,
und begleitet von ganzen Schaaren Tölpel,
Pintaden, Sturmvögel und Albatrosse, segelte man nun mit günstigem Winde geraden
Weges auf Neuseeland zu. Welche Freude,
als man schon am 17ten Okt. die Küste davon
erblickte! Bereits zwo Nächte zuvor hatte
man starken Abendthau verspürt, welches jederzeit für eine sichere Anzeige gehalten wird,
daß man nicht mehr weit vom Lande ist.

Der Theil von Neuseeland, bey dem
man dismal ankam, war der Berg Egmont
an der nördlichen Seite der Einfahrt in Cooks
Straß-

Straſſe belegen. Dieſer überaus hohe Pik, der an Höhe dem berühmten Pik von Teneriffa nichts nachgeben wird, ſchien von oben an bis faſt auf die Mitte mit Schnee und Eis bedeckt zu ſeyn und verbarg ſeinen Gipfel mehrentheils in den Wolken. Der ganze Berg hat ein majeſtätiſches Anſehen, und andere Berge neben ihm ſehen nur als kleine Hügel aus. Er ſteht auf einer groſſen Ebene, oder vielmehr, er breitet ſich allmählich darinnen aus, und der oberſte Gipfel endigt ſich in eine ſehr dünne Spitze.

Bisher war der Wind immer noch gelinde geweſen. Jezt aber verwandelte er ſich auf einmal in einen ſolchen Sturm, daß das Schiff in einer Stunde über acht Meilen damit zurücklegte. Zu gleicher Zeit wurde die Luft ſehr rauh und kalt. Ein Glück, daß unſere Reiſende ſich dismal an der Weſtſeite von Neuſeeland befanden, wo ihnen dieſer Sturm günſtig war. An der Oſtſeite dieſes Landes würde er ihnen äuſſerſt gefährlich geweſen ſeyn, wie ſie bey ihrer vorjährigen Anweſenheit dahier genugſam erfahren hatten. Am folgenden Morgen trieb er ſie beym Cap Stephens, bey der Admiralitäts-Bay und Point-Jackſon vorüber und brachte ſie ſodenn in Königin-Charlotten-Sund, wo die Berge ſchon einigen Schutz gaben. So langten ſie denn endlich zum drittenmale auf dieſer Reiſe

Reise glücklich wieder auf ihrem vormaligen Ankerplatz, in Ship - Cove an. Man kann leicht denken, welchen angenehmen Eindruck der Anblick jedes bekannten Gegenstandes, so wild und öde er auch immer seyn mochte, auf sie machte und welche Fröhlichkeit die Hofnung, hier die erschöpften Kräfte wieder zu sammeln und zu stärken, im ganzen Schiff erregte! —

Schwere Regengüsse und heftige Windstösse waren der, eben nicht freundliche, Willkomm, den unsere Reisenden bey ihrer Ankunft auf der Neuseeländischen Küste fanden. Ueberhaupt hatte die Jahreszeit, unter dem hiesigen rauhen Himmelsstrich, itzt noch wenig Anmuth. Die Bäume stunden zum Theil noch im traurigen Gewande des abgewichenen Herbstes da, und kaum zeigte sich hin und wieder nur eine entfernte Spur des wiederkehrenden Frühlings! Was aber den Engländern sogleich am meisten auffiel, war, daß sich in der Gegend des Ufers, wo schon die beyden vorigen male die Zelte gestanden hatten, überall deutliche Spuren zeigten, daß sich, seit ihrer Abreise im November des vorigen Jahres, ein europäisches Schiff hier müsse aufgehalten haben. Eine Menge von Bäumen, die bey ihrer Abreise noch auf dem Stamme waren, fanden sie itzt, theils mit Sägen, theils mit andern den Indianern unbekannten Werkzeugen nieder-

niedergefällt. Auch die Flasche war fort, und
andere untrügliche Merkmale mehr vorhanden,
daß Europäer hier gewesen. Die Gärten,
welche letztere hier angelegt, waren fast gänzlich verwildert und die Gewächse theils aus-
gerottet, theils durch Unkraut erstickt. Doch
stunden einige davon sehr schön, zum Beweis,
wie gut der Boden, in den man sie gepflanzt
hatte, sich für sie schickte.

Um die Einwohner, falls sie sich in der
Nähe befänden, von seiner Ankunft zu benach-
richtigen, ließ Cook, der ihrer zum Fischfang
sehr bedurfte, gleich am ersten Tage eine Kanone
abfeuern; allein weder an diesem noch den zunächst darauf folgenden Tagen kamen welche zum
Vorschein. Tags darauf wurde das Schiff tiefer in die Bucht gezogen, und die Gezelte eben
da, wo sie ehemals gestanden, wieder aufgeschlagen. Die jungen Vögel vom vorigen
Jahre, die die betrüglichen Feuergewehre der
Europäer nicht kannten, ließen diese unbekümmert so nahe an sich kommen, daß auch der
ungeübteste Schütze sie nicht leicht verfehlen
konnte. Natürlich ließ man denn auch eine
so bequeme Gelegenheit, die Küche mit so guten Leckerbissen zu versorgen, nicht ungenutzt.
An einer andern Gegend der Bucht fand man
Sellerie und Löffelkraut häufig am Strande
wachsen. Auch fand man im Walde einen
wahren Kohl - Palmbaum von derselben Art,
wie

wie man schon auf Norfolk - Eyland angetroffen hatte. Mit einer vollen Bootsladung
antiscorbutischer Kräuter, die besonders denen,
die vergiftet gewesen, sehr willkommen waren,
kehrte man Abends wieder auf das Schiff zurück, von dem abermals eine Kanone abgefeuert
wurde, weil sich noch immer keiner von den
Einwohnern hätte sehen lassen.

Nach etlichen stürmischen und regnichten
Tagen gieng endlich am 22ten die Sonne am
wolkenfreyen Himmel, in aller ihrer Pracht
auf; von allen Seiten her ertönte der muntere Gesang der Vögel, und verkündigte einen
schönen Frühlingstag. Die Schiffsgesellschaft
zerstreuete sich sogleich in verschiedenen Par-
thieen aufs Land. Cook ließ auf einem Felsen am Strande Feuer anzünden, um durch
diß Signal die Einwohner herbeyzulocken. Gegen Abend kamen Officiere und Matrosen mit
einer ergiebigen Beute Vögel, Fische und frischen Kräuter wieder auf das Schiff zurück.
Ein so allgemein glücklicher Erfolg gab im
ganzen Schiffe Anlaß zu einer Art von Feste,
bey welchem der Leichtsinn des Seevolks auf
einmal aller vorigen Trübsale vergaß.

Eben als man am 24sten Anstalt machte,
die Indianer, auf deren Ankunft man bisher
vergebens gewartet hatte, in den südwärts gelegenen Buchten selbst aufzusuchen, zeigten sich
enblich

endlich zwey segelnde Canots im Eingange von
Shag-Cove, allein sobald sie das Schiff
gewahr wurden, ruderten sie sogleich in grö-
ster Eile wieder davon. Die Engländer, die
eine solche Schüchternheit sonst gar nicht an
ihnen gewohnt waren, wurden natürlicherweise
dadurch nur desto begieriger gemacht, sie zu
sprechen, um die Ursache ihres Mistrauens zu
erfahren. Cook fuhr daher mit einiger Begleitung in seinem Boote selbst nach Shag-
Cove; allein von Indianern war nirgends eine Spur zu finden. Schon wollte man wieder umkehren, als vom südlichen Ufer her eine Stimme erscholl und bey näherem Umsehen
etliche Leute oben auf den hohen Bergen zum
Vorschein kamen. Auf einer kleinen waldigten
Anhöhe standen noch drey oder vier andere;
nicht weit davon lagen mehrere Hütten zwischen den Bäumen, und unterhalb waren die
Canots auf den Strand gezogen. Bey diesen
stieg Cook mit seinen Begleitern ans Land,
und winkte den Indianern herab zu kommen.
Diese besannen sich eine zeitlang; endlich wagte es doch einer, und so bald er, nach hiesi-
ger Landessitte, zum Friedenszeichen der Fremdlinge Nasen mit der seinigen berührt hatte,
kamen auch die übrigen Indianer herab. Die
Europäer erkannten bald unter ihnen einige ihrer ehemaligen Bekannten und fragten nach ihrem Befinden. Die Antwort darauf fiel aber
sehr verworren und unverständlich aus; nur so

viel

viel konnte man heraus bringen, daß sie von
einer Schlacht sprachen, wobey verschiedene
ihrer Landsleute das Leben eingebüst hätten.
Zu gleicher Zeit fragten sie ihre Gäste einmal
nach dem andern, ob sie ungehalten auf sie
wären, und ob ihre Freundschaftsbezeugungen
auch wohl treuherzig gemeynt seyn möchten?
So wohl diese Reden, als ihre sichtbare Verlegenheit, liesen Jene nicht ohne Ursache vermuthen, daß sie mit der Mannschaft irgend eines europäischen Schiffes unglücklicher weise
in Streit gerathen seyn müßten, und natürli-
licher weise fiel ihnen dabey ihre ehemalige
Begleiterinn, die Adventure, ein. Doch ließ
man sich vor der Hand nichts davon gegen die
Indianer merken, sondern suchte vielmehr ihr
Zutrauen wieder zu gewinnen, indem man die
Unterredung auf einen andern Gegenstand lenk-
te und Fische zu kaufen begehrte. Von diesen
brachten sie sogleich einen ansehnlichen Vorrath und überliesen ihn gegen allerhand Kleinigkeiten an die Europäer. Auch an den folgenden Tagen versorgten sie ihre Gäste immer
so reichlich damit, daß diese stets frischen
Vorrath hatten. Nach gerade wurden sie auch
so zutraulich und offenherzig, daß sie ihren
neuen europäischen Freunden eine Geschichte erzählten, die allen sehr auffallend vorkam. Sie
sagten nemlich, es sey hier vor einiger Zeit
ein fremdes Schiff vor Anker gelegen, dessen
ganze Mannschaft, in einem Treffen mit den

Ein-

Einwohnern, erschlagen und gefressen worden
wäre! Diese Nachricht klang freylich fürchterlich genug, um die Europäer zu erschrecken,
zumal da diese befürchten musten, daß die Adventure damit gemeynt sey. Um mehr Licht
in der Sache zu bekommen, fragten sie die
Wilden nach verschiedenen einzelnen Umständen,
und entdeckten bald dis, bald jenes, wodurch
ihre Vermuthung immer mehr ausser Zweifel
gesetzt ward. Endlich merkten die Indianer,
daß dieser Gegenstand den Fremdlingen ganz
besonders am Herzen liegen müsse, weil diese
gar nicht aufhörten, sie darüber auszufragen;
sie weigerten sich also auf einmal, ein mehreres davon zu sagen, und stopften sogar einem ihrer Landsleute, durch Drohungen, den
Mund, da er eben im Begriff war, den ganzen Vorfall nochmals im Zusammenhange zu
erzählen. Dis machte Capitain Cook immer begieriger, etwas zuverläßiges vom
Schicksale der Adventure zu wissen; er rief
daher ein paar Wilde in die Kajüte und
versuchte, sich so deutlich als möglich gegen
sie zu erklären. Allein beyde läugneten, daß
den Europäern das geringste zu Leide geschehen
sey. Um ihnen den Innhalt der ihnen vorge-
legten Frage noch deutlicher und anschaulicher
zu machen, schnitten itzt die Europäer zwey
Stückchen Papier in Gestalt zweyer Schiffe
aus, wovon das eine die Resolution, das
andere die Adventure vorstellen sollte. Alsdenn

dann zeichneten sie den Plan des Havens
auf einem grössern Papier, zogen hierauf die
Schiffe so vielmal in ⸱ und aus dem Haven,
als sie wirklich darinn geankert hatten und
wieder abgesegelt waren, bis zu der letzten Ab⸱
reise im November. Nun hielten sie eine zeit⸱
lang ein, und fiengen sodann an, ihr Schiff
nochmals herein zu ziehen; hier aber unterbra⸱
chen sie die Wilden, schoben Jener Schiff zu⸱
rück, und zogen das Papier, welches die Ad⸱
venture vorstellte, in den Haven und wieder⸱
um heraus, wobey sie zugleich an den Fin⸱
gern zählten, seit wie viel Monden dieses
Schiff abgesegelt sey. Auf solche Art erfuhren
die Engländer mit zwiefachem Vergnügen,
nicht nur, daß ihre ehemalige Reisegefährten
gewiß von hier abgesegelt wären, sondern
auch, daß die Einwohner mit einem Grad von
Scharfsinn begabt sind, von dem sich bey wei⸱
terer Ausbildung alles mögliche erwarten läßt.
In Absicht der Geschichte blieb nun freylich
das noch räthselhaft, wie sich ihre erste Aus⸱
sage, von einem Treffen zwischen ihnen und
den Europäern, mit der letzten Versiche⸱
rung reime, daß diesen kein Leid wiederfah⸱
ren und die Adventure wieder von hier ab⸱
gegangen sey? Doch beruhigte man sich end⸱
lich damit, daß man bey der erstern Erzäh⸱
lung die Indianer nicht recht verstanden ha⸱
ben müsse. Erst bey der Rückkehr nach dem
Cap kam man über diesen Punkt ausser Zwei⸱

X   fel

fel und erfuhr, daß die Abventure, bey ihrer letzten Anwesenheit in Neuseeland, ein Boot mit 10 Mann eingebüßt habe. Die Schicksa-le der Adventure nach der Trennung von der Resolution waren überhaupt kürzlich folgende gewesen:

Nachdem Capit. Furneaux durch Sturm und Nebel von Cook war getrennt worden, sah er sich genöthiget, am 9ten Nov. 1773. auf der nördlichen Insel von Neuseeland, in der Bay Tolaga, vor Anker zu gehen. Von hier segelte er am 16ten wieder ab und lang-te am 30ten, einige wenige Tage nach Cooks Abreise, in Königin ‑ Charlotten ‑ Sund an. O‑mai (der Indianer aus der Insel Ulietea, der sich am Bord der Adventure befand) war der erste, der die Innschrift am Baume ent-deckte, an dessen Fuß die Flasche mit der Nachricht von der Abfahrt der Resolution ver-scharrt worden war. Er zeigte die Innschrift dem Capitain, der gleich nachgraben ließ und die Flasche nebst dem darinn verschlossenen Briefe fand. Selbigem zufolge machte dieser auch unverzüglich Anstalt zur Fortsetzung der Reise. Schon war sein Schiff segelfertig, als er noch ein Boot nach Gras ‑ Cove schickte, um eine Ladung Löffelkraut und Sellerie von dort herzuholen. Das Commando dieses klei-nen Detaschements warb einem gewissen Hrn. Rowe anvertraut. Dieser unglückliche junge

Mann

Mann hatte, bey einer sonst guten Denkungsart, die Vorurtheile der seemännischen Erziehung noch nicht völlig abgelegt. Er sahe, z.
B. alle Einwohner der Südsee mit einer Art
von Verachtung an, und glaubte, eben dasfel-
be Recht über sie zu haben, welches sich, in
barbarischen Jahrhunderten, die Spanier über
das Leben der amerikanischen Wilden anmaß-
ten. Seine Leute landeten in Gras - Cove
und fiengen an, Kräuter abzuschneiden. Vermuthlich hatten sie, mehrerer Bequemlichkeit
wegen, bey dieser Arbeit ihre Röcke ausge-
zogen; wenigstens erzählten die Indianer in
Königin - Charlotten - Sund, der Streit sey
daher entstanden, daß einer von ihren Landsleuten den Europäern eine Jacke gestohlen
hätte. Dieses Diebstahls wegen habe man
sogleich Feuer auf sie gegeben, und so lange
damit fortgefahren, bis die Matrosen kein
Pulver mehr gehabt; als die Eingebohrnen dis
inne geworden, wären sie sogleich auf die Europäer zugerannt, und hätten selbige bis auf
den letzten Mann erschlagen. Als Capit. Furneaux sahe, daß das abgefertigte Boot zween
volle Tage ausblieb, schickte er den Lieutenant
Burney in einem andern wohlbemannten und
starkbewafneten Boote ab, um jenes aufzusuchen. Dieser erblickte am Eingange von East-
Bay ein grosses Canot voll Indianer, die
aus allen Kräften davon ruderten, so bald sie
das Boot der Adventure gewahr wurden; die

X 2   Eu-

Europäer ruderten tapfer hinterdrein; allein,
aus Besorgniß eingeholt zu werden, sprangen
die Neuseeländer sämtlich ins Wasser, und
schwammen nach dem Ufer zu. Hrn. Burney
kam diese ungewöhnliche Furcht der Wilden
sehr befremdend vor; doch, als er das ledige
Canot erreicht hatte, sah er leider nur zu deutlich, was vorgefallen war. Er fand nemlich
in diesem Fahrzeuge verschiedene zerfetzte Glied-
maſſen seiner Schiffs - Cameraden, und einige
ihrer Kleidungsstücke. Nach dieser traurigen
Entdeckung ruderten sie noch eine zeitlang umher, ohne von den Indianern etwas ansichtig
zu werden, bis sie, um 1. Uhr, in Gras-
Cove, als dem eigentlichen Landungsort der
unglücklichen Mannschaft, ankamen. Hier war
eine grosse Anzahl von Indianern versammelt,
die sich, wider ihre Gewohnheit, beym Anblick der Europäer sogleich in wehrhafte Verfaſſung setzten. Der seitwärts gelegene Berg
wimmelte von Menschen, und an vielen Orten stieg ein Rauch auf, der vermuthen ließ,
daß das Fleisch der erschlagenen Europäer schon
zu einer festlichen Mahlzeit zubereitet werde!
Dieser Gedanke erfüllte selbst die hartherzigsten
Matrosen mit Grausen, und machte ihnen das
Blut in allen Adern starren; doch, im nächsten Augenblick entbrannte ihre Rachgier, und
die Vernunft muſte unter diesem mächtigen Instinkt erliegen. Sie feuerten, und tödteten viele von den Wilden, trieben sie auch zuletzt,

wie-

wiewohl nicht ohne Mühe, vom Strande und schlugen ihre Canots in Trümmern. Nunmehr, da sie sich sicher dünkten, stiegen sie ans Land, und durchsuchten die Hütten. Sie fanden mehrere Bündel Löffelkraut, die ihre unglücklichen Cameraden schon zusammen gebunden haben mußten, und sahen viele Körbe voll zerstückter und zerstümmelter Glieder, unter welchen sie die Hand des armen Rowe deutlich erkannten. Die Hunde der Neuseeländer fraßen indeß am Strande von den herumliegenden Eingeweiden. Von dem Schiffsboote waren nur wenige einzelne Stücke zu sehen; vermuthlich hatten es die Wilden zerschlagen, um die Nägel heraus zu ziehen; auch ists nicht unwahrscheinlich, daß die Unglücklichen, die hier ums Leben gekommen, ihr Boot bey ablaufender Ebene auf dem trocknen Boden sitzen laßen, und folglich sich selbst das letzte Mittel benommen hatten, ihrem traurigen Schicksal durch die Flucht zu entrinnen. — Nach einem solchen Verlust, den Capit. Furneaux um so empfindlicher fühlte, da Rowe sein Anverwandter war, segelte er am 22sten Dec. aus Königin-Charlotten-Sund ab und paßirte das Cap Horn, ohne irgendwo Land zu sehen, oder vor Anker zu gehen, bis am 19ten März 1774, da er das Cap der guten Hofnung erreichte. Von da kehrte er nach England zurück, und langte am 15ten Julius, mithin zu eben der Zeit, zu Spithead an, da seine vormaligen

X 3　　　　　maligen

maligen Reisegefährten, auf der andern He.
misphäre, mit Entdeckung der Neuen Hebri.
dischen Inseln beschäftiget waren.

Die Neuseeländer sind von jeher den
Europäern, welche zu ihnen gekommen, ge.
fährliche Feinde gewesen. Tasman, ein Hol.
länder, der erste Entdecker dieses Landes, ver.
lohr, wie oben schon bemerkt worden, vier
von seinen Matrosen an einem Ankerplatze,
den er, dieses Vorfalls wegen, die Mörder.
Bay nannte, und der vermuthlich mit der von
Capit. Cook so genannten blinden Bay einer.
ley ist. Die Indianer nahmen einen der er.
schlagenen Matrosen mit sich und wissen also
schon seit 1642, wie das Fleisch eines Eu.
ropäers schmeckt. Den Engländern haben sie
durch die eben erzählte Geschichte noch ärger,
den Franzosen aber schlimmer als allen übri.
gen mitgespielt, indem sie Hrn. Dufresne
Marion mit 28. Mann erschlagen haben! —
Doch dieser Vorfall ist zu interessant, als daß
wir nicht einige Augenblicke dabey verweilen
sollten.

Im Jahr 1772. sandte die französische
Regierung genannten Hrn. Marion als Chef
der beyden Schiffe le Mascarin und le Ca.
strie, jenes vom Capit. Crozet, dis vom Ca.
pit. Clesmure geführt, auf eine Entdeckungs.
reise aus. Nach einigen gemachten Entde.
ckun-

dungen von geringer Bedeutung giengen beyde Schiffe nach dem südlichen Ende von Neuholland oder van Diemens land und von da
nach der nördlichen Insel von Neuseeland,
wo sie in der Bay der Eylande ankerten.
Der Verluft, den Crozet durch Sturm an
seinen Masten erlitten hatte, nöthigte ihn,
hier in den Wäldern neue zu suchen. Er fand
auch wirklich einige hiezu taugliche Bäume,
doch muste er, um sie von den Bergen nach
dem Wasser herabzuschaffen, erst vorher, durch
die dickften Wälder einen drey Meilen langen
Weg bis nach dem Ort hin aushauen lassen,
wo die zu Masten brauchbaren Stämme vorhanden waren. Während dieses mühsamen und
langweiligen Unternehmens schlug ein Theil
seiner Leute auf einem Eylande einige Zelte
auf, um mit mehrerer Bequemlichkeit Trink-
wasser zu füllen und einzelne Partheien nach
Brennholz auszuschicken. Auf diese Art hatten sie hier schon 39. Tage zugebracht, und
sich das Zutrauen der Einwohner dergestalt erworben, daß ihnen diese, mit der größten Zu-
bringlichkeit, ihre Mädchen anboten. Eines
Tages gieng Hr. Marion, in Begleitung et-
licher anderer Personen ans Land, um nach
den verschiedentlich angestellten Arbeitern zu sehen. Zuerst besuchte er die Leute, die mit
dem Anfüllen der Wasserfässer zu thun hatten;
von da wollte er zu den Zimmerleuten gehen,
die unter Crozets Aufsicht im Walde arbeite-

X 4   ten,

ten, vorher aber, wie er gewöhnlich zu thun
pflegte, in dem Hippah oder Festung der Indianer, wo ihn der Weg vorbeyführt:, ein-
sprechen. Hier muß er mit seiner ganzen Begleitung umgekommen seyn, denn man hat
nachher nichts weiter von ihm vernommen.
Der Lieutenant, auf den in Abwesenheit Hrn.
Marions das Commando des Schiffs gefallen
war, wunderte sich zwar, daß jener am Abend
nicht wieder an Bord kam, doch beruhigte er
sich damit, daß die Umstände ihn genöthigt
haben möchten, die Nacht über am Lande zu
bleiben, wozu auch, in den Zelten, alle Bequemlichkeit vorhanden war. In dieser Meinung schickte er am folgenden Morgen ganz
unbesorgt eine Parthey Matrosen aufs Holz-
hauen ans Land. Ein Trupp von Wilden,
der, seit dem gestrigen Vorfall im Hippah,
allhier im Hinterhalt liegen mochte, nahm den
Augenblick wahr, da die Holzhauer sämtlich an
der Arbeit waren, überfiel selbige und ermor-
dete sie alle, bis auf einen einzigen Matrosen,
der quer über eine Landzunge, wo sie ans
Land getreten waren, davon rannte, sich in
die See stürzte, und, obgleich verschiedentlich
von Wurfspießen verwundet, nach den Schiffen hinschwamm. Er war so glücklich, daß
man ihn gewahr ward und an Bord half, wo
seine Erzählung bald ein allgemeines Schrecken verbreitete. Hr. Crozet befand sich indeß
mit den Zimmerleuten noch immer im Walde,

folg-

folglich in Gefahr von den Wilden abgeſchnit-
ten, und wie ſeine unglücklichen Landsleute
behandelt zu werden. Um ihn dafür zu war-
nen, ward unverzüglich ein Corporal mit vier
Seeſoldaten abgeſchickt und zugleich etliche
Boote beordert, bey den Krankenzelten auf
Hrn. Crozet zu warten. Der Corporal kam
glücklich zu Hrn. Crozet hin, und dieſer hatte
es ſeinen guten Maasregeln zu danken, daß
auch er wohlbehalten an dem Ort anlangte,
wo die Schiffsboote für ihn bereit lagen.
Schon glaubte er, der Aufmerkſamkeit der
Wilden gänzlich entgangen zu ſeyn; hier aber,
wo er ſich einſchiffen wollte, war eine groſſe
Menge derſelben beyſammen, die ſich aufs beſte gepußt (welches ſie allemal thun, wenn
ſie eine Schlacht liefern wollen) und verſchiedene Führer an ihrer Spiße hatten. Nun
kam alles auf Entſchloſſenheit an, und daran
fehlte es, zum Glück, Hrn. Crozet nicht
Er befahl den vier Seeſoldaten, beſtändig im
Anſchlag zu bleiben, und, auf das erſte Zeichen, ihren Mann ja nicht zu verfehlen, darauf ließ er die Krankenzelte abbrechen, und,
nebſt dem Geräthe der Zimmerleute, in die Böte ſchaffen. Eben dahin muſten ſodenn auch
die Arbeiter allgemach folgen, indeß er ſelbſt,
mit ſeinen vier Scharfſchützen, auf den vornehmſten Befehlshaber der Wilden zugieng.
Dieſer erzählte ihm ſogleich, daß einer ihrer
Anführer, den er nannte, Hrn. Marion er-

X 5 ſchla-

schlagen habe. Statt aller Antwort ergriff
Capit. Crozet einen Pfal, stieß solchen, dicht
vor den Füssen des Wilden, mit Heftigkeit in
die Erde, und gebot ihm, nicht um ein Haar
breit näher zu kommen. Die Kühnheit dieser
Handlung setzte sowohl den Anführer, als seinen ganzen Trupp sichtbar in Erstaunen, und
Hr. Crozet wußte ihre Bestürzung sehr gut zu
nutzen, indem er verlangte, daß alle Anwesende sich niedersetzen sollten, welches auch
ohne Widerrede geschah. Nun gieng er so
lange vor den Neuseeländern auf und ab,
bis alle seine Mannschaft eingeschift war; darauf musten die Scharfschützen folgen, und Er
stieg ganz zuletzt ins Boot. Kaum waren sie
vom Lande abgefahren, als die Neuseeländer
sämtlich aufstanden, den Schlachtgesang an-
stimmten und mit Steinen nach ihnen warfen;
die Matrosen ruderten aber so schnell, daß sie
bald ausser den Wurf, und solchergestalt wohlbehalten ans Schiff zurückkamen. — Seit diesem Vorfall machten die Neuseeländer immer
mehrere Versuche, die Franzosen, wo möglich, ganz und gar aufzureiben. So wagten
sie, z. E. mitten in der Nacht, einen Anfall
gegen die auf der kleinen Insel campirenden
Arbeiter, um die es auch gewiß würde geschehen gewesen seyn, wenn sie nicht so sehr
auf ihrer Huth gewesen wären. Ein andermal führten sie, in mehr als 100. grossen,
starkbemannten Canots, einen förmlich combi-
nirten

nirten Angriff auf die beyden Schiffe aus; dieser Versuch bekam ihnen aber sehr übel, denn
sie wurden von der Artillerie häßlich empfangen und abgewiesen. So anhaltende Feindse-
ligkeiten überzeugten Hrn. Crozet endlich, daß
er seine Schiffe unmöglich eher mit Masten
würde versorgen können, bis er die Einwohner aus ihrem grossen, wohlbefestigten Hippah vertrieben hätte. Auf diese Expedition
gieng er also eines Morgens mit einem starken
Commando aus. Die Indianer erwarteten ihn
wohlvorbereitet; er fand sie in grosser Anzahl hinter den Pallisaden auf ihren Streitgerüsten.
Die Franzosen griffen die Besatzung durch ein
beständig unterhaltendes Pelotonfeuer an, welches von so kräftiger Wirkung war, daß die
Neuseeländer bald von ihren Streitbühnen her-
absprangen und hinter den Pallisaden Schutz
suchten. Um sie auch von da aus zu verjagen,
musten die Zimmerleute anrücken und eine Bre-
sche in die Pallisaden machen. In die erste
Oefnung, welche entstand, stellte sich sogleich
ein Anführer der Indianer, und suchte mit
seinem Spieß, den Zimmerleuten Einhalt zu
thun. Crozet hatte sich aber einige gute
Schützen gewählt, durch welche er diesen wehr-
haften Indianer augenblicklich niederschiessen
lies. Sogleich rückte ein anderer in seine
Stelle, trat auf den Leichnam seines Vorgän-
gers und setzte sich zur Wehr. Auch dieser
ward ein Opfer seines unerschrocknen Muthes,
und

und auf solche Art blieben, auf diesem gefährlichen Ehrenposten, — acht Befehlshaber,
einer nach dem andern. Da die Indianer
ihre Anführer so schnell fallen sahen, ergriffen die übrigen die Flucht, verloren aber, durch
das Nachsetzen der Sieger, noch viel Leute.
Crozet both 50. Thlr. für einen lebendigen
Neuseeländer, es war aber den Franzosen
nicht möglich, nur einen einzigen habhaft zu
werden. Ein Soldat, der die Prämie gerne
verdienen wollte, bekam einen alten abgelebten Greis zu packen und suchte ihn zum Capitain zu schleppen. Der Wilde aber, der keine andere Waffen hatte, biß den Franzosen in
die Faust, welches diesen dermassen schmerzte,
daß er den unglücklichen Alten im ersten Jäh-
zorn mit dem Bajonet niederstieß. In dem er-
oberten Hippah fand sich eine grosse Menge
Zeug, Waffen, Werkzeuge und roher Flachs,
nebst einem ansehnlichen Vorrath von trocknen
Fischen und Wurzeln, die vermuthlich für den
bevorstehenden Winter daselbst aufbewahrt wurden. Diese blutige Unternehmung verbreitete
ein solches Schrecken unter den Indianern,
daß Capit. Crozet seine Schiffe nun ungestört
ausbessern, und nach einem Aufenthalt von
64. Tagen, die Bay der Eylande wieder verlassen konnte. —

Ich will meinen Lesern in ihrem Urthei-
le über die eben geschilderten Auftritte nicht
vor-

vorgreifen, nur diß einzige muß ich bemerken, daß vermuthlich vorher etwas vorgefallen war, wodurch die Neuseeländer so sehr beleidigt und in Harnisch gebracht worden. Wenigstens sieht man aus ihrem übrigen Betragen gegen die Europäer, daß sie weder verrätherisch noch menschenfeindlich sind. Vielleicht hatten ihnen die Franzosen, ohne es wohl gar selbst zu wissen oder gewahr zu werden, irgend etwas in den Weg gelegt, wodurch Jene sich für berechtigt hielten, ihrer Rachsucht auf die beschriebene Art, wie sich's von rohen Wilden nur immer erwarten läßt, den Zügel schießen zu lassen. — Doch wir kehren nunmehr, nach dieser kleinen Abschweifung zur Erzählung wieder zurück.

Nachdem, wie wir oben gesehen, Cook über die glückliche Abreise der Adventure beruhigt war, stellte er, an einem schönen Tage, eine Fahrt ins innerste von Westbay an, um nachzusehen, ob die Schweine und Hüner, welche er im vorigen Jahre an diesem unbewohnten Orte zurückgelassen, sich erhalten und fortgepflanzt hätten? Man landete an der nemlichen Stelle, wo man sie ehemals ausgesetzt; allein auf dem Strande war nicht nur keine Spur von ihnen zu finden, sondern es schien auch, die Zeit her, keine lebendige Seele in diese Gegend hingekommen zu seyn. Man konnte also mit Grunde annehmen, daß sich diese Thie-

Thiere weit in den Wald hinein begeben haben müßten, und daß sie sich dort ungestört vermehren würden.

Des anhaltenden stürmischen und regnichten Wetters wegen konnte man erst am 2ten November wieder ans Land gehen. Ohne das geringste von dem traurigen Vorfalle in Gras-Cove zu wissen, stieg die Gesellschaft hier in allen benachbarten kleinen Buchten aus und zerstreute sich, einzeln und unbesorgt, weit im Lande umher. In dem Gehölze auf den Bergen durchkreutzten sich Fußsteige in Menge, von Einwohnern aber war nirgends eine Spur zu sehen. Man schoß auf dieser Streiferey eine beträchtliche Anzahl Vögel, und kam erst spät Abends wieder auf das Schiff zurück. Hier traf man eine grosse Anzahl Indianer an, die aus einer andern Gegend der Bay auf Besuch gekommen waren. Sie hatten keine Fische, wohl aber eine Menge Kleidungsstücke, Waffen und andere Merkwürdigkeiten zum Verkauf mitgebracht. Da aber diese Art des Handels, zum Nachtheil des nützlichern, bereits zu weit eingerissen war, so verbot Cook, ihnen von diesen Artickeln etwas abzunehmen. Am folgenden Tage kamen sie wieder, ihr Glück von neuem zu versuchen, allein der Capitain blieb auf seinem vorigen Entschluß, und sie mußten unverrichteter Sache abziehn. Diese Beharrlichkeit war desto nöthiger und löblicher, da weber

der die gründlichsten Vorstellungen, noch das
eigne Beyspiel des Capitains die starrköpfigen
Matrosen überzeugen konnte, daß der Einkauf
solcher Spielwerke ihrer Gesundheit nachtheilig
sey, in soferne nemlich die Indianer augenblicklich aufhörten, Fische zu Markte zu bringen, so bald sie sahen, daß Steine, Waffen,
Zierrathen und dergl. mehr, besser bezahlt wurden. Die Begierde, womit die Mannschaft
auf dem Schiffe solche Artickel einhandelte,
war auch in der That zu einer Art von Ra-
serey angewachsen, und sie scheuten sich nicht,
dieselbe durch die niederträchtigsten Mittel zu
befriedigen. Eine Parthey, die einsmals mit
dem Bootsmann ausgeschickt war, um Besen
zu machen, trug kein Bedenken, einen armen
Wilden in seiner Hütte zu berauben. Sie
nahmen sein vorräthiges Werkzeug mit sich,
und nöthigten ihn, etliche Nägel dafür anzunehmen, um der Gewaltthätigkeit wenigstens
einen Anstrich des Tauschhandels zu geben.
Zum Glück waren die Einheimischen dreist genug, diesen Vorfall dem Capitain zu klagen,
der denn die Thäter nach Verdienst bestrafen
ließ. So ists, mehr oder minder, auf allen
dergleichen Reisen zugegangen, und die Mannschaft der Endeavour hat es in diesem Stücke
um kein Haar besser gemacht. Da indessen
die Neuseeländer sahen, daß von allen ihren
schönen Sachen nichts mehr anzubringen war,
so begaben sie sich am 4ten Nov. bis auf eine
eini-

einzige armselige Familie ſämtlich hinweg.' Letztere hielt ſich in der ſogenannten blinden
Bucht auf und ſuchte mit unſchmackhaften
Farrenkrautwurzeln ihren Hunger zu ſtillen,
weil ſie, der ſtürmiſchen Witterung wegen,
keine Fiſche hatte fangen können. In jeder
Hütte war ein Feuer angezündet, welches
denn die ganze Wohnung mit Rauch und Dampf
anfüllte. Sie mochten freylich die Unbehag-
lichkeit einer ſolchen Atmoſphäre nicht ſehr
empfinden, weil ſie gemeiniglich platt auf der
Erde lagen und ſchon daran gewöhnt waren.
Den delicater empfindenden von der Reiſege-
ſellſchaft aber muſte natürlicherweiſe der Aufenthalt in dieſen Hütten ganz unerträglich vorkommen, und dennoch trugen ſowohl Officiere,
als Matroſen kein Bedenken, — der Liebko-
ſungen einiger eckelhaften Weibsperſonen wegen, hineinzugehen.

Der 5te Nov., wo die Witterung endlich wieder angenehm war, wurde zu der Un-
terſuchung angewendet, ob es wohl am ſüdlichen Ende des Sundes keine Durchfarth nach
der ofnen See hin gäbe? Man ſteuerte in
dieſer Abſicht, der Anweiſung einiger Indianer
zufolge, auf einen Seearm zu, und gelangte
zu einer groſſen Bucht, deren Ufer von Menſchen wimmelte, die ungleich beſſer ausſahen,
als ihre Landsleute um Königin-Charlotten-
Sund, und Fiſche, Waffen und Kleider an
die

die Europäer verkauften. Letztere hatten ungefähr eine Viertelstunde am Lande zugebracht, als die Zahl der Wilden unvermerkt immer mehr anwuchs, so daß der ganze Trupp endlich über 200 Personen stark ward. Da nun die zuletzt Ankommenden auch sämtlich ihre Waffen mitbrachten, so hielten die Europäer es für rathsam, sich wieder einzuschiffen. Schon hatten sie das Boot vom Ufer abgestoßen, als ein Matrose dem Capitain sagte, er habe eine Parthey Fische von einem Wilden bekommen, wofür diesem noch nichts bezahlt worden sey. Der Capitain rief also dem Neuseeländer, und warf ihm den einzigen Nagel, den er noch bey sich hatte, zu, so daß er ihm dicht vor die Füsse fiel. Der Wilde, der sich dadurch für beschimpft, oder vielleicht gar für angegriffen hielt, nahm einen Stein auf und warf ihn mit aller Gewalt ins Boot, doch glücklicherweise, ohne jemand zu beschädigen. Die Europäer riefen ihm noch einmal, und zeigten auf den Nagel, den sie für ihn bestimmt hatten. Nun sah er erst, wovon die Rede war, hob ihn auf und lachte über seine hitzige Aufführung, indem er zugleich grosse Zufriedenheit über das Betragen der Europäer äusserte. Ein wenig mehr Uebereilung von Seiten der Matrosen bey diesem Vorfall hätte leicht einen Streit mit den Eingebohrnen, und dieser sehr gefährliche Folgen veranlassen können. So sehr sich auch die

Y   Eng-

Engländer hätten für berechtigt halten mögen,
es übel zu nehmen, daß ihnen der Kerl einen
Stein nachwarf; so würden doch alle Neuseeländer ihrem Landsmanne beygestanden und
Jene am Ende überwältiget haben, zumal da
das Schiff fünf oder sechs Seemeilen entfernt,
folglich keine Hofnung zur Hülfe vorhanden
war. Zum Glück wußten die Engländer damals von ihres Landsmannes Rowe und seiner Gefährten Schicksal noch nichts, sonst
würde sie die unerwartete Erscheinung so vieler Einwohner um so mehr erschreckt haben,
je wahrscheinlicher es der Gegend nach ist, daß
sie an jenem grausamen Blutbade persönlich Antheil genommen hatten. Wenn man bedenkt,
wie oft es den Neuseeländern ein leichtes
gewesen wäre, die Europäer umzubringen, z.
B. wenn diese sich von den Booten entfernten, einzeln auf den Bergen und in den Wäldern herumstreiften, in den volkreichsten Gegenden landeten, und unbewaffnet sich unter sie
mischten; so wird man immer mehr überzeugt,
daß man nicht das mindeste von ihnen zu besorgen hat, wenn man nur seiner Seits sie
in Ruhe läßt und sie nicht vorsätzlich reizt.
Eben daher wird es auch mehr als wahrscheinlich, daß die Matrosen der Adventure nicht
würden erschlagen worden seyn, wenn sie
sich nicht zuerst, und zwar gröblich an den
Neuseeländern vergangen hätten. — Auf die
Versicherung der Einwohner dieser Bay, daß
der

der gedachte Seearm am Ende ins Meer gien-ge, setzten die Engländer ihre Fahrt noch eine Weile fort, und sahen endlich, daß derselbe in Cooks-Meerenge sich ergoß. Sie konnten von hier aus die nördliche Insel von Neu-seeland, als das jenseitige Ufer von Cooks-Meerenge sehr deutlich erkennen. Vergnügt über diese Entdeckung segelten sie sodenn wie-der zum Schiff zurück, wo sie Nachts um 10 Uhr glücklich, aber ganz ermüdet und entkräf-tet anlangten.

Am folgenden Tag kamen, der schlimmen Witterung ungeachtet, verschiedene Indianer an Bord. Einer von ihnen, Namens Piterre, hatte sich, während des dismaligen Aufent-halts der Engländer auf Neuseeland, vorzüg-lich freundschaftlich bezeigt, und unter andern Capitain Cook mit einem Stab beschenkt, wie ihn die Neuseeländischen Befehlshaber gewöhnlich zu tragen pflegen. Cook glaubte ihm dafür eine öffentliche Erkenntlichkeit schuldig zu seyn. Zu dem Ende rief er ihn heut in die Cajüte, und kleidete ihn vom Kopf bis auf die Füsse nach europäischer Weise. Der Indianer schien über seinen neuen Anzug hocherfreut, und lies sich deutlich merken, daß er stolz darauf sey, bey seinen europäischen Freunden in Gunst zu stehen. Er hielt sich aber auch durch dis Geschenk für so vollkommen belohnt, daß er es nicht wagte, noch um irgend etwas zu

bitten,

bitten, welches hier zu Lande für einen selte-
nen Grad von Mäßigung gelten konnte. Man
nahm ihn in seinem ungewohnten Staate
auf ein nahgelegenes Eyland mit auf die Jagd,
und von da wieder an Bord zum Mittageſſen.
Für einen rohen Wilden betrug er ſich bey
Tiſche ungemein ſittſam und manierlich. Er
mochte auch die Ueberlegenheit der Europäer
in ihren Kenntniſſen, Künſten, Manufacturen
und Lebensart zum Theil wirklich fühlen, denn
er war in ihrer Geſellſchaft ſehr gerne und
immer vergnügt. Demungeachtet ließ er ſich
nicht ein einzigesmal merken, daß er mit ihnen ziehen wolle, ſondern lehnte es vielmehr
ab, wenn jene es ihm antrugen. Gegen
Abend kehrte er mit ſeinen Gefährten ans
Land zurück; ſein vermeintes Glück hatte ihn
aber nicht ſtolz gemacht, denn er kam am andern Morgen, nach wie vor, mit Fiſchen auf
das Schiff. Man hörte ihn und ſeine Ge-
ſellſchafter oftmals am Lande ſingen, und zuweilen gaben ſie auch wohl an Bord ein Liedchen zum Beſten. Die Neuſeeländer haben
überhaupt nach den Tanneſen unter den Süd-
ſeevölkern die mehreſte Anlage zur Tonkunſt,
ihr Herz muß alſo nothwendiger Weiſe, ſo
heftig ſie auch in ihren Leidenſchaften ſind,
guter und milder Empfindungen fähig ſeyn.

An den folgenden Tagen wurden noch
verſchiedene kleine Luſtfahrten längſt dem Ufer

hin

hin angestellt und mittlerweile wieder Anstalten zur Abreise gemacht. Nach einem Aufenthalt von drey Wochen, binnen welcher Zeit die Mannschaft mit Fischen und blutreinigen, den Kräutern reichlich war erquickt und das Schiff zum harten Kampf mit den Elementen von neuem in Stand gesetzt worden, verließ man denn am 10ten Nov. Neuseeland zum dritten und letztenmale. In Zeit von sechsthalb Wochen trugen die westlichen Stürme das Schiff mit unglaublicher Schnelligkeit 1500. engl. Seemeilen weit (d. i. 725. deutsche Meilen) über die ganze Breite des Südmeers, an die Küsten des Feuerlandes in Amerika, und so vollendete Cook die Untersuchung jenes grossen, vor ihm noch unbekannten Oceans, Durch eine neue Fahrt, die zwischen seinen vorigen gleichsam die Mitte hielt.

Es war das Cap Deserdo, an der Magellanischen Meerenge, auf der westlichen Insel von Tierra del Fuego belegen, welches unsere Reisende bey ihrer Ankunft an der amerikanischen Küste, am 18ten December, zuerst erblickten. Diese Gegend sah höchst traurig aus. Die Küste war mehrentheils in dicken Nebel gehüllt. Einige nahegelegene Eylande waren zwar nicht sehr hoch, sahen aber bemungeachtet als gänzlich unfruchtbare, schwarze Felsenmassen aus. Jenseits dieser kamen höhere und grössere Berggegenden zum

Y 3   Vor-

Vorschein, vom Gipfel an, fast bis zum Meer
herab, mit Schnee bedeckt. Seeraben, Sturmvögel, Skuas und andere Wasservögel schwärm-
ten, in Ermangelung anderer lebenden Geschöpfe, an der öden Küste umher.

Cook fuhr hierauf vor Cap Noir vorbey, und fand nunmehr die Küste überall fest
und ungetheilt; die Berge wurden schon dicht
an der See merklich höher, als zuvor, und
waren allenthalben mit Schnee bedeckt. Der
Wind nahm nach und nach ab, und erstarb
endlich gänzlich, indeß bey herrlichem Sonnenschein die Luft ziemlich gelinde blieb. Wasservögel von mancherley Art flatterten ums
Schiff und im Wasser gaukelten Seekälber
umher. Ein Trupp von ungefähr 30. Nord-
kapern, kam, mehrentheils paarweise, ange-
schwommen, und machte sich bey dem schönen
Wetter ebenfalls lustig. Wenn man bedenkt,
wie verrufen diese Meeresgegend, seit Ansons
Zeiten, unter den Seeleuten war, so wird
man leicht begreifen, daß unsere Reisende sich
nicht wenig wunderten, statt der gefürchteten
Stürme eine so milde Witterung hier anzutreffen, dem ungeachtet sah auch hier die Gegend äusserst rauh und öde aus. Man erblickte überall nichts als ungeheure Berge,
mit schroffen, schneebedeckten Gipfeln! Kaum
die zunächst an der See gelegenen Felsen waren davon entblößt und auch alsdann noch

von

von todtem, unfruchtbarem Ansehen, ohne
Gras oder Gebüsch. Nachdem Cook eine
Weile längs der Küste hingesegelt war, sah
er endlich einen sehr geräumigen Haven vor
sich liegen, in welchen er ziemlich tief hinein
steuern ließ. Hin und wieder sah man Buchten, und verschiedene kleine, theils grün be-
wachsene, theils öde Eylande. In einer dieser Buchten, die vorzüglich bequem gelegen
war, ankerte Cook, und fuhr gleich am andern Tag mit einiger Begleitung in einem
Boote aus, die ganze Bay zu untersuchen; er
trat bey dieser Gelegenheit bey etlichen der
genannten kleinen Eylande ans Land, aber überall war der Prospekt des Havens, des vielen
Schnees wegen, wintermäßig, wild und schau-
derhaft. In dieser Weltgegend fieng gerade itzt
der Sommer an; die wenigen einheimischen
Pflanzen standen in Blüthe, und die Vögel
nährten ihre junge Brut. Hatte also die Sonne itzt noch nicht Kraft genug, den Schnee
zu schmelzen, so kann man sich leicht vorstellen, wie starr und traurig es hier im Winter aussehen müsse! Und dennoch hatte man
beym Eingange in diese Bay etliche leere Hütten gefunden, zum Beweiß, daß auch der
westliche Theil des Feuerlandes (und nicht
blos, wie man anfangs geglaubt hatte, die
Ostseite desselben) bewohnt sey, und zu einer
neuen Bestätigung des Satzes: daß der Mensch
in den brennenden afrikanischen Sandwüsten

Y 4

eben

eben so wohl als an beyden gefrornen Enden
der Welt ausdauern könne. Nach ziemlich
langen Umherrudern fand Cook endlich einen
ausnehmend schönen Haven, in Form eines
zirkelrunden Bassins, wo das Wasser spiegel-
glatt und vollkommen durchsichtig war. Längst
dem Ufer stand, bis an die See herab, eine
Menge höherer und ansehnlicherer Bäume, als
in der ganzen übrigen Gegend. Mehrere
kleine Bäche rauschten zwischen denselben schäumend hervor. Eine Menge kleiner Vögel
hatten sich beym lieblichen Sonnenschein in
dieser schattenreichen Einöde versammelt und
überraschten durch ihr Zwitschern die Europäer
nicht wenig Sie waren von verschiedenen
Arten und durchgehends mit Menschen noch
so unbekannt, daß sie ganz nahe herbeyhüpf-
ten. Ein Glück für sie, daß Jene nur die
gröbste Sorte von Schroot bey sich hatten,
sonst möchte ihnen ihr Zutrauen sehr übel bekommen seyn! Zwischen den Bäumen sproßten
allerhand Moosarten, Farrenkraut und Schling-
pflanzen auf, so daß man kaum dafür gehen
konnte, und, zur Freude der Botaniker, fehlte
es diesem Walde auch an Blumen nicht. So
war denn doch wenigstens ein Schattenbild
vom Sommer vorhanden; blickte man aber auf
die im Hintergrunde befindlichen, mit Wolken
bedeckten, Berge hin, so zeigten sich auf allen
Seiten nichts als senkrechte Felsenwände mit
Schnee und Eis bedeckt, das vor Alter halb
blau,

blau, bald gelbfarbig war, wie an den Al-
pen-Gletschern, wo die Jahrszeiten auf eben
solche Art miteinander vermischt und gleichsam
in einander verwebt sind. So hoch als jene,
waren zwar die hiesigen Berge nicht, aber
darinn glichen sie einander, daß die Gipfel
aus mehrern schroffen Zacken bestanden, und
daß Schnee die Zwischenräume derselben ausfüllte. So öde und unfruchtbar die Gegend
anfangs auch geschienen hatte, so fanden sich
doch auch hier verschiedene genießbare Dinge
vor, womit man sich auf dem Schiffe einstweilen wieder etwas gütlich that; z. B. Sellerie,
eine Art rother, wohlschmeckender Steinbeere,
Muscheln, Vogeleyer und allerhand Federvieh,
besonders Seeraben und Gänse. Der Capitain und seine gelehrte Tischgesellschaft, die
beyden Hrn. Forster und Dr. Sparrmann,
hatten hiebey etlichemal Gelegenheit, durch,
zum Theil sehr gefährliche Jagden, dem ganzen Schiffsvolk zu frischen Fleisch zu verhelfen,
und allen Gliedern dieser Gesellschaft war es
eine rührende Freude, einer Menge von 120:
Menschen Speisen zu verschaffen, die ihnen,
nach dem so lange ununterbrochenen Genuß
des fast 3. Jahr alten, halbverwesten Pö-
kelfleisches und verschimmelten Schiffszwiebacks,
zugleich die angenehmste Abwechslung und die
gesundeste Nahrung gewährten. Ueberhaupt
verdient hier bemerkt zu werden, daß diese
Tischgesellschaft auf der ganzen Reise willig

Y 5

ihr

ihr erlegtes Federvieh mit dem übrigen Volke
theilte, und die Kranken vorzüglich damit versah. Diese Sorgfalt machte den Capitain bey
seiner sonstigen Störrigkeit und oft unfreund-
lichem Wesen bey den Leuten sehr beliebt;
man gieng mit Muth in die gröste Gefahr
und an die sauerste Arbeit bey Frost, Nässe
und Mangel an gesunden, nahrhaften Speisen. Die übrigen Officiere an Bord waren
nicht so gütig; sie behielten ihren Vorrath
für sich.

Mittlerweile liessen sich eines Tages, des
starken Regens ungeachtet, einige Einwohner
in vier kleinen, aus Baumrinde verfertigten
Canots beym Schiffe sehen. Mitten in jedem
Canot, die hier durch kleine Stecken ausge-
dehnt waren, lagen etliche Steine nebst einem
Haufen Erde, worauf die Wilden beständig ein
Feuer unterhielten. Dis war auch in so fern
nöthig, weil sie durch allzu schnelles Rudern,
sich eben nicht zu erwärmen suchten. Die Ruder waren nur klein, und schlecht gearbeitet.
In jedem Canot saßen 5. bis 8. Personen,
Kinder mit eingerechnet; allein, anstatt daß
alle andere Nationen in der Südsee gemeiniglich unter lautem Jauchzen, oder wenigstens
mit einem frohen Zuruf angezogen kamen,
gieng bey diesen hier alles in der tiefsten Stille
zu, und so gar dicht am Schiffe gaben sie fast
keinen andern Laut von sich, als das Wort:

Pe-

Pescheräh! Von diesem hat denn nun auch
dis ganze Volk seine Benennung erhalten. Auf
vielfältiges Zuwinken kamen etliche von diesen
Leuten ins Schiff; doch liesen sie nicht das
geringste Zeichen von Freude blicken, schienen
auch ganz ohne Neugierde zu seyn. Sie waren von kurzer Statur, keiner über 5 Fuß 6
Zoll (engl. Maases) hoch; hatten eine olven-
braune Farbe mit einem Kupfer ähnlichen
Glanze, dicke, grosse Köpfe, breite Gesichter,
sehr platte Nasen und die Backenknochen unter den Augen sehr hervorragend; die Augen
selbst waren von brauner Farbe, aber klein
und matt; das Haar war schwarz, ganz gerade, mit Thran eingeschmiert, und hieng ihnen
wild und zotticht um den Kopf. Statt des
Bartes stunden einige einzelne Borsten auf dem
Kinne, und von der Nase bis in das häßliche,
stets ofne Maul, war ein beständig fliesender
Canal vorhanden; fast alle hatten kleine schlechte
Zähne. Schultern und Brust waren breit und
stark gebaut, der Untertheil des Körpers aber so
mager und eingeschrumpft, daß man sich kaum
vorstellen konnte, er gehöre zum obern. Die
Beine waren dünn und krumm, und die Kniee
viel zu stark. Ihr einziges elendes Kleidungs-
stück bestund in einem alten, kleinen, unzube-
reiteten Seehundsfell, welches, mittelst einer
Schnur, um den Hals befestigt war. Uebrigens
waren sie durchaus nackt, und zum Theil mit
Streifen von rothem oder weissem Ocker bemahlt.

Die

Die Weiber waren beinahe wie die Männer gestaltet, nur etwas kleiner, den Gesichtszügen nach nicht minder häßlich und widrig; und auch in der Kleidung nicht unterschieden. Einige wenige hatten jedoch, ausser dem Felle, das die Schultern deckte, einen kleinen, kaum einer Hand grossen Lappen, von einer abgestreiften Haut eines Vogels, vorn am Schoosse herab hängen, und denselben, mittelst einer Schnur, um die Hüften befestiget. Ein ledernes Band mit Muscheln besetzt, zierte den Hals und auf dem Kopfe trugen sie eine Art Mütze, aus etlichen langen Gänsefedern zusammengefügt, die gemeiniglich aufrecht in die Höhe standen. Die Kinder waren ganz entblößt, und saßen neben den Müttern um das im Canot befindliche Feuer, zitterten aber demohngeachtet beständig für Kälte. Sie liessen nicht leicht ein ander Wort von sich hören, als den Ausruf: Pescheräh, und dieser ward bisweilen wie eine Liebkosung, gemeiniglich aber in einem jammernden klagenden Tone ausgesprochen. Von den an Bord gekommenen Mannspersonen vernahm man noch einige andere Wörter, die aber fast gänzlich unverständlich waren. Sie sprachen überhaupt mehrentheils durch die Gurgel, und manche von ihren Tönen klangen gerade so als der Laut, den wir von uns zu geben pflegen, wenn uns etwas in die Kehle gekommen ist, das wir gerne wieder heraus bringen möchten. Durch starkes Li-

speln

speln machten sie ihre Aussprache vollends ganz
unverständlich. Glas-Corallen und andere Kleinigkeiten nahmen sie mit eben der Gleichgültigkeit und Achtlosigkeit an, mit welcher sie auch
ihre Waffen, ja sogar ihre zerlumpten See-
hundsfelle umsonst, oder, gegen das erste beste, das ihnen geboten ward, weggaben. Ueberhaupt war ihr Character die seltsamste Mischung
von Dummheit, Gleichgültigkeit und Unthätigkeit! Bogen und Pfeile waren ihre einzigen
Waffen; beyde, wie man leicht denken kann,
sehr unvollkommen gearbeitet. Sie haben auch
Speere, die sie aber blos zum Fischfang brauchen. Mit der Zeichensprache, die doch sonst
überall gegolten hatte, war bey diesen Leuten
nichts auszurichten; Geberden, die der niedrig-
ste und einfältigste Bewohner irgend einer Insel in der Südsee verstand, begriff hier der
Klügste nicht. Eben so wenig fiel es ihnen
ein, den Fremdlingen ihre Sprache beyzubringen; da auf dem Schiffe nichts ihre Neugierde oder Verlangen erregte, so war es ihnen
auch gleichviel, ob man sie verstunde oder nicht.
Die Bewohner von Success-Bay hatte Cook
bey seiner ersten Reise um die Welt in einem
weit glücklichern Zustande angetroffen, als die
elenden Bewohner dieser Gegend des Feuerlandes. Jene waren grösser; hatten Stiefeln,
um sich gegen die Kälte zu schützen, schienen
den Werth der europäischen Waaren einigermassen einzusehen, bewiesen sich geselliger und
hat-

hatten sogar schon Begriffe von Cerimonien und Höflichkeit. Diese hingegen waren noch zu dumm, zu unthätig oder zu sehr von Hülfsmitteln entblößt, um sich der Kälte zu erwehren, so schmerzhaft sie auch die Unannehmlichkeiten derselben empfanden. Sie schienen die Ueberlegenheit und die Vorzüge der Europäer gar nicht zu fühlen, denn sie bezeigten auch nicht ein einzigesmal, nur mit der geringsten Geberde, die Bewunderung, welche das Schiff und alle darinn vorhandene grosse und merkwürdige Gegenstände bey allen übrigen Wilden zu erregen pflegten! — Diese unglücklichen Bewohner eines felsichten, unfruchtbaren Landes fraßen rohes, halbverfaultes Seehundsfleisch, welches äuserst widrig roch. Das Thranartige, eckelhafte Fett davon genoßen sie am liebsten, und boten auch dem Seevolk davon an. Vielleicht ist es Instinkt, der sie dis ranzige Fett verzehren heißt; denn alle in kalten Erdstrichen wohnende Völker sollen es für Leckerbissen halten, und dadurch in den Stand gesetzt werden, die Kälte besser zu ertragen. Die natürliche Folge einer solchen eckelhaften Nahrung war ein unerträglicher fauler Gestank, der aus ihrem ganzen Körper ausdünstete, und sich allem, was sie nur an und um sich führten, mittheilte; man konnte sie daher, ungesehen schon in der Ferne wittern. Eben dieser unerträglichen Ausdünstung wegen fiel es dem sonst eben nicht sehr eckeln Schiffsvolke gar nicht

nicht einmal ein, mit dem hiesigen saubern Frauenzimmer genauere Bekanntschaft zu machen. Die Matrosen gaben ihnen Pöckelfleisch und verschimmelten Zwieback; sie machten sich aber nichts daraus und konnten kaum dahin gebracht werden, es zu kosten. Ihre sonstige gewöhnliche Nahrung besteht in Schaalfischen, die die Weiber zur Ebbezeit sammlen müssen. Man bemerkte unter ihnen nicht den mindesten Unterschied des Standes, weder Oberherrschaft, noch Abhängigkeit. Ihre ganze Lebensart kam dem thierischen Zustande näher, als bey irgend einem andern Volke. Es ist daher überaus wahrscheinlich, daß sie keine selbstständige Nation ausmachen, sondern nur als einzelne, von den benachbarten Völkern ausgestoßene Familien anzusehen sind, die durch ihren Aufenthalt im ödesten, unfruchtbarsten Theile von Tierra del Fuego fast jeden Begriff verloren haben, der nicht mit den dringendsten Bedürfnissen in unmittelbarer Verbindung steht. Sie irren vermuthlich, der Nahrung nach, aus einer Bucht in die andere, und da dieser Haven wahrscheinlich mit mehrern andern zusammenhängt, so wählen sie sich im Winter denjenigen zu ihrem Wohnplatz, wo der Aufenthalt am leiblichsten ist. Ihre Hütten bestehen übrigens nur aus einigen in die Erde gesteckten Stangen, die oben kegelförmig zusammenlaufen, und mit Gesträuch oder Fellen bedeckt sind. Auf der einen Seite haben sie eine Oeffnung,

nung, die sowohl statt der Thüre, als statt eines Feuerheerdes dient. Im Ganzen sehen daher solche Hütten unsern Bienenkörben so ziemlich ähnlich. Von Hausgeräthen erblickt man fast gar nichts. Ein wenig Gras, das rings um die innere Seite der Hütte liegt, dient ihnen statt der Stühle und Betten; allenfalls sieht man noch einen Handkorb, zum Muschelauflesen, eine Art von Ranzen, den man auf den Rücken hängen kann, eine Thierblase, deren sie sich statt eines Wassergefässes bedienen, und vermittelst eines Loches daraus trinken, das zu dem Ende oben in die Blase gestochen ist, einen Speer, zum Fischfang und, die Muscheln vom Felsen abzustossen, und ihre gewöhnlichen Waffen, Bogen und Pfeile.

Gegen Mittag verliessen die armen Pescherähs das Schiff wieder und ruderten so langsam und stillschweigend fort, wie sie angekommen waren. Das Seevolk, sehr erfreut, daß das Schiff sicher vor Anker lag, hatte schon den vorigen Abend angefangen, das Weihnachtsfest zu feyern und fuhr fort, zween Tage lang ohne Unterlaß zu schwelgen. Sie machtens so arg, daß Cook endlich den größten Theil in ein Boot laden und ans Land setzen ließ, damit sie in der frischen Luft desto eher wieder nüchtern würden.

Am

Am 27sten kamen wieder einige Einwohner an Bord. Sie hielten sich aber nicht lange auf, weil man hier, ihres unleidlichen Gestanks wegen, nichts mit ihnen zu schaffen haben mochte. Sie riefen ihr Losungswort, Pescheräh, manchmal mit einer so kläglichen Stimme, und so gedehnt aus, daß man glaubte, sie wollten damit betteln, wenn man sie aber darauf ansah, so war in ihren Mienen im geringsten nichts Begehrendes, sondern blos das unbedeutende Angaffen der tiefsten Dummheit ausgedrückt.

Nachdem man hinlänglichen Vorrath von frischem Wasser und Brennholz eingenommen, segelte man am 28sten nach Cap Horn ab. Dem Haven, den man itzt verlies, ward der Name, Christmeß-Sund (Weihnachts-Haven) beygelegt. Während des Aufenthaltes in demselben hatte ein Seesoldat, der in der Trunkenheit über das Geländer vorn am Schiff gestiegen, und von da in das Wasser gefallen war, das Unglück zu ertrinken. Es war eben derselbe, der auf der Insel Tanna einen von den Einwohnern erschossen, und übrigens der 4te und letzte Mann, den Cook auf der ganzen Reise einbüßte.

Zum zweytenmale in seinem Leben, aber diesmal von Westen nach Osten, umschiffte nun Cook das Cap Horn, oder die grosse südliche Felsenspitze des nach seinem Entdecker genannten Hermiten-Eylands, und zwar in

Z   so

so geringer Entfernung, daß seine geographische Lage (unter dem 45. Gr. 58. Min. südl. Br. und dem 67. Gr. 46. Min. westl. Länge) nun endlich bestimmt angegeben werden konnte. Auch hier fand er das schönste Wetter und gänzlich unerwartete Windstille. Nachdem er solchergestalt gänzlich aus der Südsee herausgekommen war, lies er auf le Maire's Strasse, zwischen Tierra del Fuego und Staaten-Eyland hinsteuern. Er kam hiebey nahe genug, um zu bemerken, daß Tierra del Fuego hier ein weit besseres Ansehen hatte, als in der Gegend von Christmeßsund. Die Berge waren nemlich nicht so steil, sondern dehnten sich, lang und sanft gestreckt, nach der See herab, in welche sie zuletzt mit flachen waldigten Spitzen ausliefen. Schnee war gar nicht, oder doch nur auf den entferntesten westlichen Gebirgen zu sehen. In der Meerenge selbst wurde das Schiff einen ganzen Tag lang durch Windstillen aufgehalten. Suceßbay lag gerade gegenüber, und die weitläuftigen Ufer derselben sahen überaus fruchtbar und anmuthig aus. Cook sandte indeß ein Boot ab, um nachsehen zu lassen, ob die Adventure in dieser Bay vor Anker gewesen oder irgend eine Nachricht hier zurückgelassen habe? Der Officier, der auf diese Expedition ausgesandt war, berichtete nach seiner Zurückkunft, daß die Bay voll von Seehunden und Wallfischen gewesen sey, so daß er mit dem Boote bey-

beynahe darauf gestossen hätte. An der Stelle, wo Capit. Cook bey seiner ersten Reise um die Welt Wasser eingenommen hatte, fand er nicht das geringste Merkmal, daß ein europäisches Schiff seit kurzem da gewesen. Beim Aussteigen empfiengen ihn etliche Einwohner, die in Guanacoes = Fellen *) und in lange Mäntel aus Seehundsfellen gekleidet waren. Sie sahen weit heiterer und zufriedener aus, als ihre elenden Landsleute um Christmeß= sund. Einige hatten sogar Armbänder von Schilf mit Silberdrath besponnen, und zeigten sehr oft darauf, indem sie das Wort Pe= scheräh aussprachen. Alles was die Matrosen ihnen anboten, sahen sie mit Gleichgültigkeit ohne alle Begierde an. Die Armbänder müssen sie entweder von vorüberschiffenden Spaniern, oder aus eben dieser Quelle, mittelbarer weise, durch andere nördlich wohnende Völker erhalten haben.

Cook setzte nunmehr seinen Lauf durch le Maire's Strasse fort und segelte darauf längst der Küste von Staaten = land hin. Dis war anfangs in dicken Nebel gehüllt, gegen Mittag aber klärte sich das Wetter auf, und man konnte das Land deutlich sehen. Es hatte viel ähnliches mit der westli=

Z 2   lichen

*) Guanacoes sind bekanntlich eine Art südameri= kanischer kleiner Kamele, die in Chili zahm ge= macht, wie Lastthiere gebraucht, und alsdenn Lla= mas genennt werden.

lichen Küste von Tierra del Fuego; die Fel-
sengebirge waren wenigstens eben so jähe und
unfruchtbar, jedoch nicht völlig so hoch und
deshalb auch mit weniger Schnee bedeckt.

In einiger Entfernnng von dieser Küste
sah man verschiedene Eylande, die etwa 90.
Fuß senkrecht aus dem Meere hervorragten,
und auf den obersten Gipfeln mit Gras bewachsen zu seyn schienen. Seehunde, oder
vielmehr Seelöwen, hielten sich hier überall
in Menge auf, und da ihr Fett statt Thrans
gut zu brauchen ist, so entschloß sich Cook,
einen beträchtlichen Vorrath davon einzuneh-
men, und legte daher unter dem Winde eines
der niedrigen Eylande an. Diese sämtliche
Inselgruppe aber nannte er die Neujahrseylande, weil, als er sie entdeckte, der 31.
December eben zu Ende gieng.

Die Seelöwen-Jagd gieng sehr glücklich von statten. Man fand bald, daß diese
Thiere grimmiger aussahen, als sie wirklich
waren, denn sie stürzten sich gemeiniglich bey
den ersten Flintenschüssen ins Wasser und
suchten zu entfliehen. Nur die grösten und
unbeholfensten blieben liegen und liessen sich
unter beständigem Brüllen todt schiessen. Die
Matrosen wußten gut mit ihnen fertig zu werden, sie schlugen sie ohne viele Umstände mit
einer Keule vor den Kopf, schleppten sie in
die Böte, und brachten sie an Bord, wo aus
dem Speck Thranöl gekocht ward. Die alten
                                        Löwen

Löwen waren faſt alle erſtaunlich fett, und
10 bis 12 Fuß (engl. Maaſſes) lang: die
Löwinnen hingegen waren ſchlanker, und hielten in der Länge 6 bis 8 Fuß. Die gröſten
Seelöwen wogen 12 bis 1500 Pfund, und
einer von mittlerer Gröſſe wog, ohne Haut,
Eingeweide und Speck, 550 Pfund. Beym
Männchen hatte der Kopf wirklich eine Aehnlichkeit mit einem Löwenkopf; auch war die
Farbe faſt gänzlich dieſelbe, nur ein wenig
dunkler. Die langen, ſtraubichten Haare um
den Hals und das Genick glichen vollkommen
der Mähne eines wirklichen Löwen, und waren hart und grobbrähtig. Der ganze übrige
Körper war mit kurzen, platt anliegenden
Haaren bewachſen, die ein ſchönes, ebenes,
glänzendes Rauchwerk ausmachten. Die Lö-
win unterſchied ſich vom Löwen darinn, daß
ſie über den ganzen Leib glatt war; hingegen
in Anſehung der Füſſe, oder vielmehr der
Floſſen, kamen beyde Geſchlechter wieder völlig mit einander überein. Die Floſſen an der
Bruſt beſtunden aus groſſen Stücken ſchwarzen,
zähen Leders, in deren Mitte, ſtatt der Nägel,
etliche faſt unmerkliche Höcker ſich befanden.
Die Afterfloſſen hatten mehr Aehnlichkeit mit
Füſſen, und beſtunden aus ſchwarzem Leder,
das in fünf lange Zehen getheilt war, deren
jeder einen kleinen Nagel hatte und hernach
in einem ſchmalen Riemen auslief. Ungeachtet die Nägel verhältnismäſſig nur ſehr klein

Z 3   wa-

waren, so sah man sie doch mehrmals sich am
ganzen Leibe damit kratzen. Der Schwanz war
ungemein kurz und zwischen den dicht zusam-
menstehenden Afterflossen versteckt. Der Hintertheil des Körpers, oder die Keulen, waren
besonders gros, rund und mit Fett gleichsam
übergossen. Nach Verschiedenheit des Alters
und Geschlechts ließen sie allerhand, zum
Theil so dringende Töne hören, daß unsern
Reisenden die Ohren davon gellten. Die alten Männchen schnarchten und brüllten wie
junge Löwen oder wilde Ochsen; die Weibchen
blöckten wie Kälber und die Jungen wie Läm-
mer. Von den letztern gab es am Strande
fast überall ganze Heerden. Sie leben überhaupt in zahlreichen Heerden beysammen. Nur
die ältesten und fettesten Männchen liegen abgesondert; ein jeder wählt sich einen grossen
Stein zum Lager, und dem darf kein anderer
sich nahen, ohne in blutigen Kampf zu gerathen. Man sah sie einander oftmals bey dergleichen Gelegenheiten mit unbeschreiblicher
Wuth anpacken und aufs heftigste zerbeissen.
Daher kams auch ohne Zweifel, daß viele
auf den Rücken tiefe Narben hatten. Die
jüngern, lebhaften Seelöwen lagen mit allen
Weibchen und Jungen einträchtig beysammen.
Bey der Jagd pflegten sie mehrentheils den
ersten Angriff abzuwarten; so bald aber etliche erlegt waren, nahmen die übrigen in
der grössten Bestürzung die Flucht. Manche
Weib-

Weibchen trugen ihre Jungen im Maule davon, andere aber, die mehr erschrocken seyn
mochten, liessen sie zurück. Wenn sie unbemerkt zu seyn glaubten, liebkoseten sie sich aufs
zärtlichste, und ihre Schnauzen begegneten sich
oft, als küßten sie einander. Diese Thiere,
die auch anderwärts, besonders um Kamschat-
ka und den Falklandsinseln, häufig anzutreffen sind, gehen in diesen unbewohnten Gegenden ans Land, um ihre Jungen zu werfen,
fressen aber, so lange sie ausser dem Wasser
sind, nichts, wenn gleich ihr Aufenthalt am
Strande oft etliche Wochen lang dauert; statt
aller Nahrung verschlucken sie alsdann eine
Anzahl Steine, um den Magen wenigstens an-
zufüllen, werden aber natürlicher Weise ganz
abgezehrt. Bey einigen fand man den Magen
ganz leer, bey andern hingegen mit 10 bis
12 runden Steinen angefüllt, deren jeder ein
paar Fäuste gros war.

Auf eben dem Eylande, wo man die
Seelöwen-Jagd angestellt hatte, gab es auch
eine Menge Seebären, dergleichen unsere
Reisende schon in Dusky-Bay auf Neuseeland, obgleich weder so häufig, noch so gros,
angetroffen hatten. Sie waren etwas kleiner,
als die Seelöwen; die Männchen selten über
acht bis neun Fuß lang, und verhältnisweise
dick. Das Haar war dunkelbraun mit sehr
feinem Grau gesprengt, und durchaus weit
länger, als beym Seelöwen, doch machte es

Z 4   keine

keine Mähne aus. Sonst war der ganze Umriß des Körpers, so wie die Gestalt der Flof-
sen, bey beyden Thierarten völlig einerley.
Sie bezeigten sich weit grimmiger, als die
Seelöwen, vornemlich vertheidigten die Bärin-
nen ihre Jungen, und liessen sich eher neben
denselben todtschlagen, als daß sie davon ge-
laufen wären. Sonderbar war es übrigens,
daß diese beyden Thierarten, so nahe sie auch
miteinander verwandt sind, sich dennoch niemals vermischten, sondern überall genau von
einander abgesondert hielten. Ihrer starken
Ausdünstungen wegen konnte man sie, gleich
allen übrigen Seehundsarten, bereits vom wei-
ten riechen. Diese Eigenschaft, so wie auch
die Unthätigkeit und Schläfrigkeit dieser Thiere,
während daß sie am Lande sind, kannte man
schon im grauen Alterthume.

Auſſer den Seelöwen und Seebären gab
es auch verschiedene Arten Geflügel auf diesem Eylande, besonders Seeraben und Pinguins. Erstere waren mit Menschen noch so
unbekannt, daß die Matrosen in kurzer Zeit
etliche hundert mit Keulen todtgeschlagen hatten. Letztere, die so gros, wie Gänse waren,
deren man auch mehrere hier antraf, schliefen
so fest, daß einer, über welchen Hr. Sparrmann stolperte, und ihn etliche Schritte weit
aus seiner Lage brachte, sich, dieses unsanf-
ten Stoſſes ungeachtet, doch nicht eher ermun-
terte, als bis er ihn hernach noch lange ge-
schüt-

ſchüttelt hatte. Ward ein ganzer Trupp bey⸗
ſammen angegriffen, ſo ſetzten ſie ſich zur
Wehr, rannten auf ihre Angreifer los und
biſſen ſie in die Beine. Sie hatten überhaupt
ein ſehr zähes Leben, denn eine ſehr groſſe
Anzahl, die man für todt auf dem Platze
ließ, ſtunden, ehe man ſichs verſah, wieder
auf und watſchelten ganz gravitätiſch davon.
Die Seebären und Seelöwen waren ebenfalls
nicht auf den erſten Schlag zu tödten, doch
war die Schnauze der empfindlichſte Theil, auf
welchem ſie nicht viel ausſtehen konnten. Dr.
Sparrmann und der jüngere Hr. Forſter
wären bey einem alten Seebären ſchier übel
weggekommen. Er lag auf einem Felſen und
viel hundert andere hinter ihm ſchienen nur
auf den Ausgang des Streits zu warten.
Sparrmann hatte nemlich einen Vogel ge⸗
ſchoſſen, den er eben aufnehmen wollte, als
der alte Bär, bey welchem er vorbey muſte,
anfieng zu brummen und Miene machte, ihn
anzufallen. So bald Hr. Forſter dis ſahe,
legte er ſein Gewehr an und ſchoß das Unge⸗
heuer, indem es eben den Rachen gegen ihn
aufſperrte, mit einer Kugel todt. Die ganze
Heerde ſah ihren Vorfechter kaum ins Gras
geſtreckt, als ſie nach der See entfloh. Man⸗
che krochen ſo eilfertig davon, daß ſie ſich im
erſten Schrecken 30 bis 40 Fuß tief auf ſpitze
Klippen herabſtürzten, dem Anſchein nach ohne
Schaden zu nehmen, vermuthlich weil ihr di⸗

des,

ckes, zähes Fell, und das Fett, welches bey
dergleichen heftigen Stössen nachzugeben pflegt,
sie genugsam schützte.

Geyer und Habichte sassen übrigens mit
den Seeraben, Gänsen und anderm Geflügel
ganz einträchtig hier auf den Anhöhen beysammen: vermuthlich finden jene hinlängliche Nahrung an den Aesern der Seelöwen und Seebären und des vielen sich hier aufhaltenden
Geflügels, so daß sie also nicht nöthig haben,
diese zu beunruhigen.

Cook hatte nunmehr seinen Endzweck erreicht; es war nemlich ein hinlänglicher Vorrath von Speck in Fässer gepackt worden,
der nach und nach zu Oel ausgekocht werden
konnte: er lief daher nach einem Aufenthalt
von etlichen Tagen um die nordöstliche Spitze
von Staatenland wiederum in See.

Die Neujahrseylande, von denen er sich
nunmehr entfernte, liegen unter dem 54. Gr.
64. Min. südl. Br. und 64. Gr. 30. Min. östl.
Länge. Die gröste hat ungefähr sechs grosse
Seemeilen, dasjenige aber, wo das Schiff
vor Anker gelegen hatte, nur zwischen drey
und vier, im Umfange. Sie sind der beste
Erfrischungsplatz, den Seefahrer in dieser
Weltgegend nur finden können. Penguins und
Seehundsfleisch sind freylich keine Leckerbissen,
aber beydes giebt doch unstreitig eine gesunde-
re Nahrung, als das gewöhnliche Pöckelfleisch. Ueberdem ist auch Sellerie und Löf-

fel-

felfraut in genugsamer Menge vorhanden, um
der Mannschaft gute blutreinigende Suppen
davon zu machen. Geflügel ist so häufig da,
daß die Matrosen etliche Tage nacheinander
nichts als junge Penguins und Seeraben aßen; und sie behaupteten, die Seeraben schmeckten fast so gut als Hüner. Die Seebären
sind auch nicht zu verachten; allzujung ist das
Fleisch sehr weichlich und daher eckelhaft. Von
einem völlig erwachsenen aber schmeckt es besser, und wohl so gut als schlechtes Rindfleisch,
die ältern Bären und Löwen hingegen waren,
ihres widrigen Geruchs halber, schlechterdings
nicht zu genießen.

Cook lief nun eine Weile an der östlichen und südlichen Küste von Staatenland
hin, und steuerte sobann ostsüdwärts, um,
auch während des dritten Sommers, den er
in dieser Hemisphäre zubringen wollte, einen
neuen Versuch gegen Süden anzustellen. Nachdem er bis jenseits des 58sten Grades gekommen war, ohne Eis zu sehen, änderte er
seinen bisherigen Lauf, und steuerte nordwärts.
Beym 55. Gr. der Breite änderte er seinen
Lauf abermals und lief wieder ostwärts, um
das Land aufzusuchen, welches Duclos Güyot 1756. am Bord des spanischen Schiffes
der Löwe (Leon) entdeckte. Am 14ten Januar melbete der Officier, der des Morgens
die Wache hatte, dem Capitain, daß sich in
der Ferne eine Eisinsel zeige. Man segelte

den

den ganzen Tag darauf zu, fand aber am
Abend, daß das, was man anfangs für Eis
hielt, wirkliches Land, und zwar von beträchtlicher Höhe, auch fast durchgehends mit Schnee
bedeckt sey. Alle Umstände ließen vermuthen,
daß dis eben die von Guyot sogenannte Isle
de St. Pierre sey, die man suchte, zumal
da die von ihm angegebene geographische Lage dieser Insel (unter 38. Gr. 10. Min. westl.
Länge von Greenwich) genau mit den hier angestellten Beobachtungen zutraf. Des starken
Nebels wegen konnte man erst am 15ten das
Land deutlich erkennen. Die Berge waren
erstaunlich hoch und bis auf einige wenige
schwarze öde Klippen, nebst etlichen hohlen,
über der See hangenden Felsen, durchaus,
oft bis ans äußerste Ufer, mit Schnee und
Eis bedeckt. Unweit dem Süd-Ende lagen etliche niedrige Inseln den Neujahrseylanden
ähnlich, und dem Ansehen nach grün bewachsen, weshalb man sie auch die grünen Eylande nannte. Da der Hauptendzweck der
Reise dahin gieng, die See in hohen südlichen Breiten zu untersuchen, so stellte der
ältere Hr. Forster dem Capitain vor, das
Land müßte billig den Namen des Monarchen
tragen, auf dessen Befehl die Reise, bloß zum
Nutzen der Wissenschaften unternommen worden, damit dieser Name in beyden Halbku-
geln mit Ruhm auf die Nachwelt gelan-
ge. Dieser Grund fand Beyfall, und das
                                    neue

neue Land ward also Süd-Georgien benannt.
Es hatte, so wie ein paar nahe dabey liegende felsigte Eylande, ein äuserst rauhes
und wüstes Ansehen. Die Berge waren so
schroff und jähe, als man sie noch nirgend angetroffen; die Gipfel bestanden aus zackigen
Felsenspitzen, und die Zwischenräume waren
alle mit Schnee angefüllt. Im innersten einer Bay fand man eine Masse festen, dich-
ten Eises, dergleichen man wohl in den Spitz-
bergischen Häven antrift. Diese Eisklumpen
hatten viel ähnliches mit den herumschwimmen-
den Eylanden, die in hohen südlichen Breiten
in unzählbarer Menge vorhanden sind. Unmittelbar an der See war das Ufer zwar ohne Schnee, aber doch ganz wüst und unfruchtbar, und an vielen Orten senkrecht. Indessen fand man doch eine Stelle, wo man ans
Land steigen konnte. Der Strand war sehr
steinigt, und voller Seehunde, in deren Mitte ein ungeheuer grosses Thier lag, das man
von weitem für ein Felsenstück gehalten hatte.
Es war der Ansonische Seelöwe, und da er
eben schlief, so konnte ihm ein Seegodet mit
leichter Mühe eine Kugel durch den Kopf jagen. Unweit davon lag noch ein jüngeres
Thier von eben derselben Art; es war über
den ganzen Leib dunkelgrau mit einer olive-
farben Nüance, so wie die Seehunde in der
nördlichen Halbkugel, mit denen es auch
sonst noch Aehnlichkeit hatte. Die Schnautze
hieng

hieng weit über das Maul und bestand aus
einer runzlichen, losen Haut, die das Thier,
wenn es böse wird, aufbläßt. Es war 13.
Fuß lang, aber verhältnißmäsig viel schlanker
als der gemähnte Seelöwe auf Staaten-Land.
Auch fand man in dieser Gegend einen Trupp
von mehr denn 20. Penguins von ganz un-
gewöhnlicher Grösse. Sie wogen nicht weniger als 40. Pfund, und waren 39. englische
Zoll lang, der Bauch war vorzüglich gros und mit
Fett gleichsam überzogen. Sie waren so wenig scheu, daß sie anfänglich kaum fortwat-
schelten, ungeachtet man einen nach dem andern mit Stöcken zu Boden schlug. Die Seehunde, die sich hier aufhielten, waren weit
geringer, als die auf den Neujahrsenlanden.
Anstatt daß jene sogleich flohen, bellten hier
schon die Kleinsten von den Jungen ihre feind-
seligen Gäste an, und liefen hinterher, sie zu
beissen. Es waren lauter sogenannte Seebären, und nicht ein einziger gemähnter Seelöwe darunter. Um sich etwas weiter umzuse-
hen, stieg man auf einen kleinen Erdhügel,
auf dem Cook die brittische Flagge wehen lies,
und die lächerliche, aber gewöhnliche Feyer-
lichkeit begieng, von diesem unfruchtbaren Felsen im Namen Sr. Grosbrittanischen Majestät und deren Erben und Nachfolger Besitz
zu nehmen! Zwey oder drey Flintenschüsse be-
kräftigten die Ceremonie, daß die Felsen wie-
derhallten und Seehunde und Pinguins, die

Ein-

Einwohner dieser neuen Staaten, voll Angst und Bestürzung erbebten! Während des Aufenthaltes am Lande sah man, daß die kleinen Eisschollen aus der Bay seewärts trieben, indeß von den gröffern Mässen, die im Innersten der Bay vermuthlich bersten mochten, ein grosses Krachen zu hören war. Die zween folgenden Tage segelte man noch immer längst der Küste hin und entdeckte dabey verschiedene Bayen und Vorgebürge. Das Land blieb überall von einerley Ansehen, die südwärts gelegenen Berge waren gewaltig hoch und die Gipfel in unzählige lange, flammenartig gestaltete Felsenspitzen getheilt. Am 19ten erreichte man das südöstliche Ende von Süd-Georgien, und fand, daß dis Land eine 50. bis 60. Seemeilen lange Insel ist. Bald darauf erblickte man, etwa 14. Seemeilen gen Südosten, eine andere Insel, deren Grösse sich aber noch nicht bestimmen lies, und auf die man denn am 20sten, bey stürmischer und neblichter Witterung zusegelte. Man hatte bereits etliche Tage mit Laviren und ungewissem Fortsegeln zugebracht, als am 20sten Lieutenant Clerke mit einmal Brandungen entdeckte, die kaum eine halbe Meile entfernt waren, und zu gleicher Zeit verschiedene Seeraben wahrnahm, die selten weiter, als eine halbe Meile vom Lande zu gehen pflegen. Nun merkte man erst, daß man, während des neblichten Wetters, ohne es inne zu werden, rund um

das

das neue Land gesegelt, folglich in der äußersten Gefahr gewesen war, Schiffbruch zu leiden. In demselben Augenblick, da man den besondern Schutz der Vorsehung erkannte, ward auch das Schiff gerade vom Lande abgewendet, zumal da der Nebel noch immer anhielt und mit Windstillen abwechselte. Endlich klärte sich das Wetter auf und man konnte sowohl Süd-Georgien, als das Eyland, das man umsegelte, deutlich sehen. Letzteres war von geringem Umfange, aber mit einer Menge einzelner, zerstreuter Klippen umgeben. Diese ganze Gruppe gefährlicher Felsen ward nach dem, der sie zuerst entdeckt hatte, Clerke's Rocks (d. i. Clerkens Felsen) genennt. Sie liegt unterm 55 Gr. südl. Br. und 34 Gr. 50 Min. westl. Länge. Am 25sten steuerte man ostwärts und hernach etwas südlicher, um zu guter Letzt noch einen Lauf gen Süden vorzunehmen, ehe man nach gelindern Erdstrichen zurückkehrte.

So verließ man denn ein Land wieder, das nicht allein wegen der hier das ganze Jahr hindurch herrschenden, enormen Kälte und des Mangels an allen Mitteln, sich dagegen zu schützen, für Menschen schlechterdings unbewohnbar ist, sondern auch nicht das geringste Product hat, um deswillen europäische Schiffe nur zuweilen dorthin gehen sollten. Könnte ja Südgeorgien dem menschlichen Geschlechte in der Folge etwa des Wall-
fisch-

fiſch - und Seehund - Fanges wegen, wichtig
werden; ſo iſt dieſer Zeitpunct für jetzt doch
noch ſehr weit entfernt, und wohl nicht eher
zu gewarten, als bis Patagonien und Tierra
del Fuego ſo ſtark bewohnt und geſittet werden, als es jetzt in ähnlichen Breiten auf
der nördlichen Halbkugel, Schottland und
Schweden ſind.

Am 26ſten Jan. giengs denn nun noch einmal gen Süden. Die letzten Pinguins, die
man auf Süd - Georgien bekommen, waren
nunmehr verzehrt und man muſte ſich wieder an
die gewöhnliche eckelhafte eingeſalzene Koſt halten. Doch die Vorſtellung, nun bald wieder
nach dem Vorgebürge der guten Hofnung
zu kommen, machte einen groſſen Theil aller
Unannehmlichkeiten erträglich. Am 27ſten bekam man ſchon unterm 59½ Gr. ſübl. Br. verſchiedene Eis-Eylande und eine Menge loſes Eis
zu Geſicht; am folgenden Morgen fanden unſere Reiſende ſich von einer groſſen Eismaſſe umgeben, und Nachmittags ſtieſſen ſie auf etliche
feſte Eisfelder nebſt vielen loſen Eisſtücken,
die ſie zu jedermanns herzlicher Freude wieder
umzukehren nöthigten. Die Mannſchaft war nun
auch dieſes ſtrengen Climas ganz und gar über-
drüſſig, weil das ſtete Wachen und die ange-
ſtrengte Arbeit, welche zu Abwendung der mannichfaltigen, oft zu ſchnell einbrechenden Gefahren erfordert wurde, ſie unglaublich abgemattet
und ausgemergelt hatte. Man war nun um

A a   weni-

wenige Meilen jenseits des 60 Gr. südl. Br.
gekommen, als Cook, je nachdem Wind, Nebel und Eis es gestattete, allmählich wieder
herauf nach Norden steuern ließ. Viele von
den Matrosen hatten sich durch beständige Ver-
kältungen rheumatische Schmerzen zugezogen.
Andere fielen oft in lange, anhaltende Ohn-
machten, und wie konnte das anders seyn, da
bey so ungesunder, saftloser Nahrung der Abgang der Lebensgeister nicht hinlänglich ersetzt
wurde! Dazu kam noch, daß die strenge Kälte
nebst den anhaltenden Schnee- Schauern und
der feuchten, neblichten Luft die Genesung der
Patienten ungemein verzögerte. Weil es aber
nunmehr wieder nach Norden gieng, so durfte
man sich auch bald wieder ein gelinderes Klima
versprechen; wenigstens fiel es niemanden auf
dem Schiffe ein, daß ihre Geduld abermals
durch neue Verzögerung geprüft werden sollte:
Sie schienen aber nun einmal dazu bestimmt zu
seyn, in ihrer Rechnung immer irre zu werden — Ehe sie sichs versahen, geriethen sie
an ein neues gefrornes Land, dessen Anblick ihnen
noch grausenvoller dünkte, als das, von dem
sie eben herkamen.

Diese Entdeckung erfolgte am 21sten Januar des Morgens bey so neblichtem Wetter,
daß man nicht über 5 Meilen in die Runde
sehen könnte. Man lief ohngefähr eine Stunde lang darauf zu, bis auf eine halbe Meile
von den Klippen. Diese waren schwarz, voll

ler

ler Hölen, dabey senkrecht und erstaunlich
hoch; der Obertheil bewohnt von vielen Seeraben, und unterhalb bespielt von tobenden
Wellen. Dicke Wolken bedeckten die hohen
Gebirge, nur ein einziger mächtiger und dick-
beschneiter Pik ragte weit über das Gewölk
hinaus. Dem Augenmaaß nach muste er wenigstens zwo Meilen senkrechter Höhe haben.
Cook lies nun sogleich das Schiff gen Süden
wenden, um die westliche Spitze des neuentdeckten Landes zu umsegeln. Auf diesem Strich
war man kaum eine Stunde lang fortgesteuert,
als sich ungefähr 5. Seemeilen weit gen Südosten ein sehr hohes Gebürge zeigte, an dem
man Nachts zuvor dicht vorbey gekommen seyn
muste. Da dis das süblichste Ende dieses Landes war, so nannte es der ältere Hr. Forster das südliche Thule und Cook behielt diese
Benennung bey. Es liegt unterm 59. Gr.
30. Min. südl. Br. und 27. Gr. 30. Min. westl.
Länge. Das Schiff wurde nun abermals gewendet und sein Lauf nordwärts nach der
Spitze zugerichtet, die man zuerst entdeckt hatte. Diese sahe nunmehr deutlich als ein ab-
gesenderter Fels neben einem grossen Vorgebürge aus. Cook nannte ihn nach dem Namen eines deutschen Matrosen, Friesleben,
der ihn zuerst gesehen, Frieslands-Haupt.
Das Vorgebürge darneben ward Cap Bristol
genannt, und schien mit dem südl. Thule zu-
sammenzuhängen, Cook getrauete sich aber

Aa a   nicht,

nicht, mit genauer Untersuchung dieser Küste
Zeit zu verlieren, indem er hier, bey zu be-
sorgendem Westwinde, stets der äusersten Gefahr ausgesetzt war. Er wollte daher lieber
die dem Seemann ungleich wichtigere Nordseite dieses Landes befahren, und hielt sich
immer zwo bis drey Seemeilen weit vom Lan-
be, das aller Orten steil und unzugänglich
war. Die Berge waren erstaunlich hoch, ihre
Gipfel immer mit Wolken, der untere Theil
hingegen dermassen mit Schnee bedeckt, daß
es schwer zu entscheiden gewesen wäre, ob
man Eis oder Land vor sich gehabt, wenn
man letzteres nicht an einigen schrägen Hölen
erkannt hätte, die sich in überhangenden Felsen dicht an der See befanden. Am folgenden
Tage kam man bey einer andern vorspringen-
ben Landspitze vorüber, die Cook Cap Montague nannte. Auch dis Vorgebürg und Cap
Bristol gehören wahrscheinlicher Weise zu einem und eben demselben Lande. Weiter gegen
Norden entdeckte man eine abgesonderte Insel,
die den Namen Saunders-Eyland erhielt.
Sie war nicht niedriger, als die bergichte Küste in Süden und gleich selbiger mit Eis und
Schnee bedeckt. Am folgenden Tage entdeckte
man nordwärts noch zwo kleine Inseln, die
nach dem Tage der Entdeckung Candle-mas
Isles (Lichtmeß-Inseln) genannt wurden.
Durch Laviren kam man so nahe an die Küste,
daß man auf einer flachen Spitze, die sich

weit

weit in die See erstreckte, grosse unförmliche
Haufen von zerbrochnen Schieferstücken, und
jenseits derselben nichts als schroffe Felsenspitzen und Bergrücken entdeckte. Ueberhaupt hatte das ganze Land den ödesten, schreckenvoll-
sten Anblick, den man sich nur denken kann.
Nicht eine Spur von Grün, ja nicht einmal
die unförmlichen Amphibien, die man auf
Neu-Georgien gefunden hatte, waren hier zu
sehen. Da nunmehr von dem gegen Süden
befindlichen Lande, dessen nördliche Spitze man
umsegelt hatte, nichts weiter zu sehen war,
so steuerte man wieder gen Osten. Cook
nannte es anfänglich Schneeland, änderte
aber diese Benennung in Sandwichsland um.
Es ist nicht unwahrscheinlich, daß die alten
Seefahrer dis Land schon entdeckt und unter
dem Namen Golfo de St. Sebastiano und
Insel Cressalina verstanden haben; allein es
dürfte nun wohl so leicht nicht wieder eine See-
fahrt nach dieser wüsten Weltgegend unternommen werden, da dieselbe nicht nur immer sehr
gefährlich, sondern auch dem menschlichen Geschlechte zu nichts vortheilhaft seyn würde.

Cook segelte nun mehrere Tage, unter
häufigen Schnee-Schauern und zwischen vielen Eis-Inseln hin, im 58. Gr. der Süder-
Breite nach Osten zu. Die nördlichen Winde waren hier ungleich kälter, als die südlichen, und man schloß hieraus mit Recht, daß

auf

auf letztern Strich (gen Süden) kein grosses
Land vorhanden seyn könne.

Das Sauerkraut, diese trefliche antiscor-
butische Speise, wovon man 50 Tonnen voll
aus England mitgenommen hatte, war izt
ganz aufgezehrt und vom Capitain an bis zum
geringsten Matrosen bedauerte ein jeder den
Mangel eines Gemüses, mit dessen Beyhülfe
man das Pöckelfleisch hinunter schlucken konnte,
ohne den faulen, halb verwesten Geschmack
desselben so ganz gewahr zu werden. Alle sehnten sich nun mehr, als zuvor, nach gesunder
Kost, und jeder beklagte sich darüber, daß
man immer noch zwischen dem 58. und 57.
Gr. bliebe.

Am 15ten Febr. steuerte man nach Norden und vom 19ten bis 20sten paßirte man
genau über den Fleck, wo Bouvet Land wollte gesehen haben, aber eigentlich wohl nur
eine Wolke oder einen Eisberg dafür angesehen hatte. Allein man fand nun weder Eis
noch Land, und wo 1772. unzählliche Eismassen herumtrieben, fand man jetzt auch nicht eine Scholle.

Es war nun nicht nur ausgemacht, daß in der
südlichen, gemässigten Zone kein grosses, festes
Land liege, sondern es war auch dadurch, daß
man innerhalb des gefrornen Erdgürtels bis
zum 71sten Gr. südl. Br. vorgedrungen, höchst
wahrscheinlich worden, daß der jenseit des antarctischen Polarzirkels befindliche Raum bey
weitem

weitem nicht mit Land ganz angefüllt sey. Nachdem solchergestalt Cook den Hauptendzweck seiner Reise glücklich erreicht hatte, ließ er nordwärts steuern, um so geschwind als möglich das
Cap der guten Hofnung zu erreichen. Allein
widriger Winde wegen muste er einen grossen,
östlichen Umweg nehmen, so daß er erst am
ersten März in gerader Linie seinen Curs auf
das Cap nehmen konnte. Wäre die Sache
nicht mit zu vielen Schwierigkeiten verbunden
gewesen, so hätte Cook diesen Wind benutzt,
um die französischen Entdeckungen des Hrn. Kerguelen unterm Meridian der Mauritius-In-
sel (Isle de France) zu berichtigen; so aber
muste er diesen, seinem Unternehmungsgeiste
Ehre machenden Vorsatz wieder aufgeben. Der
Wind änderte sich indessen bald wieder, und
blies von Zeit zu Zeit noch immer aus Nordwest.
Diese häufigen Abwechselungen machten das Seevolk, dessen Erwartung eines bessern Schicksals
itzt am höchsten stand, unzufrieden und ungeduldig. Noch nie waren die Wolken so genau
untersucht worden, um die Vorzeichen eines
guten Windes darinnen auszuspähen; und die
allgemeine Unruhe ließ sich fast gar nicht beschreiben. Allein war dis auch ein Wunder?
Die Reise hatte itzt 28 Monathe nach der Abreise vom Cap gedauert; binnen dieser ganzen
Zeit hatte man in keinem europäischen Haven
angelegt und sich größtentheils von gesalzenem
Pöckelfleisch genährt. Wenn man alle die ein-

zelne

zelnen Tage zusammenrechnete, die man in die=
sem langen Zeitraume am Lande zugebracht;
konnte man nicht über 180. oder kaum ein
halbes Jahr — also nicht einmal den vierten
Theil dieser Periode — herausbringen. Diß
war ihre einzige Erfrischungszeit gewesen, und
auch während dieser Tage erhielten sie nicht
immer frische Lebensmittel, z. B. während der
Zeit, da sie die letzten Entdeckungen im stillen
Meere machten. Der Lauf von Neuseeland
nach dem Cap der guten Hofnung war un=
streitig der längste und schwerste, den sie je
unternommen; denn die wenigen Erfrischungen
im Christmeß = Haven und auf den Neujahrs=
Eylanden waren nicht zureichend, der ganzen
Mannschaft mehr, als vier bis fünf frische
Mahlzeiten zu geben. Setzen wir noch hinzu,
den Mangel an einem so gesunden Essen, als
das Sauerkraut war, und die allmählig zuneh=
mende Fäulniß des Pöckelfleisches, so dürfen
wir uns allerdings nicht wundern, daß die
Unbequemlichkeiten ihrer unnatürlichen Lage sie
gegen das Ende ihrer Reise mehr als jemals
drückten.

Des veränderlichen Windes ohnerachtet
gieng die Fahrt so gut von statten, daß unse=
re Reisende schon am 15ten ihre warme Klei=
der ablegen musten, indem sie sich damals zwi=
schen dem fünf und sechs und dreisigsten Grad
der südlichen Breite befanden. Am folgenden
Morgen erblickte man von weitem ein Schif,
und

und etliche Stunden darauf ein zweytes. Jedermann strengte seine Augen an, diese angenehmen Gegenstände anzugaffen; ein sicherer
Beweis, daß sich alle nach Umgang mit Europäern sehnten, so sehr sie auch ihre Herzenswünsche bisher unterdrückt hatten. Jetzt aber
war es nicht länger möglich zu schweigen; jeder brach die in feurigsten Wünsche aus; man
verlangte nur einen Laut von den Fremden zu
vernehmen, an Bord des andern Schiffes zu
gehen u. s. w. Man zeigte holländische Flagge
und das fremde Schiff zog gleich dieselbe auf.
Hierauf wurde die brittische Flagge aufgesteckt, und ein Stück unterm Winde abgefeuert; *) allein das fremde Schiff ließ noch immer die erste Flagge wehen. Es war vermuthlich ein holländisches und auf der Rückreise von
Indien begriffen. Da man nunmehr in eine
bekannte See gekommen war, wo europäische
Schiffe oft gesehen werden, so rief Capit. Cook
alle Officiere und Matrosen zusammen, und
foderte ihnen im Namen des Admiralitäts-Collegiums ihre Tagebücher ab, die alle zusammengepackt und versiegelt wurden. Diejenigen
Personen, die nicht unmittelbar zum Militair
gehörten (die beyden Hrn. Forster, Hr. Wales und Hodges) durften ihre Papiere behalten und wurden nur ersucht, die besondern Lagen der gemachten Entdeckungen nicht vor ihrer Ankunft in England bekannt zu machen.

Aa 5   (Der

*) der gewöhnliche Friedensgruß.

(Der Eifer der brittischen Regierung für den Fortgang der Wissenschaften, hat sie jederzeit angetrieben, die auf ihren Befehl gemachten Entdeckungen öffentlich bekannt zu machen, und es wäre zu wünschen, daß auch andere Seemächte dis Beyspiel befolgen möchten, anstatt sich gewissermassen nur ins Südmeer zu schleichen, und sich des Geständnisses, daß sie da gewesen, zu schämen).

Am 15ten Abends sah man die Küste von Afrika, die in dieser Gegend aus niedrigen Sandhügeln bestand, worauf man verschiedene Feuer erblickte. Am folgenden Morgen ward ein Boot an Bord des Holländers abgeschickt, der ohngefähr fünf Meilen weit entfernt war. Die Abgeschickten kamen in wenig Stunden mit der angenehmen Nachricht zurück, daß ganz Europa Frieden habe. Der holländische Capitain, Bosch, kam von Bengalen und war so lange zur See gewesen, daß er den Engländern keine Erfrischungen mittheilen konnte. Nachmittags bey schönem Wetter und frischem Winde sahen unsere Reisende zwey Schwedische, ein dänisches und ein englisches Schiff, die mit allen Segeln und wehenden Flaggen auf dem Wasser sanft vorbey fuhren und ihren Augen eins der schönsten Schauspiele darboten, das sie seit langer Zeit nicht gesehen. Am folgenden Morgen kam das englische Schiff auf die Resolution zu, und Lieut. Clerke, nebst dem ält. Hrn. Forster und einem Midshipman stiegen an Bord. Es gehörte der

eng-

englisch - ostindischen Compagnie, hies True
Briton, und kam von China nach Europa zurück. Der Capitain Broadly betrug sich überaus Gastfrey gegen seine Gäste, die er zu einem geringen Mittagsmahl (wie ers nannte)
eingeladen hatte. Man kann sich die Gierigkeit
vorstellen, womit drey ausgehungerte Weltumsegler, die seits sechs Wochen kein frisches Fleisch
gekostet hatten, über eine Schüssel fetter sin-
nesischer Wachteln und eine vortrefliche Gans
herfielen, die ihr guter Wirth als sehr schlechte Bewirthung ansahe. Aber da sie erzählten,
wie lange sie von europäischen Colonien abwe-
send gewesen, wie lange sie sich von gesalznem
Fleisch genährt, und wie oft sie Seehunde,
Albatrosse und Pinguins als Delicatessen genossen, liesen der Capitain und seine Steuermänner die Messer fallen und alle wollten, aus Mitleid
mit ihren Gästen, nichts mehr geniessen. Beym
Weggehen gab ihnen Capit. Broadly ein fettes
Schwein, und etliche Gänse, womit man sich
auf dem Schiffe die beyden folgenden Tage gütlich that.

Am 20sten paßirte man das Cap Agulhas
und hätte sich beynahe durch einen sehr heftigen
Sturm vor dem Cap der guten Hofnung vor-
beytreiben lassen, wenn man nicht zu gutem
Glück das Land Morgens am 21sten durch den
Nebel erblickt hätte. Man richtete sich darnach
und wagte es, mehr Segel zu führen, als man
auf der ganzen Reise bey ähnlichem Winde gethan.

than. Am 22ſten des Morgens kam man denn
endlich glücklich in der Tafel-Bay vor Anker.
Daſelbſt rechnete man aber den 21ſten, weil
durch die Reiſe um die Welt, von Weſten
nach Oſten, ein ganzer Tag gewonnen wor=
den war; (ſo wie man hingegen bey der vori=
gen Fahrt um die Welt von Oſten nach We=
ſten einen Tag eingebüßt hatte).

Der vielen Schiffe wegen, die ſich eben
damals am Cap eingefunden hatten, ſah es hier
ſehr lebhaft aus. Unter andern befand ſich
auch ein engliſches India-Schif, die Ceres,
in der Tafel-Bay. So bald die Reſolution
die Einfahrt der Bay erreicht hatte, und an
ihrem gebleichten Tauwerk und veraltetem An=
ſehen erkannt wurde, ſchickte der Kapitain ge=
dachten engliſchen Schiffes, Newte, einen ſei=
ner Steuermänner mit einer Ladung friſcher
Lebensmittel zu Cook, und lies ihm zugleich
ſeine Dienſte anbieten, falls ſeine Mannſchaft
krank wäre. Auch vom Gouverneur und den
vornehmſten Bedienten der Compagnie wurde
Cook nebſt ſeiner Geſellſchaft ſehr freundſchaft=
lich empfangen. Einer derſelben lud ſie zu Ga=
ſte und die Begierde, mit der ſie aſſen, mah=
let ihre lange Faſten und alles ausgeſtandene
Ungemach weit lebhafter, als die beſte Beſchrei=
bung. Weil es ihnen aber ſehr ſchädlich hätte
ſeyn können, gleich anfangs zu viel zu eſſen, ſo
lieſſen ſie ſichs gefallen, noch mit gutem Ap=
petit von Tiſche zu gehen. Sie lernten gar
bald

bald den Vortheil dieser Vorsicht erkennen und
wurden sichtbarlich gesund und stark, indeß die
andern Officiere, die sich nicht hatten mässigen
können, einen Eckel an allen Speisen bekamen,
der sie recht elend und unglücklich machte.
Von dem Schiffsvolke konnten indeß, einige
scorbutische Patienten ausgenommen, Alle ihre
Arbeit verrichten, und gelangten, beym beständigen Gebrauch frischer Lebensmittel, in kurzer
Zeit völlig wieder zu Kräften.

Wer kann das Vergnügen beschreiben, welches unsere Reisenden bey Eröfnung ihrer Briefe von Verwandten und Freunden fühlten?
Wer kann sich vorstellen, wie viel der Umgang
mit Europäern nach einer so langwierigen Reise
dazu beytrug, alle verhaßten Eindrücke des er-
littenen Elends zu vermischen und ihre ganze
Lebhaftigkeit wieder herzustellen, die so viele
Umstände bisher niedergedrückt hatten? —
Sie brachten indessen ihre Zeit während des
Aufenthaltes am Cap sehr angenehm zu, und
sammelten einstweilen aus alten Zeitungsblät-
tern die Geschichte derer Jahre, da sie, so zu
sagen, aus der Welt verbannt gewesen waren.
Unter andern lernte man auf dem Cap auch
den lebhaften Capit. Crozet kennen, welcher den
Ajax, ein Schiff im Dienste der franz. ostindischen Compagnie, führte, und mit Capit. Marion
in Neuseeland gewesen war, der, wie oben erzählt worden, das Unglück hatte, nebst 28
Seeleuten von den Einwohnern erschlagen und
gefressen zu werden. Crozets freundlich gefälli-
ges Wesen, einige gerechte Lobsprüche auf Cooks
Verdienste und eine herablassende zuvorkommen-
de Visite machte, daß Cook diesen Franzosen
liebgewann und ihn nebst seiner ganzen Menge
von Officieren zu Gaste bat. Hingegen Don
Juan Arraos, Capitain der spanischen Fregatte
Juno, der, als Spanier weniger zuvorkommend,
etwas

etwas mehr zurückhaltend und ernsthaft war, gefiel dem Capit. Cook gar nicht. Hiezu kam noch, daß Arraos sich eben von einer schweren Krankheit erholt hatte und daher alles Cere=moniel, das ihm hätte Zwang anthun können, vermied, ob er gleich immer sehr freundlich war. Allein bey Cooks Abreise überraschte ihn der zurückhaltende Spanier mit einer Höflich=keit, die jener nach seinem Betragen und Stand gar nicht erwarten konnte; Arraos begrüßte nemlich, als Capitain einer Fregatte von 30 Canonen, den kommandirenden Schiffsmeister einer armirten Schaluppe von 20., mit 9 Ca=nonenschüssen. Dis schmerzte Cook und erregte zu spät den Wunsch in ihm, mit dem edeldenkenden Spanier Bekanntschaft gemacht zu haben, wo=zu auch derselbe nicht undeutlich, wiewohl ver=geblich, Neigung zu erkennen gegeben hatte.

Nachdem das Schiffsvolk gut erfrischt und ganz gesund war, das Schiff selbst aber ausgebes=sert und neubemahlt worden, so nahm man Lebensmittel zur Rückreise an Bord und machte sich fertig, mit dem ersten guten Winde unter Se=gel zu gehen. Am 27sten April begab man sich aufs Schiff, nachdem man von allen Freunden Abschied genommen, besonders aber von Dr. Sparrmann, der die Gefahren und das Elend der Reise mit ausgestanden, und sich bey allen, die ihn kannten, durch sein edles Herz beliebt ge=macht hatte *). In Gesellschaft des Dutton, eines Schiffs der englischen Compagnie, verließ man denn noch am selbigen Tag die Tafelbay, nach=dem man die Festung vorher begrüßt hatte. Vor Robben= oder Pinguin=Eyland, einem un=fruchtbaren Sandhügel, vorbey gieng nun die
Fahrt

*) Nach einer sehr gefährlichen und mühsamen Reise ins Innere von Afrika kam derselbe im Monath Julius 1776. nach Schweden zurück. Seine Be=schreibung vom Cap, die wir erst neulich erhalten haben, ist in ihrer Art klassisch.

Fahrt nach St. Helena zu, wo man am 15ten
Mai ankerte und in Jamesbay vor Anker gieng.
Cook wurde hier nebst seinen Gefährten von dem
Gouverneur und den vornehmsten Officieren des
Compagnie sehr freundschaftlich und mit der un=
gezwungesten Höflichkeit, welche Leuten von
freyer Denkungsart eigen ist, aufgenommen
Man brachte auf diesem nicht grossen, aber
durch den Fleiß der Engländer wohlbebauten
Eylande einige Tage sehr vergnügt zu, und
kam am 28sten zur Insel Ascension, wo man
in der Creuzbay ankerte. Der öde Anblick die=
ser felsigten Insel war so fürchterlich, daß man
Oster=Eyland gar nicht damit vergleichen konn=
te, und sogar Tierra del Fuego mit seinen
Schneegebürgen vorziehen muste. Am 9ten Ju=
nius bekam man die waldichte und gröstentheils
ebene Insel Fernando da Noronha, unweit der
brasilianischen Küste zu Gesicht, und am 11ten
passirte man zum zweytenmale die Linie. Schon
am 11ten Julius erblickte man darauf die In=
sel Fayal, die gröste der Azorischen oder soge=
nannten westlichen Eylande, und gieng in der
dasigen Bay vor Anker. Nach einigen Tagen,
die unsern Reisenden sehr angenehm verstrichen,
verließ man dis anmuthige Eyland wieder und
segelte nun gerade den englischen Canal zu.
Am 29sten erblickte man Start=Point und den
Leuchtthurm auf Eddistone, dieselben Gegenden
der englischen Küste, die man im Anfange der
Reise zuletzt gesehen hatte; am folgenden Mor=
gen fuhr man zwischen der Insel Wighte und
den fruchtbaren Ufern von Hampschire hin,
bis man noch etwas vor Mittage zu Spithead
die Anker fallen ließ. —

So war denn nun auch Cooks zwote Rei=
se um die Welt, die drey Jahre und achtzehn
Tage gedauert hatte, glücklich vollendet. Un=
zählige Gefahren und Mühseligkeiten hatte er
auch

auch diesmal mit seinen Gefährten zu bekämpfen
gehabt, aber, unter dem Schutze der allwalten=
den Gottheit immer glücklich darüber gesiegt.
Ganz besonders zeigte sich dieser göttliche Schutz
auch darinnen, daß er auf einer Reise, deren
verschiedene Curslinien zusammengenommen,
mehr als dreymal den Umkreis der Erde aus=
machen, von den 119. Personen, die seiner Füh=
rung und väterlichen Vorsorge waren anver=
traut worden, nur drey durch Zufall und nur
Einen durch Krankheit verloren. Der Haupt=
endzweck dieser grossen Reise war nunmehr voll=
kommen erfüllt. Cook hatte ohne das vermein=
te feste Land anzutreffen, die Südsee nach al=
len Richtungen durchkreuzt und den Südpol bis
auf einen Punkt erforscht, zu welchen bisher noch
kein Sterblicher vorgedrungen war. Die Summe
menschlichen Wissens war durch diese in ihrer Art
einzige Reise ansehnlich vermehrt und besonders
während derselben manche dem Seemanne wichtige
Erfahrung gemacht worden. Wir kennen nun
nicht nur die bisher in der Südsee entdeckten Län=
der weit genauer als vorher, sondern wir haben
auch noch manche andere merkwürdige Länder ken=
nen gelernt, von denen wir vorher noch gar nichts
wußten, und die uns auch ohne den rastlosen Eifer
ihres unsterblichen Entdeckers, vielleicht wer weiß
wie lange, noch unbekannt geblieben wären!

Druckfehler:

Seite 7 Zeile 5 v. o. statt erfahren ließ: erfuhren.
S. 15 Z. 7 st. unterm äussern l. unter äusserm. S. 16
Z. 8 v. u. st. mußte l. wußte. S. 24 Z. 13. v. o. st.
Staatsinseln l. Staateninseln. S. 32 Z. 10 v. o. st.
verschiedenen l. verschrieenen. S. 35 Z. 6 v. u. st. Let=
tensreise l. Lebensweise. S. 35 Z. 1 v. u. st. daraus l.
dadurch. S. 67 Z. 8 v. o. st. Carpentaira l. Carpentaria
S. 143 Z. 1 v. u. st. nußbrauner l. rußbrauner. S. 188
Z. 5 st. Doms l. Rams. S. 190 Z. 2 v. o. st. Abentheuer
l. Abentheurer. S. 235 Z. 8 st. Ost=Westwind l. Ost=
u. Westwind. S. 313 Z. 13 v. o. st. Norkolf=Eyland
l. Norfolk=Eyland.